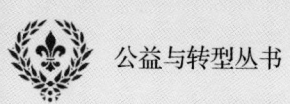
公益与转型丛书

中国的动员型灾害治理：以地震为例

彭　林◇著

中国社会科学出版社

图书在版编目(CIP)数据

中国的动员型灾害治理：以地震为例/彭林著.—北京：中国社会科学出版社，2020.6

(公益与转型丛书)

ISBN 978 – 7 – 5203 – 6523 – 9

Ⅰ.①中… Ⅱ.①彭… Ⅲ.①抗震—救灾—研究—中国 Ⅳ.①D632.5

中国版本图书馆 CIP 数据核字（2020）第 086783 号

出 版 人	赵剑英
责任编辑	田 文
特约编辑	郗艳菊
责任校对	张爱华
责任印制	王 超

出　　版	中国社会科学出版社
社　　址	北京鼓楼西大街甲 158 号
邮　　编	100720
网　　址	http://www.csspw.cn
发 行 部	010 – 84083685
门 市 部	010 – 84029450
经　　销	新华书店及其他书店

印　　刷	北京君升印刷有限公司
装　　订	廊坊市广阳区广增装订厂
版　　次	2020 年 6 月第 1 版
印　　次	2020 年 6 月第 1 次印刷

开　　本	710×1000　1/16
印　　张	13.5
字　　数	221 千字
定　　价	68.00 元

凡购买中国社会科学出版社图书，如有质量问题请与本社营销中心联系调换
电话：010 – 84083683
版权所有　侵权必究

《公益与转型丛书》
编委会

主　　编　朱健刚

编委会成员　梁庆寅　陈春声　颜光美　蔡　禾
　　　　　　徐信忠　陈少明　郭巍青　刘志伟
　　　　　　程美宝　王燕鸣　邓启耀　周大鸣
　　　　　　张和清　吴重庆　李汉荣　刘小钢
　　　　　　朱健刚　赖建雄　倪　星

总　序

公益转型推动社会转型

朱健刚

在经历了30多年经济体制转型以后，中国进入了社会体制转型的关键时期。在这个时期，一方面，社会结构急需改革，以适应市场经济的发展；另一方面，社会矛盾凸显，社会问题层出不穷，这个时候也急需政府和公民之间能够良性互动，防止矛盾的暴力化倾向，形成理性的公民秩序。

正是在这个关键时期，公民公益成为社会转型的重要动力。未来之中国能否超越传统的革命与改良二元论，以社会力量促使体制变革，从而能够既化解暴力冲突，又实现社会转型，这是我们研究和关注的重要命题。为此，我们诚邀一批行动导向的学者，共同编辑"公益与转型"学术丛书。我们的作者从理论思考和社会实践切入，共同观察当前的公益转型如何促成社会转型，又共同研究社会建设理念如何推动治理变革，在转型时代共同见证和推动国家的善治。

所谓公益转型，也是传统慈善到现代公益的转型。其中，从计划慈善体制缝隙中顽强生长出的民间公益最值得关注。在过去的30年间，中国的慈善体制长期处于计划体制的阴影中，大部分慈善行为仍然是政府主导，指令摊派，而且慈善行为也常常被过度政治化，这种计划慈善和市场经济已经格格不入。市场经济的发展必然呼吁国家在保障社会救济和社会福利的同时，要让慈善事业回归民间，激发民间慈善的活力，由此改革相对应的社会治理体制。

市场经济推动了普通人更多的身份平等，这也使得公益慈善事业不仅仅是富人的专利，而是成为人人都能参与的全民公益。这种全民公益的实质就是公民公益，它强调普通公民通过自愿行动来实现公共利益或者公共价值。这种行为方式与市场行为和政府行为的不同在于：首先，它是自愿的，而非被迫的。它是普通人自愿的、不计报酬的实现自助、互助和他助；其次，它是公共的，而非个人的。作为公共行为，公民公益或者追求公共利益，或者展现公共价值；最后，它是公民性的，这种公民性体现在它试图超越以往国家主义的计划慈善和纯粹个人性的施舍行为，强调公益慈善是人与人之间的互惠关系，是一种情感和价值的礼物交换。除此之外，公民公益还寻求共识，强调以政府、市场和社会合作的方式来解决社会问题，化解社会矛盾。

公民公益对于社会转型有着重要的意义：

第一，公民公益可以给普通公民参与公共生活提供一条柔性理性的管道。公民公益是普通人个体面对日常生活中遇到的社会问题和困难而自愿地去寻求方法加以解决的过程。这就使得作为日常生活之地的社区成为公民重要的参与空间。也只有社区的公共生活活跃起来，整个社会才能充满活力。公民公益的重要作用在于激活基层社区，为整个社会治理的多元共治积累社会资本，同时直接带动社区治理的民主参与。

第二，公民公益还可以培育社会组织，推动社会组织的成长。社会体制建设最重要的工作之一就是社会本身有能力自我组织，自我解决社会问题。当前，社会组织中最能够迅速成长的就是各类公益慈善组织。人们在社区自愿参与的基础上，为了解决社会问题，很容易跨越社区，逐渐使自己的自愿行为制度化和规范化，这就形成各类专业性的公益组织。这些一线公益组织并不需要行政动员或者政府资源就可以自我发展，还会逐渐形成整个公益组织的生态价值链条。这些社会组织包括直接服务的民间公益组织和提供资金资助的基金会，也包括国际机构、企业社会责任（CSR）和政府的购买服务部门，它们之间的互动与创新逐渐会形成社会组织的一个自我循环的公益生态。

第三，公民公益还可以直接影响社会政策过程，直接推动社会治理机制的改革。和传统慈善单纯的救助不同，公民公益还强调助人自助，也强调整个社会政策的完善。社会政策直接面对老百姓的民生和发展问题，其政策过程并非由政府单方面促成，而往往是利益相关方通过公益倡导等方式来影响相关法规和社会政策的创新，促进受助群体权益得到保障。因此，公民公益也包含公益倡导的内容，通过公益人或公益组织对政府的表达、要求、沟通和对话，使得政府能够调整政策，改善制度，以满足民生和社会发展的需要，从而实现社会的善治。

第四，公民公益对社会体制改革最长远的推动是它能不断培育出积极公民。社会体制改革虽然关注制度的改革，但好的制度也需要好的公民来推动和实施，制度才能真正成为可以落实的制度。积极公民是指那些敢于积极担当社会责任的公民，从汶川到芦山，我们都能看到在公益慈善的行动中涌现出来的积极公民。我们今天谈到很多的社会创新家，他们就拥有积极公民的精神。他们最重要的特征是可以以公民价值观为核心，进行资源整合和动员，推动开展各类公益慈善的行动。公民公益需要通过激活以往的中华公益慈善传统，需要改革当前的教育、传播和知识生产机制，使得更多的积极公民从公益慈善事业中涌现出来。

社区参与、社会组织、改善治理和培育积极公民构成了公民公益推动社会转型的四种途径，希望这套丛书能够丰富和拓展各方面的研究。我们相信，社会转型不仅需要自上而下的推动，更需要自下而上的努力。虽然人们常说，有什么样的国家就有什么样的公民，但从另一面看，有什么样的公民，也将决定我们有什么样的国家。未来中国的转型正蕴藏于每个参与公益的普通人的转变之中。

缩写和简称

GDP，Gross Domestic Production，国内生产总值

IDNDR，International Decade for Natural Disaster Reduction，国际减灾十年

ISDR，International Strategy for Disaster Reduction，国际减灾战略

IGO，Inter-governmental Organizations，国际政府间组织

NGO，Nongovernmental Organizations，非政府组织

地震局：国家地震局（1971—1998年），中国地震局（1998年至2018年）

计委：国家计划委员会（1952—1998年）

经贸委：国家经济贸易委员会（1993—2003年）

发改委：国家发展与改革委员会（1998年至今）

减灾委：中国国际减灾十年委员会（1989—2000年），中国国际减灾委员会（2000—2005年），中国国家减灾委员会（2005年至今）

目 录

第一章 导论 ……………………………………………………（1）
　第一节　案例选择与研究方法 …………………………………（1）
　第二节　动员体制变化与中国国家转型 ………………………（5）
　第三节　动员与动员型治理 ……………………………………（14）
　　一　如何定义动员 ……………………………………………（14）
　　二　动员型灾害治理模式 ……………………………………（18）
　　三　如何解释中国灾害治理模式变化？ ……………………（19）
　　四　正文结构 …………………………………………………（26）

第二章　唐山地震：主动动员模式的高潮和转折 ……………（29）
　第一节　"69号文件"和"海城经验"：主动动员模式的
　　　　　确立 …………………………………………………（29）
　第二节　"漏报"：主动动员模式的内在风险 …………………（32）
　第三节　城市灾害对传统灾害管理的整体挑战 ………………（34）
　第四节　"跨时代"的重建：动员的延续与变化 ………………（36）

第三章　澜沧—耿马地震：应急管理的崛起与大众动员的延续 ……（39）
　第一节　"双重转型"与大众动员模式的不均衡衰落 …………（39）
　　一　地震工作"大整顿"与主动动员模式的衰落 …………（40）
　　二　农村经济改革对大众动员模式的冲击 ………………（42）
　第二节　澜沧—耿马地震 ………………………………………（44）
　　一　从"群测群防"到"内紧外松" …………………………（44）
　　二　应急预案的发展与抗震动员自动启动机制 …………（46）

三　震后重建：筹资压力与大众动员的延续 …………………… (47)
　　四　动员新资源 ……………………………………………………… (51)
　第三节　"双重转型"与多种动员模式并存 ………………………… (55)

第四章　丽江地震：国家后撤与大众动员模式"重新抬头" …… (59)
　第一节　灾害治理结构碎裂化与专业化动员的局限 ……………… (60)
　第二节　国家后撤与涉灾财政条件恶化 …………………………… (63)
　　一　灾民自我保障机制的强化 …………………………………… (64)
　　二　中央"卸包袱"与救灾分级管理 …………………………… (66)
　第三节　丽江地震 …………………………………………………… (68)
　　一　震后应急管理进一步规范化 ………………………………… (69)
　　二　震后重建：国家财政困难与云南省内动员 ………………… (71)
　第四节　国家主动后撤与大众动员模式的持续强势 ……………… (82)

第五章　汶川地震：动员形式与内涵的变化 ……………………… (87)
　第一节　从"生产自救"转向"国家主导" ……………………… (88)
　　一　"非典"危机与现代危机管理的扩展 ……………………… (89)
　　二　灾害治理的"社会转向" …………………………………… (92)
　第二节　"重新"动员社会与国家扩张 …………………………… (94)
　　一　社会捐赠动员体系的发展 …………………………………… (95)
　　二　"重新"动员大众：从农村转向城市 ……………………… (98)
　第三节　汶川地震 ………………………………………………… (100)
　　一　应急动员进一步正规化和后倾化 ………………………… (102)
　　二　重建与对口支援的新变化 ………………………………… (104)
　　三　国家动员与社会动员的互动 ……………………………… (116)
　第四节　汶川的遗产与抗灾动员模式的变化 …………………… (125)

第六章　跨越四十年的抗震动员：比较与讨论 ………………… (129)
　第一节　跨越四十年的地震灾害治理和抗震动员 ……………… (131)
　第二节　解释动员模式的变化 …………………………………… (135)
　　一　发展水平提升带来的复杂影响 …………………………… (135)

二　国家角色定位的变化 …………………………………………（140）
　　三　涉灾基础能力的复杂性 ………………………………………（144）
　第三节　抗震动员模式变化的复杂性 …………………………………（147）
　　一　震前备灾动员模式的变化 ……………………………………（148）
　　二　震后应急动员模式的变化 ……………………………………（150）
　　三　重建动员模式的变化 …………………………………………（151）
　第四节　分析与发现 ……………………………………………………（154）

第七章　结语 ………………………………………………………………（162）
　第一节　动员体制的连贯性与非线性变迁 ……………………………（162）
　第二节　中国动员型灾害治理模式的独特性与横向比较的
　　　　　可能性 ………………………………………………………（164）

附录1　访谈 ………………………………………………………………（168）

附录2　档案 ………………………………………………………………（169）

附录3　年鉴、公报、地方志和专业志 …………………………………（171）

附录4　过往报纸和期刊 …………………………………………………（174）

附录5　开放数据库 ………………………………………………………（175）

附录6　中国地震灾情数据 ………………………………………………（176）

参考文献 …………………………………………………………………（180）

第 一 章

导 论

第一节 案例选择与研究方法

自然灾害是研究动员政治的极佳切入点。首先，自然灾害非常容易触发政治动员，而抗灾动员本身也带有强烈的超常规倾向。即便是在现有科技条件下，自然灾害的生成和演变依然具有很强的不确定性，需要通过超常规、打破行政体系标准程序的政治行动加以应对。另外，自然灾害依然很容易造成严重的基础设施损毁和人员死伤，从而让行政体系陷入瘫痪，而自上而下的动员往往就是在危机条件下最有效甚至唯一能仰仗的政治反应。[1] 其次，政府针对灾害组织的动员，并不总是孤立、偶发的政治反应，而是会同一整套长期形成的专业行政管理体系结合在一起。考虑到灾害应对不仅仅包括周期较短、超常规色彩强烈的灾后急救抢险，还包括周期更长的临时安置、灾后早期的基础设施和社会心理重建，甚至还包括灾前的预警和防御准备，这些任务同长期的专业行政管理结合更为紧密，更能体现抗灾动员同常规政治过程的联系。正是由于抗灾动员能够同时反映政治过程的不同方面，还能够在超常规政治和常规政治之间建立联系，因此可以更为全面地观察中国动员体制的变化特征。

本书的实证案例分析集中在地震一个灾害类型。之所以选择地震，最直接的原因是 2008 年汶川地震带来的触动。这场巨灾由于严重的损失

---

[1] Ali Farazmand, "Learning from the Katrina Crisis: A Global and International Perspective with Implications for Future Crisis Management", *Public Administration Review*, Vol. 67, Issue Supplement (September 2007), 152; Uriel Rosenthal and Alexander Kouzmin, "Crises and Crisis Management: Toward Comprehensive Government Decision Making", *Journal of Public Administration Research and Theory*, Vol. 7, No. 2, 1997, 292 – 4.

和特殊的时机，承载了特别多的政治意义。从影响来看，这场巨灾造成了惊人的破坏，对中国灾害管理乃至更加宏观的行政和政治体系都带来了冲击，引发了一系列影响深远的政治变化。从时机来看，这场大地震发生在北京奥运会开幕前夕，海外学术界和媒体基于东亚国家的历史经验，对处于奥运年的中国政治变化充满期待。这场巨灾所引发的政治变化也因此被给予了特别的关注。巧合的是，中国上一场可以同汶川地震相提并论的巨灾是唐山地震，同样也是一场大地震，并且同样发生在一个敏感的政治转折点。因此，当汶川地震很自然地被用来同1976年唐山大地震进行比较的时候，许多分析除了关注在中国"硬件"力量的提升，还大量聚焦到政府透明度增加、志愿参与崛起等重要的"软件"的进步。也正是因为如此，这场巨灾及其引发的政治行动中相对稳定并且具有很强连贯性的因素却没有引起国内外研究者的足够重视。实际上，同三十多年前的唐山地震相比，汶川地震触发的国家危机动员过程本身所表现出来的延续性要大于差异性。从应急指挥体系的搭建，军队在应急响应阶段的主导地位，到震后重建阶段开展的全国性"对口支援"，甚至是政府对集体主义和爱国主义话语符号的调动，[①] 这两场相隔超过三十年，社会经济背景反差极大的抗震救灾动员都呈现很强的连贯性。这样的近似度并不仅仅是因为自然灾害及其管理的确存在超越政治、社会甚至历史背景的共性，同时也归因于中国政治体制本身存在的连贯性和韧性。

本书之所以选择地震作为分析样本来观察中国的动员体制，还因为地震灾害无论是从技术还是从政治的角度来看，都具有比其他自然灾害更强烈的危机色彩。[②] 在常见自然灾害当中，地震的可预测性最低，对城市和工业构成更严重的威胁，更容易造成严重的伤亡（见表1-1），也更容易让政府启动超常规的政治反应，包括大规模、高强度抗灾动员。

[①] Christian Sorace, "China's Vision for Developing Sichuan's Post-earthquake Countryside: Turning Unrully Peasants into Grateful Urban Citizens", *The China Quarterly*, Vol. 218, 2014, pp. 404 – 427.

[②] Uriel Rosenthal and Alexander Kouzmin, "Crises and Crisis Management: Toward Comprehensive Government Decision Making", *Journal of Public Administration Research and Theory*, Vol. 7, No. 2, 1997, 281.

表 1-1　　中国主要自然灾害因灾死亡和经济损失情况对比
（1980—2009 年）

	平均死亡人数	平均经济损失（千美元）
旱灾	147.3	827054.3
地震	987.3	970228.6
洪灾	397.8	443835.4
风灾	49.5	43169.8

数据来源：基于 EM-DAT 数据库数据（EM-DAT 数据库的数据来源于中国政府公开数据），于 2009 年 7 月 16 日生成。

地震是能够集中呈现我国政体特征和政治发展特点的灾害类型。不同于洪水、干旱等有着数个世纪的流变、跨越多个重大政治发展阶段的灾害管理部门，我国专业地震灾害管理体系完全是 1949 年之后的产物，而且是在中国共产党政权已经进入稳定发展阶段才搭建起来的。我国专业地震灾害管理的直接起点是 1966 年邢台地震，系统的行政体系搭建和专业能力建设则是进入 20 世纪 70 年代以后才开始加速推进的。在国内和国际经验双重缺失的背景下，决策者以国内其他较为成熟的自然灾害门类的管理模式为基础，在短时间内建立起一套带有鲜明"人民战争"特点的动员型地震灾害治理模式。1978 年改革开放以后，支撑原有人民战争模式的基础性结构受到巨大冲击，整个地震灾害管理也持续朝着科学化、正规化的方向发展，但改革开放之前建立起来的诸多动员型治理模式元素在宏观条件已经发生重大转变的情况下依然延续。一个看起来颇为矛盾的现象就是：恰恰是基于历史原因，中国成为当时世界上少有的长期保留独立的专业地震灾害行政管理体系的国家。直到 2018 年启动最新一轮中央机构改革，中国地震局作为一个独立部门存在的历史才告终结。地震同其他灾害部门类似，一些在 1978 年以前乃至更早历史阶段形成的以政治动员作为常态化灾害管理手段的做法，在追求正规化、科学化和专家管理的改革开放时代仍然保持了相当强的连贯性；从备灾、救灾到灾后重建，动员还能够获得新的常态化动力，成为新的风险治理的重要组成部分。

本书属于定性研究，采用案例比较法，选取了 1949 年以来四场地震及其引发的抗震救灾行动作为比较分析案例。这四场地震分别是：1976 年唐山地震、1988 年澜沧—耿马地震、1996 年丽江地震和 2008 年汶川地震。这四场地震不仅是1949年之后中国发生的最严重的四场地震灾害（参见表1-2），还代表了中国地震灾害管理乃至自然灾害治理不同发展阶段的特点，通过纵向比较可以归纳中国的抗灾动员体制以及动员型灾害治理模式在不同的历史阶段呈现出什么样的整体特点。

表1-2　　1966年以来中国7级以上破坏性地震和损失情况

年份地点	震级（里氏）	死亡（人）	经济损失（亿元）
1966年邢台地震	6.8，7.2	8182	10
1970年通海地震	7.7	15621	27
1973年炉霍地震	7.6	2175	—
1974年大关地震	7.1	1423	—
1975年海城地震	7.3	2041	8
1976年龙陵地震	7.3，7.4	98	1.6
1976年唐山地震	7.8	242000	300*
1976年松潘—平武地震	7.2，7.2	41	—
1988年澜沧—耿马地震	7.6，7.2	738	24
1989年大同地震	5.7，6.1	19	3.65
1990年共和地震	6.9	119	2.7
1995年孟连地震	5.5，6.2，7.3	11	2
1995年武定地震	6.5	52	7.4
1996年丽江地震	7.0	309	40
1996年包头地震	6.4	26	15
1998年张北地震	6.2	49	7.9
2003年巴楚—迦师地震	6.8	268	14
2005年九江地震	5.7	14	20
2006年盐津地震	5.1	24	4.4
2007年普洱地震	6.4	3	25
2008年汶川地震	8.0	87150	8451
2010年玉树地震	7.1	2968	—

* 唐山地震的经济损失并不是直接经济损失数据，而是将生产能力的损失计算在内，不包括临近的天津市遭受的损失。

数据整理自《中国地震年鉴》，EM-DAT国际灾害数据库。

本书的一手数据主要来源于作者从2008—2012年在四川地震灾区进行的三次现场实地走访，以及从2008—2018年在成都、昆明、巴中、贵阳、北京、天津、唐山、广州、南京、杭州和香港等地对参与震后救灾和重建的地方政府官员、退伍军人、志愿者、记者和学者进行的访谈。

本书的二手数据主要来自联合国其他国际灾害研究和咨询机构的数据库、政府解密档案、地方志、报纸、杂志以及包括回忆录在内的其他公开出版物。其中，为了获得唐山地震甚至更早的邢台地震的救灾重建资料，作者在2009年专门前往河北省档案馆、唐山市档案馆和天津市档案馆查阅档案资料（相关细节可参见附录2）。

第二节　动员体制变化与中国国家转型

当代中国政治研究领域对于动员这种政治制度和政治行为在1978年以后的变化和影响关注以及深入系统的比较研究较少。与此形成鲜明对比的是，动员在改革开放时代的中国政治实践中依然常见，并且是中国政治生活非常活跃的重要组成部分。而造成如此落差的关键原因，并非动员在频率、规模上的绝对缩减，而在于涉及中国政治动员研究的分析思路和分析工具存在内在弱点，使其无法有效把握这种诞生于革命时代的制度在日益多元、开放的改革时代的变化。

第一，涉及中国政治动员的已有研究往往倾向于将政治动员的特定形式等同于政治动员的全貌。具体来讲，就是将中国共产党在根据地时期、解放战争以及新中国成立后三十年发展起来的"群众运动"[1] 等同于中国动员政治的全貌。这些历史阶段也可以统称为"革命时期"，这个时期自上而下组织的动员更注重意识形态激励甚至领袖崇拜带来的主观动力，高度强调公众的直接参与，甚至公开追求对常规政治过程和社会秩序的冲

---

[1] 对于中国共产党从根据地时期以及1949年以后发展起来的群众运动英文有多种译法，常见的包括 mass campaign（群众运动）、political campaign（政治运动）或者 mobilization campaign。

击。① 然而，群众运动只是1949年以后中国动员政治的其中一种形式，并非同特定历史条件相关联。即便是在1976年前，政府自上而下组织的动员依然包含多种形式，可以根据具体的事务性质，动员直接发起者的具体层级、具体身份，以及动员的激励机制、目标、范围和资源等因素来加以识别和分类，并不是所有由政府发动的动员都鼓励大规模公众参与，更不是所有的政治动员都以改变既有权力结构或者意识形态灌输作为主要目标。② 另一方面，群众运动在改革开放时代也并没有消失，1978年以后各级党委和政府依然会借助强有力的组织手段和特定的非物质激励，动员公众直接参与，以此来实现多种多样的目标，其中也包括高度政治化的目标。

另外，这种过于整体性的分析思路还很容易忽略不同社会历史背景以及动员主体的学习调适能力对动员制度本身带来的影响。实际上，动员作为一套同中国共产党政治传统紧密结合的制度安排，吸收了不同来源的动员政治元素。例如，中国共产党建立初期效仿苏俄的城市工人运动模式；③ 中国共产党在根据地时期发展起来的适应传统农业社会条件和游击战战略的"群众路线"模式；④ 20世纪50年代从苏联引入的服务于大规模计划经济和工业化生产的"政治—行政"动员模式⑤以及过去十几年借鉴美欧经验建立的现代危机管理元素。这些动员体制在形成时间、形成背景以及具体动员机制上存在明显不同，在不同时期、不同条件下也会发挥着不同的影响力。实际上，很多学者已经认识到中国共产党领导的国家建

---

① Charles P. Cell, Revolution at Work: Mobilization Campaigns in China (New York: Academic Press, 1977), 420 – 1; Andrew J. Nathan, China's Transition (Columbia University Press, 1997), 50.

② Tyrene White, "Postrevolutionary Mobilization in China: The One-Child Policy Reconsidered", World Politics, Vol. 43, No. 1 (October 1990), 55 – 6; Julia Strauss, "Morality, Coercion, and State Building by Campaign in the Early PRC: Regime Consolidation and After, 1949 – 1956", The China Quarterly, No. 188 (December 2006), 896 – 7.

③ Elizabeth J. Perry, Shanghai on Strike: the Politics of Chinese Labor (Stanford University Press, 1993)；裴宜理：《重拾中国革命》，《清华大学学报》（哲学社会科学版）2011年第5期。

④ Mark Selden, The Yenan Way in Revolutionary China (Harvard University Press, 1971); Carl E. Dorris, "Peasant Mobilization in North China and the Origins of Yenan Communism", The China Quarterly, Vol. 68 (December 1976); Chen 1986, 1 – 16.

⑤ ［美］詹姆斯·C. 斯科特：《国家的视角：那些试图改善人类状况的项目是如何失败的》，社会科学文献出版社2004年版。

构和政治发展具有多重制度来源,[①] 但是在涉及政治动员这项中国共产党标志性的制度特征的时候,中国政治研究者却令人遗憾地没能注意到类似的开放性、多元性以及执政党的主动调整和适应。

第二,既有的涉及中国动员政治的研究倾向于将政治动员同正规制度建设以及科层治理对立起来。这样的分析思路实际上延续了西方主流政治学长期以来一直坚持的一个理论预设,即"西方"的科层制同其他"非西方"或者"传统"的治理形式和权力运作模式是相互排斥的。在欧美传统政治研究领域,共产主义政权的政治动员就被视为一种典型的非西方同时也是非理性的制度安排和治理模式,同追求专业化、正规化的工业化进程和技术官僚治理存在不可调和的矛盾。[②] 在中国政治研究领域,由于涉及政治动员的研究普遍将注意力集中在带有明显反科层化、反精英化倾向的群众运动身上,这种将动员政治同常态化的政治过程绝对对立起来倾向更加明显。[③] 沿着这样的分析思路,动员很容易同"政治运动"混为一谈,并被视为一种低效的甚至是破坏性的制度残留,拿来同 1978 年以后出现的更加追求专业化和正规化的治理模式进行横向比较。[④] 这样的倾向在灾害研究领域也同样存在,比如一些学者将改革开放之前的灾害治理归纳为"运动"模式或者"动员"模式,同 20 世纪 80 年代以来的科学化、法治化灾害管理模式截然不同。[⑤]

从 20 世纪 90 年代中后期一直到 21 世纪第一个十年,中国社会经济开放程度不断提升,经济持续快速发展,政府整体运作保持了相对稳定,越来越多的研究者开始重新审视这个后冷战时代"存活"状况最好的由

[①] 对中国共产党政权多重制度来源的分析,可以参见 Andrew J. Nathan, China's Transition (Columbia University Press, 1997), 51-4; Michel Oksenberg, "China's Political System: Challenges of the Twenty-First Century", *The China Journal*, No. 45 (January 2001), 24。

[②] Kenneth Jowitt, "Inclusion and Mobilization in European Leninst Regimes", *World Politics*, Vol. 28, No. 1 (October 1975); *Soviet Neotraditionalism: The Political Corruption of a Leninst Regime* (1983), 286.

[③] Tyrene White, "Postrevolutionary Mobilization in China: The One-Child Policy Reconsidered", *World Politics*, Vol. 43, No. 1 (October 1990), 53-4.

[④] Melaine Manion, *Corruption by Design: Building Clean Government in Mainland China and Hong Kong* (Harvard University Press, 2004), 155-199; Susan Greenhalgh and Edwin A. Winckler, *Governing China's Population: From Leninist to Heoliberal Biopolitics* (Stanford University Press, 2004); Yanzhong Huang and Dali L. Yang, "Beauoratic Capacity and State-Society Relations in China", *Journal of Chinese Political Science*, Vol. 7, No. 1-2 (March 2002).

[⑤] 邓万春:《制度变迁还是动员式改革:社会动员视野下的中国农村改革反思》,《武汉理工大学学报》(社会科学版) 2006 年第 2 期。

共产党执政的国家,分析其面对内外部各种挑战所呈现出来的强大调适能力和学习能力。① 在研究取向重新调整的大背景下,政治动员和动员体制也开始重新进入主流学术视野。很多研究都注意到,改革开放时代中国政府组织的动员在密度、范围、强度以及公众参与程度等方面出现明显缩减,可预测性增强,常态化程度提高,动员本身的工具性更强,等等。② 但是对于动员在改革时代的延续和变化,当代中国政治研究领域存在两种截然不同的分析路径,一种强调外部条件变化的重要性,另外一种则强调动员主体对动员体制变化的重要影响。③ 前一种分析路径倾向于将动员的变化(比如过程和手段的正规化,动员范围有限化)视为改革引起的一系列重大外部条件变化的结果。比如,一元化意识形态松动,全面组织控制弱化,政治激励结构改变,精英代际更替以及市场化改革导致的社会利益多元化,等等。这样的分析路径实际上并没有跳脱出冷战背景下西方政治学界建构的"全能主义模型",透过这些宏观结构性因素变化观察到的动员体制的变化轨迹必然是直线衰落。④ 还有一些关注外部条件变化的研究则关注更为具体的解释变量,比如改革时代随着经济建设和技术性事务

---

① 代表性著作包括 Andrew J. Nathan, "Authoritarian Resilience", *Journal of Democracy*, Vol. 14, No. 1 (January 2003); Dali Yang, *Remaking the Chinese Leviathan: Market Transition and the Politics of Governance in China* (Stanford University Press, 2004); David Shambaugh, *China's Communist Party: Atrophy and Adaptation* (Berkeley: University of California Press, 2008)。

② 对于改革时代中国政治动员形式变化的分析可以参见 Andrew J. Nathan, *China's Transition* (Columbia University Press, 1997), 60 - 1; Melaine Manion, *Corruption by Design: Building Clean Government in Mainland China and Hong Kong* (Harvard University Press, 2004), 55; Tyrene White, *China's Longest Campaign: Birth Planning in the People's Republic*, 1949 - 2005 (Carnell University Press, 2006), 249 - 250。对于改革时代政治动员内涵改变的分析可以参见 Patricia M. Thornton, "Crisis and Governance: SARS and the Resilience of Chinese Body Politics", *The China Journal*, No. 61 (January 2009), 29。

③ 对于政治动员近似的分析路径划分可以参见 David R. Cameron, "Toward a Theory of Political Mobilization", *The Journal of Politics*, Vol. 36, No. 1 (Feburary 1974), 139 - 140。

④ Andrew G. Walder, *Communist Neotraditionalism: Work and Authority in Chinese Industry* (Berkeley: Unversity of California Press, 1986), 227; Vivienne Shue, *The Reach of the State: Sketches of the Chinese Body Politics* (Stanford University Press, 1988), 155; Cheng Li and Lynn White, "The Thirtecnth Central Committee of the Chinese Communist Party: From Mobilizers to Managers", *Asian Survey*, Vol. 28, No. 4, 1988, 372 - 392。值得一提的是,中国国内涉足政治动员研究的学者几乎都采用结构主义分析路径,都强调改革开放前后宏观条件变化引起政治动员形式和内涵的变化,代表性的著作可以参见刘一皋,1999 年,第 87 页;孙立平、晋军:《动员与参与:第三部门募捐机制个案研究》,浙江人民出版社 1999 年版;吴开松:《当代中国动员机制转化形态研究》,《内蒙古社会科学》2007 年第 5 期。

重要性增强，行政体系碎片化的程度加剧，上级政府制定的目标越来越复杂、要求越来越高，与下级政府有限的执行能力之间形成持久的紧张，导致超常规的政治动员能够获得延续并且常态化的动力。①

另外一种研究路径在分析中国动员体制变化的时候更关注动员发起者（主要是政治精英或者视为一个整体分析单位的政治领导层）在行动和认知层面的主动变化对政治动员形式和内涵带来的影响。②他们对动员主体控制能力和影响力的判断总体比较乐观，认为改革时代的中国政治精英对外部环境具有很强的支配能力，依然能够像他们那些成长于革命战争时期的前辈那样，将动员作为一种人为制造对立的政治管控手段和常态化的治理手段。③事实上，这样的分析路径忽视了中国共产党自身的任务定位、优先目标选择乃至集体规范在不同历史阶段的变化，及其对动员政治自身特征带来的影响，夸大了动员主体在面对持续变化的社会经济条件时的掌控力。1978年以后，中国的动员政治又因为来自宏观环境和动员主体层次的改变而发生深刻变化。在转而"以经济建设为中心"，更注重稳定和秩序的改革开放时代，即使领导层依然会有意识地通过制造"斗争目标"来启动政治动员，实现自己的政治意图，但是动员从形式到功能都变得更为保守，主要用来维护自身的权威和合法性。④更重要的是，进入改革开放时代以后，中国社会的流动性、自主性和多元化程度越来越高，政府对外部环境的控制力削弱，⑤即使是在技术性很强的公共事务领域启动动员，产生意外后果的可能性也比改革开放以前加大。⑥

针对既有动员政治研究的不足，本书从以下几个方面做出补充和修

---

① Tyrene White, *China's Longest Campaign: Birth Planning in the People's Republic*, 1949 – 2005（Cornell University Press, 2006), 10；周雪光：《基层政府间的"共谋现象"：一个政府行为的制度逻辑》，《社会学研究》2008年第6期。

② 最有代表性的主体中心论者是裴宜理和索尔顿（Patricia M. Thornton）。

③ Elizabeth J. Perry, "Studying Chinese Politics: Farewell to Revolution?", *The China Journal*, No. 57（January 2007), 10 – 17.

④ Tyrene White, "Postrevolutionary Mobilization in China: The One-Child Policy Reconsidered", *World Politics*, Vol. 43, No. 1（October 1990), 56；Andrew J. Nathan, *China's Transition*（Columbia University Press, 1997), 60 – 1。

⑤ Minxin Pei, *From Reform to Revolution: The Demise of Communism in China and the Soviet Union*（Harvard University Press, 1994), 21；Michel Oksenberg, "China's Political System: Challenges of the Twenty-First Century," *The China Journal*, No. 45（January 2001), 29；刘一皋1999年，第87页。

⑥ 对于中国政治动员过程和结果不确定性的分析，可以参见 Charles P. Cell, *Revolution at Work: Mobilization Campaigns in China*（New York: Academic Press, 1977), 420 – 1。

正，以便能够更加有效地把握中国动员政治的变化，特别是其在改革时代的变化。首先，本书通过识别动员目标的来源和形成机制把握动员体制的变化特征。既有的研究已经提出了很多对动员体制进行识别分类的指标，比如功能、范围、强度、频率、激励结构、公众参与程度和参与性质等等。① 但即便如此，仍然不足以提供具有可操作性的界定和比较标准。究其原因，除了传统动员政治研究倾向于关注带有强烈意识形态目标的动员，更重要的问题还在于对动员的驱动机制关注不够。

即便把动员理解为一种相对稳定的制度，也是同行为主体有意识的政治行动联系在一起的。政治行为体通过动员这种工具，克服常规条件下难以消除的"障碍"（不管是经济方面、制度层面还是认知方面的障碍），在较短时间内实现自己追求的目标。而这些"障碍"的主要来源和性质，可以成为界定动员特征的重要指标。本书将动员要克服的障碍，也就是动员的动力，划分为"内生"和"外生"两大类型。所谓内生动力，是指动员需要克服的障碍或者挑战，是动员主体（主要就是指具有决策权的政治精英）利用自己掌握的优势资源和信息传统手段有意识"制造"出来的，类似于海外党史研究提出的"人为制造对立"或者"操控式对立"。② 也正是由于挑战是动员主体有意识制造出来的，留给动员主体的操控空间就非常之大，这些动员诱因的具体性质就显得并不那么重要，可以来自意识形态竞争，可以是纯粹的政治权力斗争，也可以是非常具体的技术性事务。所谓外生动力，是指动员主体要应对的挑战不是自己有意制造的。这样的挑战从来源到发作过程都不受动员主体控制，留给动员主体进行政治操纵的空间比较小。即便这些挑战被政治精英赋予意识形态色彩，用来制造人为对立，这种政治操控本身也只是一种手段，并不是目的。

本书集中关注的抗灾动员的主要动力来源是外生的，主要来自即将生成或者已经形成的自然灾害带来的经济损失、人员伤亡、社会失序等具体压力。而且在灾情足够严重的情况下，政府往往会面临很大的时间压力和

---

① 对中国政治动员比较完整，并且比较精细的分类，可以参见 Tyrene White, "Postrevolutionary Mobilization in China: The One-Child Policy Reconsidered", *World Politics*, Vol. 43, No. 1 (October 1990), 55 – 6; Julia Strauss, "Morality, Coercion and State Building by Campaign in the Early PRC: Regime Consolidation and After, 1949 – 1956", *The China Quarterly*, No. 188 (December 2006), 896 – 7。

② Chen Yung-fa, *Making Revolution: The Communist Movement in the Central and Eastern China, 1937 – 1945* (University of California Press 1986), 12 – 3。

政治压力，危机处置行动留给决策者的政治操控空间更加有限。即便决策者有意愿将灾害处置行动政治化，赋予抗灾行动额外的政治意涵，也必须要在有限的时间内尽可能集中精力解决最迫切的技术性问题，比如临时转移和安置灾民，向灾民提供应急口粮和其他生活必需品，控制灾区社会秩序，防止大规模病疫、社会动荡等"次生灾害"。回顾 1949 年以后政府组织的抗震救灾实践，1966 年邢台地震和 1976 年唐山地震都发生在特殊的时期，抗震动员同高度意识形态化的政治动员结合在了一起。就唐山地震而言，抗震动员最优先的技术目标——提前预报和震前疏散——没有实现，但震后救灾和恢复重建阶段的关键技术目标则通过高强度动员基本实现。事实上，恰恰因为高层政治处于波动期，唐山地震的震后救灾和重建的技术性目标反而变得更加迫切，反过来成为展现政权稳定和凝聚力的工具。对此，后面的案例分析部分会进行更详细的解析。

第二，本书超越传统动员政治研究将动员同现代科层治理二元对立的理论预设。① 实际上，本书探讨的动员政治，无论是广义上的超越政权性质的政治动员，还是同特定政治组织方式和国家政治体制结合在一起的动员，都是政治现代化进程的产物。② 以 1949 年以后中国的动员体制为例，它之所以能够成为一项重要的国家政治制度，一方面要归因于执政党有意识地传承和发扬自己的历史经验，并利用自己掌握的政治资源加以推动和发展。另一方面，更为宏观的现代国家构建过程也促进了动员的制度化，这些过程超越狭隘的执政者身份和政体特征。诸如公共教育普及，现代传媒和交通技术的发展，现代民族国家认同的传播，高水平行政科层组织体

---

① 比如 Doak Barnett, *Cadres, Bureaucracy and Political Power in Communist China*, (Columbia University Press, 1967), 33-4; Harry Harding, *China's Second Revolution: Reform after Mao* (Brookings Institution Press, 1987), 27; Shiping Zheng, *Party vs. State in Post-1949 China: The Institutional Dilemma* (Cambridge University Press, 1997), 132-181;

② 对于广义上的政治动员同现代化进程之间的关系，最有代表性的分析参见 Robert C. Tucker, "Towards a Comparative Politics of Movement-Regime", *American Political Science Review*, Vol. 55, No. 2 (June 1961), 284; "The Dictator and Totalitarianism", *World Politics*, Vol. 17, No. 4 (July 1965), 560; Charles Tilly, "Does Modernization Breed Revolution?", *Comparative Politics*, Vol. 5, No. 3 (April 1973); David R. Cameron, "Toward a Theory of Political Mobilization", *The Journal of Politics*, Vol. 36, No. 1 (Feburary 1974), 140-4; Kenneth Jowitt, *New World Disorder: Extinction of Leninism* (University of California Press, 1993), 88. 对于中国当代政治动员同中国现代化进程相关性的分析，可以参见 Schurmann 1968, 12; James R. Townsend and Brantly Womack, *Politics in China* (Boston: Little Brown, 1986), 109-110。

系的延伸,等等,都直接或者间接地促进了动员的制度化。值得注意的是,现有的许多以中国政治动员为对象的研究,往往会夸大1978年以前中国政府对专业主义和现代官僚主义的抵触,这个时期执政党自上而下发动的许多政治运动也的确带有反官僚主义的政治功能①,但是不能因此判定动员体制同科层化和正规制度建设之间就是一种绝对的二元对立关系。首先,没有高水平的政党组织建设,没有现代技术行政体系的搭建和延伸,没有可靠的通信技术手段和交通基础设施,中国共产党领导的政府不可能在幅员如此辽阔,社会条件如此复杂,并且以分散的小农为主要人口构成的国家成功地、反复地组织自上而下的动员。中国政府建立了世界上规模最庞大的地震灾害管理行政系统,但这套专业化的灾害管理体系至少在建立的头十年,将带有强烈游击战色彩的"群测群防"作为常态化的地震灾害管理指导方针和实施手段,专业技术队伍实际上直接服务于高度政治化、军事化的治理模式。其次,由于中国共产党的一个重要使命是要领导国家实现工业化,曾经的革命党即便在意识形态和组织特征等方面再怎么努力去保持"革命激情",也依然要适应现代工业生产的规律,朝着专业化和规范化的方向发展。② 更重要的是,不论是在执政初期还是政权巩固之后的和平建设时期,甚至是在大力发展市场经济、追求物质繁荣的改革开放时代,中国共产党强大的动员能力都能够为正规制度建设、行政能力提升创造有利条件。有研究证明,中国共产党在执政初期连续发动的大规模政治运动虽然带有一定程度的反体制色彩,但这些自上而下发动的政治动员也为这个新生政权加速国家整合,快速推进正规制度建设创造了有利条件。③ 还有研究认为,中国共产党正是依托于自己强大的组织动员

---

① Stuart R. Schram, "Limits of Cataclymsic Change: Reflections on the Place of the 'Great Protelatrian Revolution' in the Development of the People's Republic of China", *The China Quarterly*, No. 108 (December 1986), 619; Li Cheng and Lynn White, "The Thirteenth Central Committee of the Chinese Communist Party: From Mobilizers to Manangers", *Asian Survey*, Vol. 28, No. 4 (April 1988), 391.

② 对于工业化与共产党科层化之间的关系,代表性的阐述可以参见 Alfred. G. Meyer, "Theories of Convergence," in Johnson et al. 1970, 313 – 342. 对于中国共产党政权在工业生产领域进行"革命化"改造及其带来的挫折,可以参见高华《历史真实与鞍钢宪法的"政治正确性"》,《二十一世纪》2000年4月号,总第58期。

③ James R. Townsend and Brantly Womack, *Politics in China* (Boston: Little Brown, 1986), 111; Julia Strauss, "Morality, Coercion, and State Building by Campaign in the Early PRC: Regime Consolidation and After, 1949 – 1956", *The China Quarterly*, No. 45 (January 2001), 897.

能力，在 1949 年以后推动了国家行政力量向乡村社会基层史无前例的延伸，解决了传统社会乃至民国期间出现的"政策执行危机"。按照近似的分析逻辑，政治动员同国家渗透之间的正面互动在进入利益日趋多元化的改革时代以后并没有削弱，而是表现形式变得更加多元。① 杨大利在分析中国政府在改革开放时代的适应能力和管理能力的时候也强调，中国政府在改革开放后之所以能够比较顺利地推动全面改革，一个关键原因就是政府在改革开启之际依然具备着强大的动员能力。② 王绍光则更加直接地指出，中国在 1978 年以后启动的政治经济改革，包括很多具体的制度变迁，都是依靠执政当局自上而下发动的动员来推进的。③ 政治动员同正规制度建设的正面互动在自然灾害管理领域体现得尤为明显。许多研究者都注意到中国共产党执政初期组织的抗灾政治动员对政治新秩序的建立，特别是对农村社会主义改造起到重要的促进作用。④ 至于地震这个更为具体的灾害部门，政治动员同正规制度之间的正面互动也体现得非常明显。中国的专业地震管理体系之所以能够在基础几乎为零的条件下迅速发展起来，除了因为防震抗震被认为事关国家军事安全，具有战略意义，更离不开中国政府强大的动员能力。进入改革开放时代，地震管理工作同备战脱钩，转而服务于经济建设和社会发展，但是地震灾害管理体系本身的转型依然依靠自上而下的政治动员来加以推动，而且转型之后的地震灾害管理依然以动员作为常态化的防灾救灾手段。

第三，本书超越传统动员政治研究对中国政治动员主体一元化（unitary）的认识。传统研究往往将处于政治权力顶端的"党中央"或者"中央"视为中国动员的主体，而且是唯一的动员主体。由于中国实行中央统一的政治体制，中央的权威是绝对的，其动员主体身份也是绝对的；下级行为体缺乏独立启动政治动员的主动性，它们启动的动员往往只是用来

---

① 徐勇：《"行政下乡"：动员、任务与命令——现代国家向乡土渗透的行政机制》，《华中师范大学学报》2007 年第 5 期。

② Dali L. Yang, *Remaking the Chinese Leviathan: Market Transition and the Politics of Governance in China*, Stanford University Press, 2004, p. 9.

③ 王绍光：《中国公共议程设置的模式》，《中国社会科学》2006 年第 5 期。

④ 代表性著作包括贾胜《建国初期乡村政治重建与灾害应对：以河南商水县救灾为例》，《江汉论坛》2008 年第 6 期；刘大禹《试论 1954 年水灾与建国初期农村集体保障制度的关系：以 1954 年湖南水灾为例》，《船山学刊》2005 年第 4 期。

贯彻上级布置的任务。① 这样的思路不仅忽视了各级政府间关系的复杂性给动员政治带来的影响，还忽略了动员过程和影响的多变性。实际上，在本书集中关注的灾害管理领域，中国共产党早在根据地时期就已经形成了"以地方为主"的组织原则和传统。尤其是在面对突发灾情，它会赋予下级政府相当大的灵活性，鼓励灾区政府在救灾行动中发挥主导作用，主动让危机条件下的动员主体层次向灾区下沉。② 这样的组织传统不仅是中国共产党在执政早期对正规行政力量和财政资源短缺的一种主动适应，也同常见自然灾害的成灾特点相适应。绝大多数自然灾害从形成到最初升级一定是局部性、地方性的，地方政府作为灾害处置的第一线行动主体实际上有助于提升救灾行动的效率。③

新中国成立后，这种在确保中央统筹的前提下鼓励属地管理和自我动员的灾害管理传统不仅得以延续，还得到了更加系统、正规的国家制度建设的支持，成为1949年以后国家应对各类自然灾害的常态化安排。进入改革开放时代以后，随着中央有意识地、整体性地推动事权下放，政府在救灾领域的主动分权变得更加制度化。特别是经过20世纪90年代中期启动的救灾资金分级管理体制改革和21世纪初的分级响应机制建设，危机条件下的动员主体层次下沉变得更加常态化。因而从动员政治的角度来看，至少在灾害管理领域，尤其是在事后性的救灾环节，国家动员的主体层次是多变的。

第三节　动员与动员型治理

一　如何定义动员

本书要解释的是灾害动员模式如何变化，并对具体的公共治理结果产

---

① Lü Xiaobo, "Booty Socialism Bureau-preneurs, and the State in Transition: Organizational Corruption in China," *Comparative Politics*, Vol. 32, No. 3 (April 2000), 284 – 6; Tyrene White, *China's Longest Campaign: Birth Planning in the People's Republic*, 1949 – 2005 (Cornell University Press, 2006), 2.

② 对根据地时期中国共产党动员型抗灾体制发展的分析，可以参见高冬梅《抗日根据地救灾工作述论》，《抗日战争研究》2002年第3期；段建荣、岳谦厚《晋冀鲁豫边区1942年—1943年抗旱减灾述论》，《中北大学学报》（社会科学版）2009年第2期。

③ Jeane-Marie Col, "Managing Disasters: The Role of Local Government." *Public Administration Review*, Vol. 67, No. 1, 2007, 114 – 124.

生什么样的影响。本书对动员的界定参照政治社会学领域的社会动员理论，将动员理解为一个包含特定要素的过程，这些关键性的要素包括动员结构、动员资源和动员策略。

在定义动员结构、动员资源和动员策略以前，有必要对动员主体做一些说明。首先，本书分析的动员主体是整体意义上的"国家"（state）或者"政府"（government），不做"党"和"政"之间的横向区分，但会按照不同层级进行纵向区分，将抗灾动员主体划分为中央、省和省以下三大层次。之所以如此处理，首先是因为中国共产党在中国政治权力结构中处于绝对主导地位，是动员的终极动力来源。作为关键动员结构的党的组织体系，也一直是深度嵌入到行政组织体系当中的，行政部门的关键职位基本上都是"党政一肩挑"。在自然灾害管理领域，尽管基于应急预案、专门法规制度的现代应急响应体系在过去十多年快速发展，让灾害动员获得了过去没有的"自动启动"机制。但在实际操作中，专业应急管理体系主要领导职务"党政一肩挑"的组织安排并没有因此受到挑战，而且基于专业技术部门和现代危机管理体系的动员主要还是在灾害发生之后的应急响应阶段起作用。当延伸到灾后更长时间的救灾抢险、安置重建，甚至是往前延伸的预防准备，相关动员的政治化色彩依然强烈。而且灾害管理必然涉及众多行政利益、社会利益的协调，需要各级党委（包括党中央最高权力机构）直接出面才能进行有效协调，才能对一系列危机条件下的重要政治决定和技术决定拍板。

抗灾动员主体纵向区分之所以更有意义，是因为我国在灾害处置领域一直沿袭着主动下沉动员主体层次的惯例，形成了"地方为主""分级管理"以及"属地管理"等一系列正式或者非正式的组织原则。尤其是在灾情发生以后，从备灾、灾后应急直至恢复重建，灾区地方政府（尤其省级政府）是最优先、最重要的动员主体，对调动辖区内的人力和物力资源有着较大的决定权。

动员结构是指由国家直接或者间接控制的组织体系。国家通过这些组织来动员各种资源，实现特定的政治或者政策目标。动员结构既包括政府直接或者间接控制的正式组织体系，也包括非正式的关系网络以及基于互联网的虚拟组织和网络。

在我国抗灾动员结构中，最重要的无疑是正式、有形的政治组织、行政组织、军队以及由政府直接或者间接控制的社会组织。[①] 但也需要注意非正式动员结构发挥的重要作用。比如，军队和地方政府之间基于不成文的传统、习惯甚至是伦理（比如"军民鱼水情"）形成的非正式关系，是灾区地方政府能够实际影响军队资源调动的重要手段。再比如，政府同企业之间的合作关系或者政府公职人员与企业家之间的个人关系网络，也能够成为备灾救灾调动资源的动员结构。另外，随着互联网和网络社交平台的兴起，这些科技手段也能够成为重要的抗灾动员结构，成为政府动员体制内和社会资源的重要工具。

动员资源包括以人力和财力为主的有形资源，也包括情感、符号、关系网络等无形资源。抗灾动员资源还可以根据资源来源划分为国家内部和国家外部两大块。国家资源最关键的内容就是指财政资源，它也是抗灾所需要的其他正规资源的基础，比如军队、准军事部队、专业救援队、专用救灾物资等。[②] 国家外部资源可以统称为社会资源（societal resources），但可以进一步细分为商业和社会公益两大来源。商业资源在相对开放的市场经济条件下才可能大规模存在，并且只有在市场经济发展到一定水平才足以成为政府有意识加以调动的抗灾资源。公益性的社会资源处于国家资源和商业资源之间，带有明显的非营利性，主要筹措对象是普通公民和公益组织。

动员策略（repertoire）指动员主体通过什么样的手段调动动员对象参与到自己期待的集体行动中去，这些策略是动员领导者有意识、有目的创造出来的，并具有一定的可复制性。在我国灾害治理实践中，"群测群防""对口支援"是非常有代表性和独创性的抗灾动员策略。这些策略都依托于我国特有的政治组织与社会组织结构和政治文化，同时也与特定的灾害治理理念相匹配。值得注意的是，随着网络社交媒体、自媒体以及社会组织在过去十年的快速发展，一些由社会行为体创造的、强调公民自愿参与的集体行动策略也开始被应用到政府主导的灾害响应行动当中，比如救灾资金众筹、灾情信息众筹等。

根据以上这些指标，本书将我国政府的灾害动员模式划分为三大理想

---

① 本书将红十字会、中国慈善总会以及其他政府举办和管理的公益救助组织也视为国家正式组织。

② "专用"人力资源不同于"专业"人力资源。比如，军队就是重要的抗灾专用人力资源，而接受有针对性训练、拥有专业装备的专业救援队才是专业资源。

型（见表1-3）。第一种动员模式可以被概括为大众动员模式。值得注意的是，大众动员模式并不以公众自我组织和自我动员为主要特点。恰恰相反，这种抗灾动员模式以灾民本身作为主要动员对象，强调灾区就地动员，强调国家能够向社会基层（尤其是农村社会）进行有效的组织延伸和组织控制。这种高度依赖灾区社会就地动员、灾民人力就地投入的抗灾模式，与对社会自发的灾害风险规避机制（特别是迁徙）存在抵触，甚至以防止和限制这样的自发社会流动作为重要目标，因此大众动员模式至少在特定历史阶段带有明显的强制性，对政治组织和政治控制要求更高。但也正因为如此，大众动员"自动"启动机制较弱，对政治权威的介入依赖性较强。大众动员模式的代表性动员策略是基于单位制或者农村集体经济的群测群防和生产自救，依赖于灾区基层有效的自我组织。第二种动员模式可以称为行政动员模式，由技术官僚机构及其组织网络最重要的资源动员结构。这样的抗灾动员在组织程序上规范化、法制化程度更高，具备较强的自动启动能力。这种抗灾动员模式从组织和资源的边界来看，并不主动向社会延伸，更强调行政体系内部的垂直贯彻。第三种动员模式既包含国家内部力量的动员，也包括对社会力量的动员，还包括政府引导下的社会自我动员。这种动员模式可以被称为协同动员模式。这种动员模式无论从资源类型还是从动员结构来看都更加多元，动员资源既包括社会资源也包括国家正规资源，动员结构既包括正规的国家行政组织也包括国家组织延伸出来的外围组织以及社会自组织。但这种动员模式并不是前两种动员模式的简单结合，国家虽然是动员的主导力量，也依然是动员最重要的动力来源，但国家行为体和社会行为体在抗灾行动中的相互关系更为对等，社会力量的独立性更明显，互动更加密切。

表1-3　　　　　　　　　抗灾动员模式的划分

动员模式	动员结构	动员资源 类型	动员资源 来源	动员策略
Ⅰ大众动员	党政组织、行政组织、外围组织、军队	人力	灾区自我筹集为主，国家财政投入为辅	游击战策略，比如群测群防、生产自救
Ⅱ行政动员	党政组织、行政组织	财力、信息、人力	国家正规财政投入	命令—服从

续表

动员模式	动员结构	动员资源 类型	动员资源 来源	动员策略
Ⅲ 协同动员	党政组织、行政组织、外围组织、军队、社会组织	财力、人力、信息	国家财政投入、灾区外部社会资源、灾区本地社会资源	命令—服从、自愿参与

三种动员模式有各自不同的形成背景和制度来源，发展过程存在一定的历史先后顺序，但是不同动员模式之间并不是彼此替代的关系。在一定的条件下，某一种新模式的出现有可能会冲击另外一种模式的地位，但并不一定会导致旧有动员模式的消失。第一种动员模式体现出中国共产党自身独特的革命经验，以及在纵向权力分配上的灵活性。第二种动员模式则更多地体现出苏联的影响，专业行政部门在自身管辖的领域具有很强的纵向动员能力，但是横向协调水平低下，向社会的开放程度非常有限。第三种动员模式的制度来源则比较多元，既包含来自1949年以前中国本土形成的遗产，也包含20世纪90年代以来以美国为代表的发达国家的灾害治理和公共危机管理元素，更突显灾害治理的主体多元性和开放性。

二 动员型灾害治理模式

由政府自上而下组织的动员一直都是我国应对自然灾害的常态化手段。对动员的依赖不仅是由自然灾害管理内在的危机色彩决定的，更体现出我国动员体制同常态化灾害行政管理之间相互深度嵌入的制度特点。本书将这种动员嵌入到常态化行政管理的自然灾害治理模式称为动员型灾害治理模式。

动员即便可以演变成反复出现、有规律的政治行为，却依然带有超常规倾向，与强调常态化、标准化的现代行政管理存在内在冲突。从我国的政治实践来看，动员经常被有目的地用来克服官僚行政体系的低效和僵硬，甚至成为推进行政体系改革的工具。但是就灾害治理这个具体的公共领域而言，动员之所以能够同常态化灾害行政管理并存，并且成为重要的灾害治理手段，是因为三种重要的嵌入机制在起作用。最首要也是最稳定的嵌入机制是党政一体化的组织结构，即各个政府层级、主要政府部门的主要领导都是党委领导成员。双重领导机制的存在，不仅让整个行政体系具有清晰的政治权威和权力运作逻辑，还让政治动员内化到技术行政体系和行政过程当中，成为克服行政资源不足、跨部门协调困难或者社会支持不足等各种障碍的常态化手段。

党政一体化虽然相对稳定，但同时也更宏观，具有广泛适用性，不仅仅适用于灾害治理领域的动员与常态化行政管理衔接。此外，还有更微观，与灾害治理自身特点紧密结合的嵌入机制，包括军事化和危机管理。所谓军事化，就是用应对战争的理念和方法来应对自然灾害。高度军事化的自然灾害管理自带强烈的超常规色彩，管理体系参照甚至嵌入到国家军事体系当中，参照战争动员模式来开展灾害动员，甚至以战争管理模式来开展灾害管理。由于战争机器有完备的由平时转向战时的机制，因此能够比较顺利地让超常规的动员同常态化的日常灾害管理衔接起来。作为本书分析案例的地震灾害管理，在1978年以前就高度军事化。地震灾害管理的专业技术部门虽然并不由军队管理，但是地震灾害管理的关键决策权以及整体组织方法带有强烈的军事化色彩，从属于核战争背景下的备战战略。对此，后文会有详细分析。

危机管理则是通过一整套科学化的管理体系，将超常规动员嵌入到常态化技术行政管理过程当中。带有超常规色彩的抗震救灾动员的启动时机、动员强度、动员范围，主要依据技术专家对多种科技手段采集到的地质信息、伤亡和经济损失等数据的分析和研判。同时，这样的动员又同一整套专业的灾害物资储备、专业搜救队伍的训练和组织结合在一起。这种嵌入机制的典型代表就是基于应急预案、分级响应体系的应急管理。相比起党政一体化和军事化这样的嵌入机制，危机管理出现的时间更晚。地震部门是我国较早采用应急预案、分级响应体系的灾害管理部门，早在20世纪90年代就开始应用这些更加科学化、专业化的危机管理手段。而我国其他公共管理部门直到2003年"非典"危机之后才开始逐渐普及应急预案等现代危机管理工具。

动员同常态治理模式嵌入机制并非完全彼此排斥，不同嵌入机制的主导地位、不同嵌入机制所占地位的变化，可以成为判断动员型灾害治理模式变化的依据。

三　如何解释中国灾害治理模式变化？

传统的政治学研究在分析共产党国家政治动员变化的时候，普遍强调结构性因素带来的影响。最有代表性的结构主义分析来自于政治发展理论领域,这类分析强调经济发展、政治精英构成以及价值变迁能够对动员体制带来的重要影响。① 这些宏观结构因素的变化意味着共产党政权由激进的革命阶段进入相对稳定、理性的"后革命"阶段,② 诞生于革命时代,并且直接服务于政治军事斗争以及全面社会改造的动员模式会在这个发展阶段直线衰落。这样的分析框架从20世纪90年代开始被许多中国政治研究学者接受,他们都认为1978年改革开放及其引起的一系列结构变迁导致政治动员走向衰落,比如中国共产党放弃激进的一元化意识形态,放弃"阶级斗争"和"继续革命",将经济发展作为优先目标,国家对经济和社会的全面控制逐步松动,等等。③ 但是,结构主义路径所呈现的动员政治变化轨迹是二元断裂的。结构主义路径所强调的宏观结构变迁更适于解释动员政治在改革开放时代的整体性衰落,并不能有效解释这种"革命遗产"的延续和变化。④ 本书通过观察中央政府在地震灾害管理领域的抗灾动员实践发现,曾经在1978年以前被作为常态管理手段的动员体制,不仅能够在以专业化和正规化为发展主流的改革开放时代持久延续,还呈现出相当复杂的变化轨迹。改革引起的宏观结构变迁的确对中国的地震部门乃至整个自然灾害治理领域的动员体制带来了冲击,抗灾动员的意识形态色彩被极大淡化,以预报和备灾为核心的主动动员从范围到频率都有所缩减,但依然是常态化的灾害治理手段之一。就地震灾害管理这个具体领域而言,在改革开放前备受推崇的面向震前应急并且地震风险区域公开的全社会"群测群防",在进入1978年以后迅速边缘化,由行政官僚体系和技术专家主导的小范围预防性备灾动员成为主流。不过,改革及其引起

---

① Richard Lowenthal,"Development vs. Utopia in Communist Policy", in *Change in Commuisnt Systems*, ed. Chalmers Johnson (Stanfornd University Press, 1970), 33 – 109; Andrew C. Janos,"Social Science, Communism, and the Dynamics of Political Change", *World Politics*, Vol. 44, No. 1 (October 1991), 91 – 92.

② 放弃阶级斗争,承认社会和意识形态多元化,将经济发展作为更优先目标,等等。参见 Richard Lowenthal,"Russia and China: Controlled Conflict", *Foreign Affairs*, No. 507 (April 1971), 35 – 44。

③ Minxin Pei, *From Reform to Revolution: The Demise of Communism in China and the Soviet Union* (Harvard University Press, 1994), 21; Andrew J. Nathan, *China's Transition* (Columbia University Press, 1997), 61.

④ Elizabeth J. Perry,"Studying Chinese Politics: Farewell to Revolution?", *The China Journal*, No. 57 (January 2007), 5 – 10.

的结构变迁只是让特定形式的动员受到冲击，并没有导致动员在地震领域整体衰亡。事实上，即使在"群众路线"受到高度推崇，技术精英的作用被有意识压制的时期，地震领域的抗灾动员也并非只有"发动群众"这一种选择。在地震灾害管理最关键的任务阶段（也就是临震备灾和紧急避震阶段），发挥决定性作用的仍然是以地震局及其专家团队为代表的技术行政力量，科学家的监测和研判，加上解放军的直接参与，是当时地震备灾动员最关键的基础。

进入改革开放时代以后，尽管曾经被作为地震灾害管理支柱的"群测群防"失去了原有的政治条件和组织基础，迅速走向衰落。但是以灾害影响地区的普通公众作为动员对象的"传统"抗震危机处置方式并没有全面衰落，只是这种大众动员的时机从地震前转向了地震后。进入21世纪以后，强调灾区就地人力动员的危机处置方式才加速边缘化，一种新的动员模式在21世纪进入第一个十年之际才在地震乃至更为整体的自然灾害治理领域变得更加清晰。这种新的抗灾危机动员模式在资源基础和动员机制上正规化程度更高，专业行政力量对动员启动和实施过程的主导性更明显，但与此同时，动员过程向社会参与的开放程度反而更高，组织边界更为开放。更重要的是，新的动员模式体现出前所未有的国家主导性。中央政府通过政治动员对灾区社会生活进行的干预比过往任何时期都更为积极，干预范围更加广泛，而且很多实践通过正规制度建设加以落实。政治动员在中国地震灾害治理领域呈现出的变化轨迹并不是二元断裂的，在改革开放时代的变化轨迹更是呈现出明显的非线性，这是传统结构主义路径不能有效解释的。我们还需要找到更加微观、更具动态性的解释变量。

（一）发展水平

政治社会学中，解释动员出现和变化的一个重要的背景性因素是宏观社会经济领域的矛盾，比如阶级冲突、发展不平衡。发展水平是解释中国抗灾动员体制变化的一个重要背景性因素，它主要包括国家整体财力、经济结构和城市化水平这几个主要指标。国家财力通过财政收入来衡量；经济结构主要是指农业、工业和第三产业在国民经济中的比重，工业和第三产业比例越高，发展水平越高；城市化水平则通过城镇人口数量和城镇数量来测量。这几个指标之间还有很强的关联性。比如，第二和第三产业比重越高，城市化水平越高，国家总体财力就越雄厚，政府在组织抗灾动员时会更加倾向于倚重财政资源，对人力资源的依赖程度会相应降低。

发展水平的提升还可能引起抗灾动员主体特征和动员结构的变化。比如，随着经济发展水平的提高，特别是城市化水平的提高，自然灾害造成的经济损失反而可能会更严重，[1] 灾害管理也会变得更加复杂，技术含量越来越高。这样的变化不仅会导致灾害管理的成本变得更高，还会造成灾害管理更加依赖专业行政力量。相应的，抗灾动员启动和过程也会更加依赖正规的技术行政组织，对非专业的基层政权组织的依赖程度会降低。

表1-4　　　　　　　　　发展水平对动员模式的影响

	发展水平	
	高	低
动员资源	财力	人力
动员结构	正规	非正规

（二）国家角色定位

但是发展水平作为宏观层次因素，还不足以有效解释中国抗灾动员体制在地震这个灾害部门的复杂变化。比如，进入改革开放时代以后，尽管我国的经济发展水平和城镇化水平持续提高，财政税收也快速增长，但抗灾动员对正规财政和城镇化水平也快速提升的国家动员是政府有意识开展的政治行为，因而政府的自我定位，特别是对于国家社会关系的认知变化能够对动员特征产生非常重要的影响。传统的比较共产主义研究和中国研究在分析动员体制变化的时候都注意到官方意识形态的改变所产生的影响，但是官方意识形态过于宏观，而且主要是同长远、总体性的执政思路和国家整体发展战略联系在一起，从这个视角呈现出来的中国动员政治变化轨迹往往都具有明显的二元断裂。比如，1978年以后，随着强调"以阶级斗争为纲"、带有明显激进色彩的官方意识形态被放弃，政治运动和群众运动不再被作为常态化的制度安排和公共治理手段。[2] 但与此类似的

---

[1] 比如，美国作为经济最发达的国家，也是多年以来年度灾害损失最严重的国家。另外，从单灾损失来看，美国和日本这两个发达国家也一直比发展中国家要严重。

[2] Harry Harding, *China's Second Revolution: Reform after Mao* (Brookings Institution Press, 1987), 27; Minxin Pei, *From Reform to Revolution: The Demise of Communism in China and the Soviet Union* (Harvard University Press, 1994), 2; Andrew J. Nathan, *China's Transition* (Columbia University Press, 1997), 50-1.

整体性变化在灾害治理领域却并没那么明显，宏观政治变化并没有导致1978年以前形成的动员模式迅速退出历史舞台，带有明显群众运动特征的组织方式和资源动员方式在进入改革开放时代相当长时间内依然被地方政府作为常态化的灾害管理手段。

针对原有动员政治研究在分析认知变化动力方面存在的弱点，本书结合我国的灾害治理实践，将注意力集中到中观层面的动员主体认知因素上。本书将这个认知因素定义为国家角色定位，体现政治精英对具体公共治理领域国家社会关系的认知，同公共服务供给主体身份紧密相关，其变化对我国政府抗灾动员整体特征的影响也更为直接。具体来讲，本书所讨论的国家角色定位是指政治决策者如何理解涉灾公共服务供给职责在国家、社会和市场之间的分配，如何判断国家和社会力量在灾害治理中应该发挥多少以及发挥什么样的作用。根据这些指标，本书识别出灾害治理领域国家角色的三种类型，即强势国家（assertive state）、消极国家（passive state）以及平衡国家（balanced state）。所谓强势国家，是指国家政府会主动承担灾害治理职责，但也会有意识地排除有组织的自发民间力量和市场力量。所谓消极国家，是指政府主动将灾害治理职责有意识地转移给社会，包括民间或者市场，国家直接介入具有高度的选择性。平衡国家介于前两种模式之间，国家介入依然具有选择性，但是比消极国家更主动，同时还有意识地保持国家、市场与民间社会之间的分工和界限。通过以上分析可以看出，国家角色定位实际上反映出中央政府在灾害治理领域的行动意愿，它的变化对政府主导的抗灾动员的整体特征带来的重要影响，包括动员资源特征和动员机制选择的变化，乃至动员主体层次以及不同主体层次权重分布的变化。基于对我国抗震救灾实践的观察，本书假设，在政府有意愿主动承担更多灾害治理职责的情况下，政府启动的抗震危机动员对正规财政资源和专业技术力量的依赖程度会更高，动员资源和动员结构的正规化程度也会随之提高。

（三）国家能力

国家能力是一个可以影响国家政治动员过程和结果的关键变量，它被用来衡量一个国家（主要是指中央政府）是否以及在多大程度上能够贯彻自己的意志。政治学研究探讨的国家能力通常包括有形能力和无形能力两大方面。有形能力主要是指国家汲取和动员财政资源的能力，无形能力包含的内容则比较丰富，包括濡化能力、规管能力、渗透能力等等。[①] 需要强调的是，现代国家的国家能力，不论是有形能力还是无形能力，几乎都需要通过一定水平的制度建设来实现。[②] 因此，探讨国家能力对国家动员模式的影响，实际上就是考察国家制度化过程对国家超常规行为的影响。

　　需要指出的是，国家能力依然是一个比较宽泛的概念，即便把讨论范围限定在灾害治理这个局部，国家能力仍然需要加以细化，才能更有效地解释抗灾动员的变化。本书认为，国家技术能力、组织渗透能力以及财政能力是影响中国灾害治理（不仅仅是地震灾害），特别是危机条件下灾害处置方式和制度特征的重要因素。其中，技术能力和组织渗透能力比较容易理解，前者主要通过专业人才和技术装备的密集程度来衡量，后者则通过国家的组织网络和行政干预向社会基层延伸的深度和广度来衡量。需要特别解释的是涉灾财政能力。在灾害治理领域，财政能力是指政府通过财政收入提供涉灾公共服务的能力。行政能力的量度指标包括（灾害治理体系）组织结构复杂程度、分工细化程度、政策执行效率以及行政体系相对于其他力量（特别是中国政府）的独立性。对于我国的抗灾动员而言，财政能力和行政能力更为重要。其中，财政能力属于有形国家能力，是灾害治理的"硬"基础，涉灾行政能力则属于无形能力，牵涉到中央政府对国家政治组织体系内各种涉灾行为体的协调能力，对自己意志的贯彻水平。在灾害危机处置领域，国家财政能力同行政能力之间虽然紧密关联，但并不是简单地相互决定。涉灾行政能力的提升要以行政机构的扩张（特别是向低层级政府的延伸）和专业人力资源的增加为基础，这些变化都需要更加充沛、更加有效的财政投入作为基础。但是行政能力的提升还

[①] 国家能力概念可以参见 Joel S. Migdal, introduction to "States and Societies", *Strong Societies and Weak States: State-society Relations and State Capabilities in the Third World*, ed. Joel S. Migdal (Princeton University Press, 1988), 4–5; Michael Mann, *The Sources of Social Power (Volume II): The Rise of Classes and Nation-States*, 1760–1914 (Cambridge University Press, 1993), 59–60; Shaoguang Wang and Angang Hu, *The Chinese Economy in Crisis: State Capacity and Reform* (M. E. Sharpe, 2001), 24–26。

[②] Joel S. Migdal, ed. *Strong Societies and Weak States: State-Society Relations and State Capabilities in the Third World* (Princeton University Press, 1988); xiii; Michael Mann, *The Sources of Social Power (Volume II): The Rise of Classes and Nation-States*, 1760–1914 (Cambridge University Press, 1993), 59.

取决于认知和规范层面的变化，比如从"人定胜天"转变为"科学决策"，从"人民战争""群众路线"转变为"依法治国""危机管理"。这些方面的变化同财政能力的增减并没有直接关系。

对于我国的涉灾财政能力，还有两点需要特别强调。第一，涉灾财政能力同广义上的国家财政能力既有联系又有区别。广义上的国家财政能力可以通过"两个比重"——国家财政收入占 GDP 的比重以及中央财政占国家整体财政的比重——来衡量，但是一个国家的整体财政汲取能力并不能简单等同为这个国家的涉灾财政能力。就我国的情况而言，国家涉灾财政能力并不一定会随着国家整体汲取能力的提升而增强。国家整体汲取能力增长，只意味着政府抗灾动员能够获得更雄厚的**潜在**资源基础，并不一定能够直接转化为可用的日常性灾害治理资源，甚至不一定能够直接转化为应急很强的危机处置资源。也就是说，从国家汲取能力提高到国家抗灾财政能力提高，还有中间环节，国家整体财政汲取能力的变化同具体动员模式的变化并没有直接的因果关系，至少国家汲取能力的高低变化并不是动员模式改变的必要条件。比如，1978 年以前的财政汲取能力很强，国家财政的"两个比重"长期维持在高水平，尤其是中央政府的财政能力一直较强，能够有效地支配全国的财政资源。① 可是，当时占据主导地位的抗灾动员模式却是高度依赖分散的灾区基层就地人力动员，中央和地方政府直接动员的正规资源非常有限，而且缺乏稳定的来源。实际上，我国的自然灾害治理一直以来都被纳入农业工作范畴，而政府对农业的公共支出一直都维持在一个很低的水平，这样的情况即便进入改革开放时代以后也没有发生根本改变。② 进入 21 世纪以后，政府在自然灾害治理领域的财政能力以及抗灾动员模式的变化轨迹才呈现出更明显的同步性：国家整体财政支配能力稳定增长的同时，中央政府对于自然灾害治理（包括应急性很强的灾害救助）的财政投入也出现绝对而且较为快速的增长，它作为抗灾动员主体的角色也才开始变得更加突出。回顾我国跨越四十年的抗震减灾实践，要在危机条件下成功动员各种力量控制和缓解灾情，国家财政资源的多寡以及政府对财政资源的支配水平固然重要，但是更关键的

---

① 王绍光、胡鞍钢：《中国国家能力报告》，辽宁人民出版社 1993 年版，第 31—33 页。
② 童泽恒、董承章：《我国财政"两个比重"下降原因分析及对策》，《中央财经大学学报》1998 年第 2 期。

问题在于，政府能否以及如何将潜在和已有的有形资源更有效地投入到具体的事务领域，甚至是直接投送给有需要的社会群体。正如前文所说，自然灾情本身具有很强的不确定性，社会经济和技术条件的发展也会进一步放大灾害的不确定性，政府要实现比较理想的灾害危机处置目标，不仅要占有更多的资源，还需要更有效地识别不断出现的新问题和新挑战，更有效地投送和使用已有资源。要实现这样的目标，政府还要具备足够发达的行政组织体系，具备足够高水平的管理技能和信息传递渠道。

第二，虽然涉灾财政能力同国家整体收入都涉及抗灾动员的物质基础，但是国家收入属于宏观背景因素，对动员模式的影响不如涉灾财政能力那么直接，而且国家收入强调的是结果，涉灾财政能力则是一个动态的变量，能够反映出某个时期具体的国家制度建设过程。就我国的情况而言，涉灾财政能力的变化轨迹并不是线性的，并不是随着 GDP 或者国家财政收入的持续增长而增长，它在不同的阶段有强有弱。

四　正文结构

第一章是全书的导论，介绍研究动机，提出研究问题、分析框架和理论假设，陈述初步发现。从第二章到第五章是案例分析部分，本书选取发生在不同时期的四场地震及其引发的抗震救灾危机动员来分析我国抗震动员模式的变化。在对每一个震例的分析中，都重点关注地震应急（包括震前和震后第一时间应急）和震后重建两个阶段。

第二章以唐山地震为重点，介绍我国 1978 年以前的抗震动员整体特征及其变化。这一章首先以 1966 年邢台地震和 1975 年海城地震作为背景线索，介绍政府是如何结合具体的抗震救灾实践，将原本面向农业灾害的大众动员模式移植到地震这个新的灾害领域，并且在这个过程中做出调适。唐山抗震救灾实际上充分展现了这种抗震思路和制度设计的特点和弱点，也成为了大众动员模式在地震领域走向衰落的起点。本章不仅分析了唐山地震发生前没能成功启动备灾动员的原因，还着重介绍决策者针对城市灾后救援和重建对既有的危机动员模式进行调整。

第三章以 1988 年澜沧—耿马地震为案例，介绍改革开放时代宏观结构转型以及地震部门自身的转型对中国抗震动员带来的复杂影响。本章第一部分是对我国地震部门乃至整个灾害治理领域"去革命化"和市场化"双重转型"的一个背景性介绍。这场由宏观政局变化引发的局部变动让抗震动员体制发生了深刻转变：首先，整个地震灾害治理结构高度中央集权的局面被打破，地方政府获得了更大的自主权。其次，面向预报和备灾的主动动员不再向社会延伸，明显变得更加有限封闭，也更加正规，技术行政化的趋势开始强化。再次，中央政府在震后恢复重建领域仍然缺乏专业治理体系的支撑，这部分工作依然高度依赖地方政府临时组织的政治动员来实施，而且依然延续传统的大众动员元素。在案例分析部分，本书通过详细追溯澜沧—耿马地震的临震应急反应到震后恢复重建的全过程，展示灾害危机动员，乃至整个灾害治理的过渡性，分析为什么大众动员元素在原有的意识形态和制度基础已经全面瓦解或者衰落的情况下依然能够延续。

  第四章以 1996 年丽江地震作为案例，分析 20 世纪 90 年代政府涉灾财政能力持续下降以及灾害治理领域国家后撤加速对中国抗震动员带来的影响。在介绍丽江抗震动员的细节以前，本章首先介绍进入 20 世纪 90 年代以后在正规地震应急管理体系建设方面取得的进展，分析地震应急动员加速技术行政化的原因。然后，通过介绍 20 世纪 90 年代中期开始推行的救灾分级体制改革，分析国家涉灾财政能力下降和国家在整个灾害治理领域介入意愿下降的原因，以及这些变化对我国地震危机动员特征的影响。对于丽江抗震动员，本章首先介绍云南省是如何根据澜沧—耿马地震以来不断完善的正规应急预案启动临震和震后应急动员的。然后介绍在中央和省级财政都陷入困境的条件下，云南省政府是如何以对口支援的形式来动员省内资源支撑规模空前的震后重建。通过追溯整个动员过程，展现云南省政府在地震应急和震后恢复重建两个阶段的表现存在明显反差，国家组织的抗震危机动员出现越来越明显的前后断裂迹象。

  第五章以 2008 年汶川地震作为切入点，尝试归纳抗震动员进入 21 世纪以来不断积累的新变化。本章的第一部分系统地介绍 20 世纪 90 年代末到 21 世纪初灾害治理领域出现的"国家化"趋势，正规应急管理体系的发展，以及灾害治理整体性的社会转向。通过这样的背景介绍，本书初步勾勒新的灾害危机动员模式的主要特征。案例分析部分首先分析汶川震后政府专职灾害应急管理体系的表现，尤其会强调技术行政部门在巨大的政治压力下表现出来的独立运作能力。案例分析的第二部分详细介绍中央政府针对震后应急抢险和震后重建组织的大规模国家内部政治动员。汶川震后动员是我国灾害危机动员的一个新的分水岭，不仅集中展现了世纪之交灾害治理领域国家职能的扩展，中央政府主导性的增强，以及整个灾后救助和重建工作的正规化趋势，还直接推动了一些传统动员机制的常态化，最典型的例子就是针对震后重建组织的对口支援。案例分析的最后一个部分专门介绍动员型抗灾体制在汶川地震中体现出来的另外一个新的变化方向，也就是政府对社会力量的动员，包括对社会自主动员的"吸纳"。汶川震后政府对社会力量的动员不仅规模空前，而且动员对象更加多元化，动员机制正规化程度更高。这样的变化既包含政府对外部环境改变做出的主动调适，也包括对危机本身造成的"意外"压力做出的被动调整，反映出政府在宏观社会经济条件持续转型的背景下仍然在摸索如何保持和加强向社会的延伸和控制。本章最后部分对政府组织的汶川抗震动员所体现出来的新变化进行重新梳理和归纳，分析汶川抗震救灾行动给地震危机动员留下的新的制度遗产。

第六章是比较分析部分。结合前四章的震例，本章来检验发展水平、国家能力和国家角色定位这三大解释变量的有效性，并对我国四十年来的抗震动员的制度特征和变化趋势进行归纳。

第七章是本书的结语，作者除了对研究发现进行系统归纳之外，还讨论本研究发现的普适性、理论意义以及跨国比较的可能性。

第 二 章

唐山地震：主动动员模式的高潮和转折

1976年唐山地震不仅是一场严重的自然灾害，也成为了我国地震灾害治理发展的重要分水岭。唐山地震发生之前，我国通过近十年的探索和积累，发展出一套以预报为重点，以主动动员作为重要抗灾手段的地震灾害管理体系，鲜明地体现出1978年以前的国家政治特征和自然灾害治理模式。这种主动动员型地震治理模式是在唐山地震前夕才基本确立的，唐山地震本身的预防和准备是对这种治理模式的一次重要实践检验。不幸的是，唐山地震测报失败，预防性动员没能大规模启动。这场严重的巨灾之后，支撑主动动员模式的一整套制度和组织被迅速放弃，我国地震灾害治理也因为唐山地震步入了一个新的发展路径。

第一节 "69号文件"和"海城经验"：
主动动员模式的确立

虽然地震作为后起的灾害管理体系，很大程度上延续了针对传统水旱灾害的大众动员模式，强调对民力的动员以及灾区本地资源的动员。但由于地震灾害可预测性低，对城市和工业设施威胁更大，再结合全面备战的具体历史背景，地震灾害治理呈现出比其他灾害门类更强烈的主动出击、治理重心迁移的倾向，本书将这样的治理模式称为"主动动员"模式。这套治理思路和治理模式在1966年邢台地震之后就已经出现，在20世纪70年代中期初步确立，标志是1974年国务院办公厅下达的《国务院批转中国科学院"关于华北及渤海地区地震形势的报告"》（也被称为"69号文件"），以及1975年海城地震。

"69号文件"对专职地震管理体系的任务定位、指导原则、基本工作方法都做了更清晰的界定，突出短期地震预报和备灾动员。1975年初针对辽宁省海城地震的防灾备灾部署就是对"69号文件"的具体落实，也是这套年轻的灾害治理体系第一次接受实战检验。辽宁省政府在"69号文件"（这个文件同时转发了国家地震局针对渤海地区的地震中期预报）下达以后进行了几个月的针对性制度建设和组织准备，地震前9小时，辽宁省地震局发出临震预警，地方政府据此启动紧急备灾动员，海城全县企业停工停产，大批民众被紧急疏散户外避震。正是由于及时启动应急动员，这场发生在人口稠密区的7.3级强震没有造成严重伤亡，也为有效的震后抢救创造了条件。海城地震的成功预报和备灾实践让中央政府相信，"69号文件"提出的地震灾害管理思路和方法在技术和政治两个方面都是成功的，"海城经验"被打理推广，[①]并开始在全国范围搭建地震灾害测报和快速响应体系。

这套体系有两大特征：一是主动动员；二是"专群结合"。所谓主动动员也就是在地震发生前组织备灾应急动员，包括临时停工停产，大规模人员疏散以及对重要建筑进行临时加固。这是一种对地震灾害的主动防御，关键前提是有比较准确的临震预报和政府高水平的组织能力。主动动员不仅体现出地震工作所具有的强烈军事色彩，还反映出当时整体政治气氛的激进性。地震工作同国防安全和备战工作有着非常紧密的关系，从任务定位、制度设计到具体的工作方式都高度军事化。[②]决策者将地震视为对大城市和工业设施（特别是"三线建设"项目）的直接威胁，将预报作为压倒一切的优先目标，专职地震部门除了"抓预报"，几乎不承担其

[①] 1976年6月，距离唐山地震只有短短的一个月，我国政府还邀请了一个美国科学考察团到辽宁参观，介绍海城经验。这个考察团中的一位成员并非自然科学家，而是政治学家，也是中国政治动员研究专家，他专门根据这次考察体验写了一篇对中国群众运动体制的分析文章，参见 Gordon A. Bennett, "Mass Campaign and Earthquake: Hai'cheng 1975", *The China Quarterly*, No. 77（March 1979）。值得注意的是，汶川地震之后，海城地震是否能够算得上是成功的预报也出现争议。参见《海城地震预报：不可传承的"经验"》，科学网，2009年5月11日，来源 http://news.sciencenet.cn/htmlnews/2009/5/219133.html。从中国的抗震实践来看，1976年5月和8月，也就是唐山地震之前和之后，我国政府按照海城模式对云南和四川的两场7级以上强震进行了成功的临震预警和有效防范。

[②] 需要指出的是，世界上进行系统地震灾害治理的国家，抗震体系都带有明显的军事色彩，很多国家的抗震体系都纳入战备体系，比如美国和法国都将抗震防震纳入本国的"民防"体系（civil defense）。中国在1976年之前，很多地方政府让人防办主管防震工作，特别是临震应急动员。

他涉震治理任务。在工作方法上，最高领导层从一开始就明确提出要在地震领域"大打人民战争"，宏观的地震灾害治理和微观的抗灾行动实际上等同于战争行动。在宏观层面，决策者将临震预警和大规模备灾动员作为标准化和常态化的灾害治理手段，实际上体现了核条件下的备战思路。

在微观层面，从预警、准备到抢救，各个主要环节都由地方党委（甚至中央政府）和地方军区直接领导，按照战役模式开展行动。由于地震预报在技术上远未成熟，将其作为整个抗震体系的支点实际上存在非常大的风险。而且当时采取的防震策略是在高风险地区组织大规模停工停产和全员疏散，经济和社会成本都很高，一旦预报失准更会造成巨大的额外损失。① 但是由于当时的决策层认定全面战争不可避免，而且既有的财政能力和管理能力又不足以支撑广泛的建筑抗震体系，必须有所取舍。主动动员模式的潜在风险和代价虽然会相当高昂，但仍然被认为是可以接受的。而且，常年备战让全社会长期处于"枕戈待旦"的紧张气氛之中，中国民众的日常社会生活、行为规范都被注入军事色彩，这也为政治精英启动高强度的备灾动员创造了更为有利的社会心理条件。

至于"专群结合"，是"69号文件"的重点，指的是专业力量（也就是地震局及其下属科研机构和骨干监测台站）同业余测报力量（也就是"群策群防"）相互配合，共同开展短临震预报工作。这个政策是对中国共产党推崇的"群众路线"的具体落实，也充分体现出中国共产党深厚的游击战传统：专业力量相当于正规军，而地方地震办公室（县以下）及其管理的宏观前兆观测哨点则相当于配合正规军作战的游击队和民兵。值得注意的是，虽然群测群防的发展像毛泽东时期许多政治性群众运动一样，发动过程有明显的随意性，但由于地震工作同首都的战略安全密切相关，带有很强的政治敏感性，中央进行了很有针对性的制度建设加以规范，② 还让军队直接参与管理（特别是在临震准备阶段）。实际上，"群测群防"作为一种带有鲜明"人民战争"色彩的大众动员策略，充分体现

---

① 根据云南省龙陵县的统计，1979年到1989年，县地震局的地震预报错报和虚报率平均值超过53%。参见龙陵县委党史地方志工作办公室编《龙陵县志》，中华书局2000年版，第543—544页。

② 在发出中短期预报的重点监测地区，群测点甚至要做到每天观测2到3次，向当地地震办公室一天一报。参见张庆洲《唐山警示录：七·二八大地震漏报始末》，星克尔出版有限公司2006年版，第73—80页。

了动员、参与和控制的高度一致性。在这种体制下，大众直接参与地震防治工作并不完全是独立、自愿的公民行为，而必须经过政府授权，并且整个参与过程要接受政府严密管控。[①] 民众集体行动的目标和途径，以及相关的组织资源、物质资源乃至符号资源都由政府提供，或者需要得到政府认可。

针对唐山地震的防灾备灾，就是在这样的背景下开展的。遵循"海城经验"，临近首都并且战略地位重要的唐山，在1976年初就被纳入地震测报和备灾方针的重点范围，是主动动员模式的典型案例。

第二节 "漏报"：主动动员模式的内在风险

直到1976年初，专业地震工作者和政治决策者还沉浸在海城成功的喜悦之中。但对于唐山地震，这套被认为能成功进行地震预测和防震准备的体系却没能做出有效的事先反应，各级政府也没能像一年前的海城地震那样启动备灾动员。唐山地震成为了中国乃至全世界在20世纪损失最惨重的一场自然灾害，也将刚刚攀上巅峰的中国地震灾害管理工作瞬间击入谷底，给这个年轻的灾害管理体系带来了巨大的冲击。

唐山地震备灾的失败表面上看具有一定的偶然性，比如地震本身可预测性低，技术和知识积累不足，以及发生时机特殊。在官方的事后总结中，特别强调技术上的不确定性和不成熟性。对于政治原因，则主要归咎于"四人帮"。实际上，唐山地震漏报和备灾失败不仅可以归因于整个抗震体系在任务定位和制度设计上的内在弱点，还可以反映出中国主动动员型灾害管理模式的内在弱点。我国在20世纪70年代确立的主动动员型抗震体制，注意力过于集中在预报上，几乎所有的资源和制度建设几乎都是围绕短临震预报这一个目标来进行。这导致整个地震灾害治理体系非常的不平衡：短临震预报由于得到了极高的政治关注和资源倾斜，取得了快速进步，在短短几年时间就跃升到世界先进水平。但是对于抗震减灾来说同样重要的建筑抗震和震后救援却发展迟缓，甚至可以说是"停滞不前"。一旦预报失败，震前备灾动员不能及时启动，震后处置就很有可能陷入

---

① 参见李善邦《中国地震》，中国地震出版社1981年版，第599页。

被动。

　　动员型抗震体制还有一个更加根本性的弱点，就是技术事务高度政治化。虽然对于灾害治理这种技术性很强的公共事务领域而言，党的政治集权能够在一定程度上对抗灾动员产生正面影响，比如减少决策环节，降低跨部门和军政协调难度，提高资源调集效率，尤其有助于提高危机条件下的总体行动效能。但是这个时期围绕党的领导以及由此带来的国家动员能力的提高，优先服务于高层的政治支配，对于技术性事务领域的带动完全是一种附带影响，不确定性很强。

　　而且过度的政治集权还削弱了专业行政力量的独立性，对技术工作带来消极影响。对于地震这个技术风险和政治风险都很高的灾害部门而言，动员型抗灾体制的这些内在弱点暴露得尤为明显，而且也更为"致命"。将技术尚不成熟的短临震预报作为备灾动员乃至整个地震灾害管理工作的支点，但是最关键的决策权却掌握在政治权力机关手里，作为专职部门的地震局只承担技术咨询职能，不直接参与政治决策。[①] 政治决策者缺少一套专业化程度较高，并且能够"自动启动"的危机反应体系来分担决策压力。当高层政局相对稳定的时候，或者当最高决策层给予足够关注的时候——就像海城地震以及1976年的龙陵地震和松潘—平武地震那样——动员型国家或许能够为抗震减灾提供强有力的支持，为政治、经济压力巨大的临震备灾动员奠定良好的基础。可是一旦高层注意力被分散，高度依赖政治权威介入的备灾动员就很有可能无法及时启动，从而让整个地震灾害管理工作陷入被动。

　　离海城地震的成功仅仅相隔一年，唐山地震就以最极端、最致命的方式将主动动员型抗震体系的弱点彻底暴露出来。唐山地震发生在"文化大革命"末期，此时的中国正处于最高权力交接的不确定期，"批邓反右"运动还在进行，国家机器不能正常运作。原本就缺乏独立性和"自动"启动能力的专业地震工作体系在动荡的政治环境下也受到冲击，中央地震工作领导小组名存实亡，国家地震局本身卷入派系斗争，连京、

　　[①] 专职地震部门主要通过震情趋势分析来影响抗震决策。由于信息高度不对称，地震部门的结论或者单方面采取的某些行动也能够对最终的抗震行动产生重要影响。典型的例子包括唐山地震前夕国家地震局有意识地拖延甚至压制地震前兆采集和分析，以及国家地震局震情分析人员在唐山地震前两周通过非正规渠道向重点监测区发出短期预警。相关情况参见张庆洲《唐山警示录：七·二八大地震漏报始末》，星克尔出版有限公司2006年版。

津、唐、张协作组和京津震情分析组这样重要的地震预报机构都陷入瘫痪，直接影响到了首都圈的地震短临震预报。[①] 从笔者掌握的情况来看，由于没有得到有效的专业技术支持，决策层对于这场大地震缺乏足够的防备。[②] 再加上技术基础能力薄弱，中南海在地震发生2个小时之后才靠人力而不是地震局的专业设备大致得知震中在距离首都只有一个多小时车程的唐山。虽然在震后四天之内，中央动员了超过15万名来自全国各地的军人、医务人员和工程技术人员进入震中地区，显示出这个高度组织化的动员型国家在应对突发危机时具有的先天制度优势。但是，对于一个长期防备"苏修"搞核突击、长年为"第三次世界大战"做准备的国家来说，对发生在首都肘腋之间的巨灾无法做出快速有效的反应，这场巨灾也随即演变成一场重大的政治危机。对于年轻的专职地震工作体系来说，唐山地震带来的打击更大。唐山处于中央划定的"首都圈"之内，是我国地震设防最严密、预报要求最高的地区。地震局对于发生在这么敏感地区的强震竟然出现"漏报"，震后还迟迟不能确定震中位置，让这个专业技术部门的可信度乃至既有的抗震减灾理念都受到了严重质疑。唐山地震甚至在很大程度上导致了主动动员型抗震模式，乃至整个地震灾害管理工作在1977年以后迅速丧失政治优先性，管理模式也出现重大转型。

第三节　城市灾害对传统灾害管理的整体挑战

地震与水、旱、风这些常见自然灾害的一个重要差别在于，前者对城市的威胁更大，是我国面对的第一种真正意义上的现代城市灾害。纵观人类文明史，包括近现代史，从造成的经济损失和人类活动影响来看，常见灾害当中对城市威胁最大的就是水灾和风灾，但是这些灾害很少会在现代城市造成严重的房屋损毁和人员伤亡。我国既有的自然灾害管理工作主要

[①] 转引自《回忆父亲周荣鑫：在文革的政治漩涡中》，《天天新报》（电子版），第19版，2008年12月28日，来源：http://www.xwwb.com/paper/html/2008-12/28/content_36914.htm，访问时间2010年2月12日。周荣鑫曾任国务院秘书长，1973年至1974年代担任中国科学院核心领导小组副组长，分管地震工作。

[②] 按照我国政府在20世纪60年代末形成的惯例，首都圈的抗震备灾工作由国务院直接过问。

就是面向农村，正规化和专业化程度都不高。尤其是人民公社化运动完成以后，农村备灾和救灾工作主要就是依靠灾区集体经济组织的就地人力动员和自我造血来支撑，对专业行政力量和国家正规资源的依赖程度进一步降低。[①] 新中国在设计地震灾害治理体系的时候，并非没有意识到地震对城市的威胁，从一开始就将"保卫四大"（即大城市、大水库、电力枢纽和铁路干线）作为地震工作的重点。但是正如前文分析的那样，由于基础能力不足，再加上全面备战带来的心理压力和时间压力，决策层选择把有限的正规资源都集中到了预报和备灾阶段，没有足够的财政和管理资源来建设广泛的建筑抗震体系，震后救助和重建则完全没有专业的行政体系作为支撑。新中国地震灾害的灾后处置同其他农业灾害部门几乎没什么差别，也是直接套用原本面向农业灾害的大众动员模式，依靠对灾民的就地动员来实施救灾和灾后重建。但是传统大众动员模式显然不适合城市灾害的成灾特点和治理需要。尽管20世纪70年代中期的中国城乡在组织结构上的同质性比今天要大，都由高度封闭的"蜂巢化"的单位组织构成，但是这仍然不足以让原本面向农业灾害的大众动员模式适应城市灾害。更重要的是，城市的单位组织不具备农村单位组织的自我造血能力。其实，从新中国应对水灾的经验，甚至是在地震领域开展预防准备的实践来看，城市的就地动员能力比农村更强。这得益于城市具有更高水平的社会组织，特别是大量公职机关和工厂的存在让中央政府能够在城市组织起高水平的就地动员来抗御自然灾害。[②] 但是城市动员水平再高，也只限于支撑防灾备灾，对于耗资巨大、技术要求更高的灾后恢复重建，特别是强震之后的城市重建，人力动员能够提供的帮助非常有限。前文已经介绍过，中国的灾害治理也存在城乡二元结构，城市救灾非常依赖国家直接介入，灾后恢复重建尤其如此。另外，地震灾害本身的特殊成灾特点也会放大大众动员模式的弱点。由于当时的城市普遍缺乏建筑抗震设计，地震（特别是强震）对城市带来的伤亡以及由此对社会组织造成的破坏会比农村严

---

① 中央政府甚至在1968年撤销了原来主管农村灾后救助的内务部，也就是后来民政部的前身。当然，民政职能并没有因为内务部撤销而消失，只是被分散到不同部门。在革委会后期，各级政府都开始恢复设立专门负责民政工作的干部。

② 作者在2009年2月对一位退休工人进行过访谈，被访对象曾经主管工厂后勤，包括车辆使用。他向笔者详细介绍了计划经济时代他所在的工厂每年汛期的备灾和参与防灾救灾行动的细节。

重得多，有可能让城市丧失就地动员的基础，城市灾后自救难度反而比农村要大。① 当然，在唐山地震以前，新中国从来没有遭遇过城市震灾，建立专门的城市救灾体系的迫切性在一定程度上被掩盖了。一直到唐山地震，大众动员面对严重城市灾害的无力以最极端的形式一下子暴露出来。

唐山是当时我国重要的煤钢生产基地，也是当时我国人口最多的中型城市，震前市区人口超过百万。地震造成的直接经济损失超过100亿元（按当时的购买力计算），整座城市从硬件到社会组织都受到了毁灭性打击。② 中国从来没有遭遇过如此严重的城市灾害，更没有面对过如此艰巨的灾后恢复重建任务（中央选择原址重建）。面对内容高度复杂，资源压力又十分巨大的现代城市重建，传统的精神激励和人海战术能够发挥的作用非常有限。再加上当时谢绝国际援助，时间压力又很大（下文会有更详细的解释），中央其实没有太多的选择余地，只能充分调动国内资源，特别是地方政府掌握的资源。唐山重建促使中央组织了最高规格同时也是最大规模的全国性对口支援，而且在复杂程度和正规化程度上达到了前所未有的水平。

第四节　"跨时代"的重建：动员的延续与变化

唐山地震触发了我国在计划经济时期最大规模、最高规格，同时也是最后一场抗灾危机动员。由于发生时机非常特殊，唐山抗震动员的整个过程，从"文化大革命"末期一直延伸到改革开放时代。唐山城市重建的决策始于"文化大革命"末期，更为详细的规划、筹资和对口支援的组织安排则是在"文化大革命"后制定的。而到重建工作真正开始实施已经是1979年，此时领导层又发生了一次更迭，整个国家的政治走向也已经发生了重大转变。国家政治大变局带来的影响马上传导到地震灾区，还处在重建初期的唐山也广泛开展批判"四人帮"和"极左错误"的政治

---

① 唐山地区的受灾农村几乎在地震当天就完成了人员挖埋，而市区的挖埋则主要依靠外援部队。参见邹其嘉、苏驼、葛治洲《唐山地震的社会经济影响》，学术书刊出版社1990年版，第4页。

② 唐山地震的社会影响主要参见邹其嘉、王子平等《唐山地震灾区社会恢复与社会问题研究》，地震出版社1997年版，第143—148页。

运动。但是这场运动比较温和，对重建工作本身并没有带来明显的冲击，1977年确立的基本重建思路没有发生大的变动，"自力更生"（也就是拒绝外援）的方针没有改变，连1976年8月确定的对口支援组织安排也没有发生大的变动。宏观政治环境变化引起的比较直接的动员政治变化主要体现在微观的动员框释策略上。进入1978年以后，唐山重建任务依然被决策者定性为"重大的政治任务"，接受任务的中央部委和各地政府依然面临很大的政治压力。但是重建指挥部比过去更加重视成本核算，更加依赖岗位责任制甚至是经济处罚来加快重建进度，之前惯用的意识形态激励明显弱化。① 实际上，除了动员框释符号的意识形态色彩大为淡化以外，唐山抗震动员过程所体现出来的连贯性和稳定性与国家宏观层面（包括地震部门）激烈的"去革命化"运动形成了强烈的反差。当然，唐山重建事关国家经济全局和国际形象，不论谁主政都不会轻易做出大的改动。另外，动员作为政治常态，伴随了中国人二十多年，不论是政治精英还是普通公众都已经对它的运作非常熟悉，形成了一种共有的政治常识，不会随着政策的改变而马上消失。进入20世纪80年代，在唐山的重建现场依然能够见到各种"比武""会战"，各种颂扬"集体主义"精神的公共宣传也依然在延续，并且仍然被后方领导者和前方施工单位视为加快工作进度的有效办法。② 不过，政治动员作为重建的实现手段能具有如此强的连贯性，关键还是归因于执政党自身的相对稳定性。尽管以邓小平为代表的中国共产党领导层放弃了"阶级斗争"和"继续革命"这样的激进目标话语体系，政府在此前二十年发展起来的组织渗透能力也随着改革开放明显萎缩，但是中国共产党自身的政治主导性以及对各类公共事务的干预能力非但没有受到削弱，在一些方面还因为专业行政体系的恢复和发展得到了强化。而且从政治精英的整体特征来看，以邓小平为代表的"改革派"实际上也属于亲历了革命战争时期的老干部，他们放弃了此前十年全党一直遵循的激进路线，重回党的八大之前务实的发展道路。由于这批政治精英当中很多人都曾经是政治运动的受害者，所以他们敌视的是带有反精英

---

① 精神激励主要通过在灾区现场组织的各种集体学习和批斗活动来实现。参见《河北省抗震救灾指挥部档案（唐山）》，全宗号916，目录号1，第109卷，第1—3件，1978年11月—12月。

② 《河北省抗震救灾指挥部档案（唐山）》，全宗号916，目录号1，第109卷，第1—3件，1978年11—12月。

和反体制色彩的群众运动，而不是动员体制本身，甚至不反对强调公众直接参与的大众动员模式。实际上，自上而下的政治动员，特别是大众动员，在改革开放时代依然被政治精英作为一种有效的执行手段，仍然能够让政治精英发挥党国体系的政治权威和组织能量来实现自己的政治或者政策目标。而在类似于救灾这种原本就具有很强技术性的事务领域，由政府（不一定是中央政府）直接组织的大众动员作为一种危机处置手段更是得到了稳定的延续。改革开放时代的各级政府依然会主动或者被动地发挥自身的组织优势和政治权威，充分调动人力资源来克服自身在财政资源和技术能力方面的不足，实现自己制定的救灾和重建目标。至少就唐山的抗震救灾实践来看，进入改革开放时代以后，传统的动员体制并没有随着领导层以及宏观政治环境的改变而发生明显变化，从制度基础、组织结构、资源到策略等诸多方面都在稳定地延续。而大众动员模式在抗震救灾中的主导地位也没有因为宏观政治的反复变动受到动摇。

第 三 章

澜沧—耿马地震：应急管理的崛起与大众动员的延续

1988年11月发生在云南省澜沧和耿马两县的7.6级大地震①是我国进入改革开放时代以后第一场7级以上强震，也是唐山地震之后我国遭遇到的最严重的地震灾害。由于灾区地处偏远，人口密度低，经济落后，这场强震造成的实际损失比较有限。但是由于发生时机特殊，这场地震从备灾、救助到灾后重建各环节，都集中反映出我国地震灾害的管理体制。澜沧—耿马地震发生在改革开放的第十个年头，中国在过去的十年里经历了政治理性化和经济市场化相互交织的深刻转型。② 这场"双重转型"（dual transition）对中国的动员型抗灾体制产生了重要的整体性影响。对地震部门的冲击更加明显。

第一节 "双重转型"与大众动员模式的不均衡衰落

前一章已经介绍过，由于地震特殊的成灾特点和专职抗震体系的发展时机，这个后起的灾害部门充分体现了毛泽东时期的政治特征，是动员型抗灾模式乃至动员型国家最有代表性的制度产物。国家将带有强烈意识形态和战争色彩的大众动员（"人民战争"模式）作为常态化的地

---

① 这场地震有双主震，两次主震震中相隔较远，震级都超过7级，发生时间相隔只有十多分钟。中国地震局做记录的时候，震级通常取主震当中的最大值。

② 裴敏欣曾经提出过"双重转型"的概念。他所说的双重转型是指政治民主化和经济市场化。本书赞同他对经济转型的归纳，但是结合中国的政治实践，作者并不认为民主化是国家的转型方向。裴敏欣的分析参见 Minxin Pei, *From Reform to Revolution: the Demise of Communism in China and the Soviet Union* (Harvard University Press, 1994), 3.

震灾害治理手段，从预防、救灾到灾后重建都高度依赖政府公开组织的大规模人力动员来加以实施。而且这套动员型抗灾体系的任务定位高度"前倾"，正规制度建设和正规资源几乎全都集中在预报和应急备灾上，连非专业的"群防群测"都配备有专门的管理体系，而震后重建则没有复杂专业的行政体系支撑，针对农村重建的动员从资源到结构更是带有明显的非正规性，高度依赖灾区基层政府就地动员灾民投工投劳来支撑。正是由于地震灾害治理体系存在这样明显的内部断裂，1978 年开始的政治经济改革动员型地震灾害管理体制带来的冲击是不均匀的。其中，以专业化和正规化为重要方向的改革进程给原本对技术能力要求更高的预报和应急反应带来的冲击更明显，大众动员元素在这些任务领域的衰落速度更快，影响消退得更彻底。至于原本对正规资源和行政力量依赖程度就很低的震后恢复重建（主要是农村重建），面临的主要冲击来自经济改革，特别是农村经济改革。然而，即便农村经济改革削弱了灾区就地人力动员的关键制度基础，却没有导致大众动员模式整体退场。在面对震后重建任务的时候，政府（特别是灾区地方政府）仍然高度依赖对灾民以及对灾区其他非正式资源的直接调动。在接下来的部分，本书将详细分析中国地震领域动员体制在改革开放初期出现的这种不均衡变化过程。

一 地震工作"大整顿"与主动动员模式的衰落

实际上，唐山地震的发生已经对 1976 年以前发展起来的地震灾害治理体系带来了非常强烈的冲击，地震专家在唐山地震之后就已经开始对激进的主动动员模式进行反思。不过，在宏观政治路线没有发生根本变化的条件下，这样的反思只局限在技术层面，"抓短临震预报"的任务定位，"专群结合"的指导原则和"人民战争"的工作方式都没有受到动摇。[①] 直到 1978 年以后，随着宏观政局趋于明朗，我国地震灾害治理根本性转型才全面展开。

这场大转型是以"整顿"和"提高"的名义开始推行的，实际上就

[①] 地震局内部对唐山地震的总结参见《国家地震局关于唐山地震工作总结的请示》，1976 年 9 月 28 日，《河北省抗震救灾指挥部档案（唐山）》，全宗号 916，目录号 1，第 222 卷，第 1—8 页。更为宏观的地震工作调整情况参见王国治、柴保平《中国群测群防地震工作的整顿与建设》，《国际地震动态》1989 年 2 月。

是在地震部门清算"左"的制度遗产,而这样的系统清算首先就是从瓦解群测群防体系开始。国家地震局从1979年开始"清理"群测群防组织,地震重点监视地区每个县只保留3到5个群测群防骨干点。[①] 到1985年,全国采用"土设备"的宏观前兆观测点比1977年减少了将近80%。[②] 主管群测群防工作的地方地震办公室也成为裁撤对象。到1983年年底,全国省级地震办公室由1979年的24个减少到17个,地、市、县三级的地震机构数量从1979年的1344个下降到446个。群测群防组织和地方地震工作机构是1976年前"专群结合"抗震模式的制度支柱,它们不仅具有重要的实际功能,更是一种政治象征,体现了当时国家的意识形态取向。因此,整个业余测报体系的急速萎缩不仅意味着地震灾害治理朝着专业化的方向发展,更意味着原有的"革命化"地震工作思路受到了根本挑战,大众动员在地震预报这个最重要的任务领域迅速衰落。

更系统的转型从1983年拉开帷幕。这一年开始的地震工作机构改革对原有的地震工作任务定位以及整个治理结构都带来了重大变化。实际上在唐山地震之后,地震领域的技术精英就已经出现放弃地震预报的意见。进入改革开放时代以后,要求放弃预报的呼声成为主流,并且越来越公开化。20世纪80年代的这场机构改革,一个重要内容就是将国家地震局的地震预报机构从一个正规部门降格为事业单位。[③] 这标志着我国地震灾害治理思路发生重要转变,此前一直被作为压倒性优先任务的地震预报开始边缘化,这同时也意味着高度前倾化的主动动员模式开始走向衰落。而原本支撑主动动员模式的行政管理体系也在这场机构改革中走向瓦解。1984年,国家地震局改名为中国地震局,不再保留中央地震工作领导小组办公室。同时,省级地震局的管理从"块块为主"调整为"条条为主",成为中央直属单位,但是同省以下的地方地震机构没有直接隶属关系。这样的调整实际上意味着中央要从地方地震工作抽身,缩减中央职权范围,压缩

[①] 《国务院转批全国地震局长工作会议的报告的通知》,1979年6月25日。来源:http://china.findlaw.cn/fagui/xz/28/189553.html。

[②] 卫一清、丁国瑜主编:《当代中国地震事业》(上编),当代中国出版社1993年版,第98—110页;王国治、柴保平:《中国群测群防工作的整顿与建设》,《国际地震动态》1989年2月。所谓"土设备"主要包括对地电、地磁、地应力、地下水温、水氢气进行监测的简易设备。地方地震部门负责向群众组织发放这些设备,进行技术培训,甚至还可以提供一定的资助。

[③] 参见谭翊飞《地震局在做什么?》,《南方周末》2010年5月13日。

国家开支。国家地震局只是加强对省局的管控，各省实际上获得了更多的自主权。这场权力下放实际上加速了地震工作的边缘化。因为在地震工作整体地位持续下降的大背景下，失去中央支持的地方地震工作处境更加艰难，不仅在政治上不受重视，还很难从地方政府那里获得足够的财政拨款，人才流失也变得越来越严重。[1] 同在1983年，中央还撤销了20世纪70年代后期建立的跨地区的地震大队和地震预报工作协作区。至此，在20世纪70年代建立起来的由中央统筹、追求主动防御的主动动员模式在地震灾害管理领域走向瓦解。

我国地震灾害管理的这场大转型到1988年告一段落，并且转入一个新的发展阶段。1988年上半年，国务院进行了新一轮机构改革，地震局的角色开始由单纯的科技部门正式转变为主管地震灾害治理的"职能部门"，行政权力增加。[2] 在这轮机构改革中，地震局新设立了震害防御司，清晰体现出决策者追求任务多元化和后倾化的思路。此后，以正规应急预案为基础的地震应急管理体系开始加速发展，传统的大众动员模式在传统地震灾害治理最核心的领域走向衰亡。

二 农村经济改革对大众动员模式的冲击

地震灾害治理从理念、组织结构到工作方式在1978年以后发生的变化对震前处置带来了直接冲击。曾经被作为地震灾害治理支点的主动动员模式在走向衰落的同时，也变得更加专业化和正规化，强调灾区民众大规模直接参与的大众动员模式进入改革开放时代以后几乎销声匿迹。但是同样的进程对地震灾后处置工作（主要是恢复重建）带来的影响并不明显，这是因为中央一直没有针对震后处置，特别是耗资巨大的震后重建建立专门的行政体系和财政安排。虽然地震不属于典型的农业灾害，但是我国大多数破坏性地震仍然发生在农村，我国政府在应对农村震后重建的时候，采取和其他农业灾害部门相似的策略，有意识地推动动员主体层次下沉，高度依赖灾区县、乡一级政权对灾民的就地动员。我国震后重建专业化水

---

[1] 20世纪80年代地方抗震工作的困境参见未蒙《汲取历史教训搞好抗震工作》，《瞭望》1986年第31期；高文学：《在全国地震系统财务工作会议上的讲话》，《山西地震》1988年第2期。

[2] 中国国家地震局在1988年机构改革的细节，参见《中国地震年鉴（1990）》，地震出版社1992年版，第4—9页。

平低下，并且高度依赖大众动员模式的局面在进入改革开放时代以后并没有发生明显变化，但是这并不等于中央政府针对震后处置的危机动员模式没有发生变化。虽然地震局从20世纪80年代后期开始有意识地推进地震灾害治理的任务多元化，尝试将救灾和重建也纳入正式地震工作范畴，但由于自身权势微弱，又得不到国务院的有力支持，这样的改革目标很难实现。因此，即便进入追求专业化和正规化的改革开放时代，我国的地震灾后处置依然同其他农业灾害部门高度趋同，依然高度依赖灾区县、乡一级政府就地动员灾民来加以实施。但是随着集体经济组织的瓦解，基层政府的就地人力动员能力受到削弱，专业行政能力却没能获得明显提升，整体财政自筹能力甚至还出现下降。另外，专业技术力量的强势和行政能力的提升基本上只停留在中央层面，灾害治理专业化还难以向地方层面（甚至是省级政府）有效延伸。这就使得我国的灾害危机处置在改革开放初期面临一个尴尬的局面：基层主导的非专业人力动员因为改革引起的结构转变不可避免地走向衰落，更加正规的技术行政动员又不能取而代之。面向灾后救助的危机动员要实现比较好的效果只能依靠高层级政府更加直接的介入，包括中央和省级政府增加财政投入，以及由受灾省政府向灾区下级政府施加政治压力来提升并尽可能迫使基层释放动员潜能。从改革开放初期的情况来看，撤销人民公社以后（以1984年作为起点），中央财政对灾害治理的整体投入力度并没有提高。特别是从救灾这个环节来看，虽然国家整体财政投入从1985年开始出现了绝对增加，但是中央投入的比重不升反降，也跟不上经济发展推高的灾情恶化速度，[①]因此并不能有效填补集体经济瓦解以后给灾后处置留下的资源真空。在正规财政资源有限，灾后重建任务越来越繁重，筹资和管理压力越来越大的情况下，灾区地方政府（主要是指省政府）的选择余地并不大，最惯用并且往往也是最容易见效的办法还是将重建任务政治化，促使灾区基层政府加大对灾民以及其他制度外资源的动员力度。也正因为如此，改革开放初期政府针对灾后重建组织的危机动员虽然不再像1976年之前那样带有明显的意识形态色彩，但是政治化和超常规倾向并没有明显下降，传统大众动员的元素依然能够延续。

[①] 相关统计和分析可以参见孙绍骋《中国救灾制度研究》，商务印书馆2004年版，第188—189页。

第二节 澜沧—耿马地震

澜沧—耿马地震发生时机特殊，它所引发的政府危机反应非常明显地反映出我国的抗灾动员体制在政治经济过渡时期的复杂变化。澜沧—耿马地震本身就是我国进入新一轮地震活跃期的标志性事件，也让专职地震工作体系从20世纪70年代末以来进行的调整告一段落，新的发展方向基本明确。临近20世纪80年代末，专业地震领域对放弃主动动员和群测群防以及建立正规应急预案体系已经基本形成共识，地震灾害管理工作的"后倾"趋势已经基本明确，改革开放之前形成的主动动员模式只在地方层面。还有一些局部延续，但动员强度也大不如前。云南就属于这类仍然较长时间延续主动动员的地震多发省份。而另一方面，大众动员元素在震后恢复重建领域却没有因为改革引起的结构变迁而退出历史舞台，仍然是灾区政府支撑震后重建的重要手段。

一 从"群测群防"到"内紧外松"

云南作为较为边远的地震多发省份，主动动员模式比国内大多数地震多发地区的延续时间要长。对于澜沧—耿马地震，云南省政府还是按照传统的主动动员模式来组织防灾备灾工作，高度重视预报和震前准备。1985年3月，云南省地震局在国家地震局的领导下做出了本省未来十年的地震长期预报，耿马、澜沧地区作为重点监测区，到20世纪80年代末都有发生7级以上强震的危险。在此后的几年时间里，云南省政府在省地震局的直接协助下，进行了有针对性的防震准备和制度建设。1985年5月，云南省地震局颁布了《云南省地震系统大震应急条例》，根据地震的震级划分了地震部门的三级响应标准，对震后应急反应的人员安排、具体操作步骤，乃至装备都做出了详细规定。这个部门应急预案还对地震局震后速报的时间做出了硬性规定。1986年5月，云南省政府向重点监测地区发出通知，要求各地成立防震抗震领导小组，充实和加强宏观前兆联络员工作，加强震情值班。同年9月，云南省地震局又协助省政府制定了《云南省抗震救灾对策方案》，对抗震救灾的组织结构，防灾、震后应急和救灾的具体对策，以及各个涉灾部门的职能分工进行了比较详细的规定。① 云南省地震局从 1986 年到 1988 年连续将耿马、澜沧所在地区纳入重点监测区，同地方政府和基层地震办公室保持密切沟通。1988 年 8 月，澜沧县发生了 5.1 级地震。这场地震之后，云南省地震局向澜沧县派出考察组，根据现场观测分析认为该地区在 1988 年下半年会发生 6 级以上地震。随后，省地震局考察组将这个预测结果通知澜沧县及其上级思茅地区行署。思茅地区行署接到地震局发出的短期预报以后，随即向辖区内各县政府传达，要求各县组织地震工作检查并且做好组织准备。②

尽管澜沧—耿马地震的应急动员仍然体现出了很强的主动动员色彩，但是按照 20 世纪 70 年代形成的惯例，云南省启动的这场主动动员是"不完整"的。云南省地震局只做出了短期预报，没有更精确的临震预报；地方政府也只是据此启动了有限的备灾动员，动员范围只限于政府组织内部，甚至只限于政府高层。在澜沧—耿马地震发生前，云南省地震局发出的短期地震预警只传达到县级行政首长，重点监测区的地方政府没有发动大规模的公众宣传，更没有动员普通民众观察宏观前兆。③ 这个时期，群测群防组织已经基本消失，宏观前兆观测都是由县级地震办公室及其管理的专业监测站点来完成。这些站点是 20 世纪 80 年代"清理整顿"以后被保留下来的，虽然仍旧依靠"土设备"，但是监测和报送程序更规范。④ 不过，这场并不完整的备灾动员恰恰体现出中国地震灾害治理模式正在发生的整体性的改变：改革开放前那种公开的、全民性的主动备灾动员被放弃，被政府称为"内紧外松"的操作原则开始成为中国防震备灾工作不成文的新惯例。经过十年持续的调整，到 20 世纪 80 年代末，主动动员虽然在地方层面得以延续，但是动员范围和强度明显减小，动员也不再调动意识形态话语符号，完全蜕变为一种可控性很强的技术手段。

---

① 《云南省地震系统大震应急条例》和《云南省抗震救灾对策方案》的全文，参见云南省地方志编纂委员会编《云南省志·地震志》，云南人民出版社 1999 年版，第 561—576 页。

② 国家统计局、民政部编：《中国灾情报告：1949—1994》，中国统计出版社 1995 年版，第 222 页。

③ 澜沧—耿马地震的预报过程和措施，可以参见陈学庭《地震预报现状与水平：由澜沧耿马地震谈起》，《云南大学学报》1989 年第 3 期。

④ 云南省澜沧拉祜族自治县县志编纂委员会编：《澜沧拉祜族自治县县志》，云南人民出版社 1996 年版，第 83—84 页。

二 应急预案的发展与抗震动员自动启动机制

1988年云南抗震行动最引人注目的一个变化就是将正规应急预案投入使用。应急预案实际上是一种高度军事化的制度，但不是由军政机关直接主导，而是由专业行政力量负责管理和启动，意在克服行政体系过于追求分工细化和正规程序，导致缺乏灵活性和危机应对能力的弱点，而且还能够不断修订更新改进。地震部门是我国最早建立正规应急预案的公共部门。早在20世纪70年代，地震领域的专家就已经提出发展应急预案，减少临震备灾动员带来的混乱。但直到改革开放时代，地震领域的应急预案建设才进入正轨。中国国家地震局从20世纪80年代初期开始大力推进"地震对策"研究，核心内容就是建立具有可操作性的正规应急预案。从20世纪80年代后期到90年代初，官方文件中提到的"地震对策"实际上就等同于应急预案。需要强调的是，地震部门建立地震应急预案一开始还是面向震前预防和准备，其关键基础依然是有效的预报和震前准备，而这也正是地震部门自身的技术优势所在。直到1988年澜沧—耿马地震，应急预案"前倾化"的功能定位依然没有改变。

值得注意的是，地震应急预案以及以此为基础的正规地震灾害应急管理，发展动力并不仅仅来自中央层面，地方政府的灾害处置和制度建设实践也起到了非常关键的作用。其实，地震灾害治理结构即使在高度军事化、追求"全国一盘棋"的时期仍然赋予地方政府比较大的自主权。连政治上最敏感的地震预报，也是由各省地震局来主导，[1] 而各省的地震预报信息发布权和备灾动员的启动权则掌握在省政府最高决策层手里。20世纪80年代机构改革以后，地震工作体系的权力下放更加厉害，地方政府在抗震工作上获得了更大的灵活空间。特别是云南这种远离政治中心的地震多发省，根据自身需要选择更适合自己的抗震减灾方式，进行更大胆的制度实验，这是云南省能在正规地震预案建设方面处于全国领先地位的重要原因。不过，在澜沧—耿马地震发生的当年，云南省的正规地震应急预案仍然处于起步阶段，刚刚开始在省政府层面进行搭建，还没有向地、

---

[1] 国家地震局分析预报中心原则上指导各地预报工作，但实际上只负责首都圈预报，各地预报由省局各自负责。

县一级政府延伸。但即便如此，这套还没有完全成熟的治理体系在澜沧—耿马地震抗震救灾中发挥了作用，第一次接受了实践检验。

澜沧—耿马地震发生后，云南省地震局率先启动了本系统应急预案，在7分钟之内做出比较精确的震后速报，测出地震"三要素"。云南省政府根据省地震局的速报在震后一小时就启动了大规模应急动员，在地震发生后48小时之内向灾区投送了大批救援队伍和应急物资，让震区的灾民得到了基本救助。这场震后应急动员创下了当年我国地震应急反应的最快纪录，明显缩短了灾区的救援真空期，有助于减轻灾害损失。而相比起省政府比较正规的震后应急反应，灾区地、县一级政府由于还没有建立地震应急预案，再加上本来基础能力就非常薄弱，震后表现就显得非常慌乱。位于震中地区的澜沧县政府在震后基本陷入瘫痪，在外部救援力量和中央工作组进场一个星期以后都没能恢复基本运作。不过，恰恰是省政府和地方政府在震后反应上的强烈反差让中央政府更加清楚地认识到应急预案和正规应急管理的价值。1988年云南地震之后，国家地震局加速建设全国性的应急预案体系。

应急预案以及以此为基础的专业化地震应急管理的发展，给中央政府在地震这个灾害部门的抗灾动员模式带来了整体性的改变。临震备灾和震后第一时间应急反应原本是不确定性最强，同时也是政治敏感性最高，超常规色彩最浓重的工作环节。在传统地震灾害应急处置中，像地震局这样的专职技术力量发挥的影响力非常有限。即便是在自己最专长的震前应急阶段，地震局也只能扮演有限的技术咨询角色。震后应急反应则几乎由军队主导，地震、民政等专业行政部门的角色也非常边缘化。而正规应急管理体系的出现及其向震后反应阶段的延伸，不仅让专职行政部门能够更加直接地影响危机动员的决策和行动过程，还让地震领域的抗灾动员首次获得了"自动启动"机制。

三　震后重建：筹资压力与大众动员的延续

相对于震后第一时间的应急动员，政府针对澜沧—耿马震后重建组织的动员并没有显示出明显的正规化趋势，传统的就地人力动员依然在延续。尤其值得注意的是，虽然这个时期农村集体经济已经瓦解，传统的大众动员似乎失去了最重要的制度基础，但从澜沧—耿马地震的整个震后重建过程来看，尽管新时期大众动员的效果同集体经济时期相比明显打了折扣，但是政府依然愿意并且能够动员灾区民众直接参与灾后重建。大众动员元素依然能够在震后重建中延续，这首先归因于中国农村的社会条件和灾情条件的相对稳定。尽管改革开放时代农民的流动性明显增加，但是对于大多数受灾农民而言，他们仍然选择就地恢复生产生活。即使暂时离开或者搬迁，但是进入恢复重建阶段以后，大多数以农业为生的农民依然选择就地或者返乡重建家园，这客观上为灾区政府的就地组织和就地动员提供了便利条件。当然，政府正规资源的短缺才是大众动员模式能够在改革开放时代延续的关键原因。虽然各级政府在农村经济改革以后对整个救灾领域的投入有所增加，但是增长幅度却跟不上灾情恶化的速度，更加无法有效填补集体经济瓦解以后给农村救灾筹资带来的明显空缺。其中最后一个因素对于我国灾后动员特征的影响尤为明显。我国各种常见自然灾害（包括地震）造成的房屋损毁大多数发生在农村，其中绝大部分又是民房损失，民房重建也因此成为灾后恢复重建任务中对资源需求最大的部分。而政府对农村灾后重建的投入本来就不多，有限的财政投入还侧重于公共设施重建，对民房重建的支持力度更小。在改革开放以前，民房灾后重建主要依靠灾区基层政权组织就地动员灾民来实施，实际上主要就是依靠灾民自己"投资投劳"，自建自救。去集体化以后，中央政府依然没有意愿也没有足够的财力主动承担更多的灾后救助职责，[①] 因而也没有主动放弃以民间支出和灾区就地动员为基础的重建模式。但是集体经济的瓦解的确让基层政府强制就地动员能力受到了明显削弱，灾民分散自建取代政府统建成为改革开放时代新的灾后重建方式，传统的大众动员模式不可避免地走向衰落，民间资源逐渐脱离国家的直接控制，国家失去了重要的正规资源替代机制，需要更加直接地面对灾后重建的筹资压力。再加上改革带动的经济发展和农村城镇化进程加速，农村硬件条件持续改善，灾害损失越来越严重，重建难度越来越大，政府面对的灾后重建筹资和管理压力也变得越来越大。

其实，如果只是从澜沧—耿马地震这个个案来看，国家对震后重建给予的财政支持并不弱。这场地震的震后重建历时四年，总投入超过 15 亿元，其中中央财政拨款超过 6 亿元。对于破坏最严重的耿马县县城重建，中央

[①] 董筱丹、温铁军：《宏观经济波动与农村"治理危机"：关于改革以来农村"三农"与"三治"问题相关性的实证分析》，《管理世界》2008 年第 9 期。

和云南省两级财政投入更是占到重建总投入的60%。① 即使是参照2008年汶川震后重建的投入标准,这样的政府整体投入强度也算是一个很高的水平。② 但即便如此,改革开放以前就已经形成的"重公轻民"的灾后重建投资结构依然没有被改变,由于集体经济瓦解而被放大的民房重建筹资压力也没有因此得到明显缓解。政府对这场震后重建的投资重点是中心城镇和主要公共设施的重建,民房损失虽然在总损失中占大多数,但资金主要还是依靠灾区"群众自筹"。以受灾最严重的澜沧和耿马两个县为例,两县民房重建投入中民间自筹的比例都超过六成,澜沧县甚至高达88%(图3-1)。由于这两个县原本就属于特困地区,灾前很多居民就生活在政府划定的温饱线以下,年人均纯收入只有一百多元,灾民能够拿出来的重建资金微乎其微,民间支出实际上就是由灾民"投工投料",也就是体力投入和实物投入。而且在集体经济瓦解以后,改革开放时代的基层政府即使愿意也难以再像过去那样通过有效的组织管控强制灾民参加集体重建,大多数灾民都选择独自建房,这样就意味着重建资源的筹集和使用都变得很分散,难以支撑政府追求的快速重建目标。根据新中国成立之后形成的惯例,恢复重建通常在灾后一个月内启动,农村重建一般不超过三年,其中民房重建在一到两年之内基本完成。而澜沧—耿马地震的灾后重建进度明显迟缓,重灾县在震后将近一年才在当地政府领导下"掀起农村民房重建高潮"。为了弥补资金不足,加快重建速度,作为重建工作总指挥的云南省政府还是按照惯例启动自上而下的政治动员,通过层层加压,尽可能释放灾区基层政府的动员潜能。和传统做法相似,云南省政府在灾区地、县、乡层层建立行政首长责任制,加大民房重建任务的贯彻力度。其中,重灾县县政府承受的政治压力最大,县政府干部要组成工作组

---

① 澜沧和耿马两县震后重建情况参见崔乃夫编《当代中国的民政》(下),当代中国出版社1994年版,第63页;云南省澜沧拉祜族自治县县志编纂委员会编《澜沧拉祜族自治县县志》,云南人民出版社1996年版,第94—95页;耿马傣族佤族自治县地方志编纂委员会编《耿马傣族佤族自治县志》,云南民族出版社1995年版,第388页;《云南减灾年鉴》编辑委员会编:《云南减灾年鉴(1991—1995)》,云南科技出版社1996年版,第19—20页。

② 投入强度就是指救灾拨款占灾害损失的比例,也可以称为"救损比"。根据云南省对本省地震救灾情况的分析,20世纪70年代地震灾害的救损比为13%,20世纪90年代为41%。参见王景来、杨子汉《云南自然灾害与减灾研究》,云南科技出版社1998年版,第94—95页。就全国平均水平来看,这个比例更低。可以参见附录。中央政府之所以会对澜沧—耿马地震的震后重建给予如此大的支持,并不仅仅因为这场地震足够严重,背后还有其他政治因素。

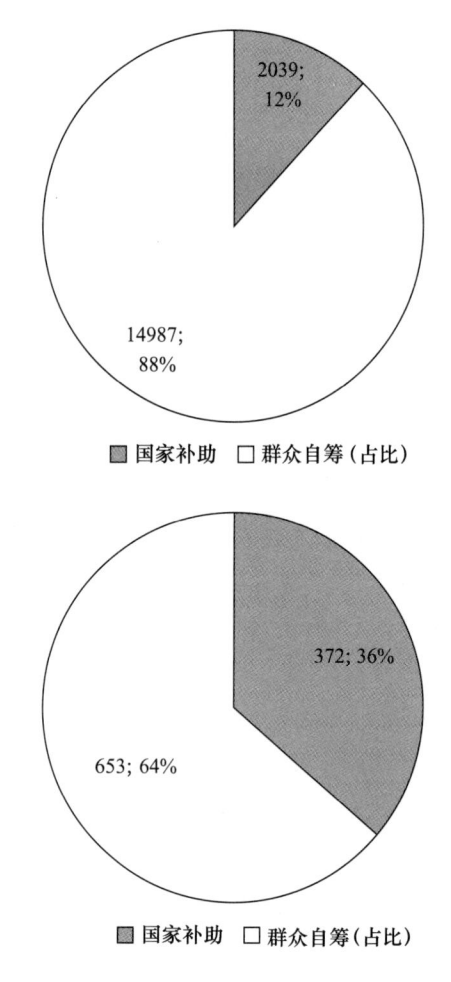

50　中国的动员型灾害治理：以地震为例

图 3-1　澜沧县和耿马县重建投入（万元）*

*澜沧县的数据是震后两年的统计，耿马县的数据则是震后一年的统计。

数据来源：云南省澜沧拉祜族自治县县志编纂委员会编：《澜沧拉祜族自治县县志》，云南人民出版社1996年版；耿马傣族佤族自治县地方志编纂委员会编：《耿马傣族佤族自治县志》，云南民族出版社1995年版。

直接深入下属所有乡镇，就地建立专门的重建指挥部。这一方面是加大对基层的督促，让乡村一级基层政权组织加强对灾民的就地动员；另一方面也是为第一线的重建提供实际的支持，让重建过程遇到的问题能够得到更及时地处理。比如，对于主要依靠灾民自己出工出力的民房重建，最缺的就是建筑材料。省政府强化责任制以后，迫使重灾县政府主动出资采购建材，为下属乡镇的民房重建提供更加直接的支持。正是在省内政治动员升级以后，无论是灾区地方政府的自筹资源还是灾民的"投工投料"都在1989年末达到了高潮，民房重建速度明显加快，大多数民房重建任务得以在1990年初基本完成。①

当然，在集体经济瓦解以后，国家也尝试增加对灾民的直接现金资助来缓解民间筹资压力。澜沧—耿马地震之后，中央政府向重灾区大批倒房农户提供重建补助，少则几百元，多则几千元。其中，参加政府统建项目的农户每户能够得到4000元的补助（其中包括部分社会捐赠资金）。无论是相对于当时中央通行的补偿标准还是相对于当地居民的平均收入水平而言，这样的补助都已经相当可观。②但是相对于当时已经超过三四万元的建房成本而言，政府补助依然远远不够。而且，能够参加政府统建项目的灾民非常少，澜沧、耿马两个重灾县加起来一共才四百多户，还不到两个重灾县重建总户数的0.5%，对于缓解民房重建的整体筹资压力帮助极其有限。③更重要的是，国家增加对灾民的直接资助只是一种局部修补，属于临时安排，结构性矛盾并没有得到解决。只要集体经济瓦解后留下的筹资渠道真空不能被新的、更为稳定的筹资机制填补，各级政府面对农村救灾所承受的财政压力就不会得到根本缓解，以灾民为主要动员对象的大众动员元素就依然有延续空间，灾区政府对这种超常规筹资和贯彻手段的依赖性就不会消失。

四 动员新资源

尽管震后重建获得的中央财政投入相当可观，云南省的省内动员也将基层政府的就地动员能力调动到了极致，但是由于灾情过于严重，云南省

---

① 澜沧、耿马两县的灾后重建详情，可以参见云南省澜沧拉祜族自治县志编纂委员会编《澜沧拉祜族自治县志》，云南人民出版社1996年版，第95页；耿马傣族佤族自治县地方志编纂委员会编《耿马傣族佤族自治县志》，云南民族出版社1995年版，第635页；云南省地方志编纂委员会编《云南省志·地震志》，云南人民出版社1999年版，第283—284页。

② 我国20世纪80年代的地震倒房补助标准是每间200元。根据耿马县志记载，耿马县在1985年仍然有大量人口生活在温饱线以下，年人均收入不足120元。参见耿马傣族佤族自治县地方志编纂委员会编《耿马傣族佤族自治县志》，云南民族出版社1995年版，第634页。另一个重灾区澜沧县的情况也差不多。

③ 澜沧、耿马两县民房重建情况详见云南省澜沧拉祜族自治县志编纂委员会编《澜沧拉祜族自治县志》，云南人民出版社1996年版，第95页；耿马傣族佤族自治县地方志编纂委员会编《耿马傣族佤族自治县志》，云南民族出版社1995年版，第635页。

自己的经济实力有限,澜沧—耿马地震的灾后恢复重建仍然存在巨大的资金缺口。为了缓解筹资压力,政府把注意力投向了改革开放释放出来的新的资源,通过改造旧有动员机制或者建立新的动员机制来吸纳这些新生资源,弥补传统筹资渠道的不足,其中一些安排还开启了我国抗震动员乃至更为广义上的抗灾动员的新惯例。

(一) 从"支援"到"捐赠":地区横向动员的变化

全国性对口支援(或者更为广义上的"支援")是中央常用的救灾手段,是为重大灾害的救灾和重建进行筹资的重要途径。澜沧地震发生以后,中央照例"号召"全国各地支援云南地震灾区,由民政部具体分配任务,总共为救灾和重建筹集到了价值超过 3900 万元的额外资金。但是这场国家内部资源动员同传统的全国救援相比,从形式到性质都呈现出了一些不同于改革开放时期之前的变化。

澜沧—耿马地震发生后各省多以"捐赠"的名义为云南灾区筹资,而很少使用"支援"这个字眼。这不仅仅是一种字面上的改变,实际上反映出地方政府间的关系在改革开放时代发生的新调整,以及由此对对口支援这种抗灾动员机制带来的影响。改革开放以前在政治和财政上都高度中央集权,中央不仅有效地掌握着地方官员的委任权,还能够通过统收统支的财政体系有效地支配地方财政资源。当中央号召地方调动自身资源"支援"灾区的时候,地方官员为了获取政治回报(比如升迁),会主动"表现",甚至对中央发出的政治信号做出过度响应。同时,在统收统支的财政体制下,地方政府既缺乏经济自主权,也缺乏足够的地方利益,对中央提出的出资目标不容易产生抵制,更容易服从。改革以后,中央为了激发国内经济活力,大幅度推行财政分权,让地方政府获得了前所未有的经济自主权,也让中央和地方的利益出现分化,中央的政治权威受到一定程度的削弱。但是由于中央依然保持着有效的人事管控,而且在关键的资源分配决策过程中依然是最重要的裁决者,改革开放以前出现的地方向中央"邀功""争宠"的行为,在分权化的改革开放时代依然延续,[①] 地方政府仍然会通过对中央政治信号做出积极甚至过度响应来换取政治和经济

---

① 作者 2008 年 10 月 4 日在采访广西壮族自治区对口支援四川黑水县的参与者的时候,第一次从政府干部那里捕捉到省际攀比的信息。周飞舟在分析"大跃进"成因的时候,也抽象出近似的政治机制,他称之为"锦标赛体制",参见周飞舟《锦标赛体制》,《社会科学研究》2009 年第 3 期。

回报。因此，尽管"分灶吃饭"导致中央的政治权威有所下降，中央政府依然能够通过有效的政治杠杆让地方政府保持一定程度的自愿执行意愿。即使中央提出的灾后支援目标并不十分具体，但仍然可以促使地方政府比较主动地调动自己辖区内的资源，换取政治和经济回报。另外，改革开放时代的分权释放了地方经济发展活力，增加了地方财政收入，中央政府同样是启动对口支援这种非正式的国家内部动员机制，却可以为灾后重建筹集到比改革以前更可观的资源，特别是1976年之前非常短缺的货币资源。比如，上海市和吉林省是对云南地震灾区支援力度最大的两个地方政府，主要的支援形式都是现金投入，总额超过300万元人民币。[①] 虽然在总体救灾投入所占的比例并不大，但同改革以前以粮食、燃料和建材等基本实物资源为主的支援形式相比，这算得上是一种突破，并且成为新的惯例，更加适应持续发展的经济市场化进程。

需要强调的是，虽然从中央和地方的关系来看，财政分权以后出现的地方政府灾后"捐赠"表现得比传统"支援"带有更多的自愿执行色彩，但是这种政治动员机制的驱动力并没有发生根本变化。而且在地方内部，救灾"捐赠"依然直接以行政命令的方式发动，表现为上级对下级的摊派，并没有多少自愿成分。在政策表述上，不论是中央政府还是地方政府也依然将"捐赠"纳入"对口支援"的范畴。在澜沧—耿马地震之后出现的全国性捐赠中，排在前两位的是上海市和吉林省。这些捐赠除了一部分来自地方政府本身的财政资金，还有很大一部分来自公职机关、事业单位和国有企业组织的职工捐赠（主要是实物捐赠），个人和私营企业的自愿捐助所占的比例微不足道。[②] 前一类人群的捐赠总体上属于"政治任务"的范畴，虽然其强制性不是以非常直接的形式表现出来（比如不参与不会受到直接惩罚），但是"积极参与"能够得到更多政治和经济回报（比如入党优先，单位内部福利获取优先等）。[③] 也就是说，这种以"捐赠"形式出现的跨地区救灾动员仍然属于国家内部资源动员。

---

① 参见云南省澜沧拉祜族自治县县志编纂委员会编《澜沧拉祜族自治县县志》，云南人民出版社1996年版，第93页。

② 国内捐赠来源可以参见云南省思茅县地方志编纂委员会编《思茅县志》，生活·读书·新知三联书店1993年版，第498页；云南省地方志编纂委员会编：《云南省志·地震志》，云南人民出版社1999年版，第282页。

③ 根据作者2009年12月在广西南宁的采访。

(二) 动员社会捐赠

如果说前文介绍的由中央政府直接发动的"社会捐赠"还不算是真正意义上的"捐赠",依然属于国家内部资源动员,那么澜沧—耿马地震的确触发了更为"纯粹"的社会捐赠。这场抗震救灾行动的一大新意就是我国第一次公开、主动地动员社会自愿捐助。在改革开放以前,我国的灾害治理,特别是灾后恢复重建,高度依赖对民间资源的动员,也就是政府倡导的"生产自救"。但是这种对民间资源的动员是以国家对社会成员(尤其是对农民)的高水平支配和组织化控制为基础的。当时的政府可以通过集体经济体制,再配合户籍制度、粮食统购统销等一系列制度安排,让农村灾民捆绑在高度封闭并且高度自给自足的生产单位里,即使面对灾荒也缺乏向外流动的可能,更得不到国家直接提供的社会保障。"生产自救"很大程度是被国家制度设计限定的,是国家强加给受灾农民的。1988年云南地震则第一次见证了我国大规模动员不受国家直接支配的社会资源,同时也让我国的动员型抗灾体制获得了新的变化动力。

值得注意的是,中央政府在澜沧—耿马地震之后主要是动员海外社会捐赠,国内社会资源所占的分量非常小。政府此后建立的社会资源动员机制也主要面向海外华人,很晚才转向国内社会。之所以会出现这样的情况,主要是因为改革早期中国国内的独立社会资源仍然不够充沛,不足以成为国家抗灾动员的主要对象。尽管改革开放促成了国家与社会在中国的"再次"分离,相对独立的社会空间和社会资源开始重新出现,但是至少就改革头二十年的情况来看,私营经济发展水平和居民个人收入仍然不高,还不足以支撑大规模的救灾捐赠。

需要强调的是,澜沧—耿马地震并不是我国在改革开放时代第一次公开动员国际救灾捐助。我国在1981年就已经公开接受国际救灾援助,[①]但是受到传统思维的束缚,政府在改革开放初期对于接受救灾外援一直比较谨慎,一般不采取主动方式,而且只接受像联合国这样的政府间国际组织(IGO)提供的援助。一直到1987年大兴安岭火灾,政府对于接受外援的态度才有所松动,已经开始接受非政府渠道的社会资源。[②] 就在澜沧—耿马地震发生前三个月,国务院刚刚就地方政府接受国际救灾援

---

① 主要是针对1980—1981年南北方出现的严重旱涝灾害。
② 孙绍骋:《中国救灾制度研究》,商务印书馆2004年版,第140—141页。

助发出新指示，根据灾害损失程度对各地提出灾害援助请求的条件做出了比较详细的规定，有意识地增强中央和地方政府获取国际援助的主动性。澜沧—耿马地震发生后，我国通过官方媒体向国际社会公开报道灾情，主动寻求海外援助，而且不再拒绝非政府机构和民间力量提供的援助。民政部和云南省民政厅成立了专门的机构接收国际救灾援助。据统计，云南省接收到的海外捐赠钱物价值超过6500万元，创下新中国接受救灾外援的记录，动员海外社会捐助也从此成为我国政府救灾行动的标准组成部分。[①]

对于我国的动员型抗灾体制而言，动员社会捐助不仅仅意味着抗灾政治动员在资源来源上变得更加多元，而且动员主体特征和动员机制也随之发生了改变。政府主要通过官方媒体、官办社会组织以及临时建立的政府机构来动员社会资源，其中，以红十字会为代表的外围组织是国家动员社会捐赠最重要的机制。通过同国际组织的长期互动，这类外围组织在结构和运作程序上变得越来越规范，也让这种新的资源动员结构迅速常态化，从20世纪80年代后期开始逐渐发展成为政府最为稳定的社会资源动员手段。无论是外围组织还是行政体系内建立的临时接收机构，都由民政部主管，这让原本就主管灾后救助的民政部在救灾动员中的重要性进一步增强，这反过来又使得灾后动员的专业化程度进一步提高。另外，这套新的社会动员机制虽然由政府主导，但是更倾向于调动民族情感，强制性手段来动员社会参与。这种新的动员机制转向国内以后，依然延续了这样的政治特征。

第三节 "双重转型"与多种动员模式并存

从动员政治的角度来看，澜沧—耿马地震值得关注。因为这场巨灾触发的危机动员能够充分展现中国在改革开放初期新旧动员模式的交替和并存，体现出中国抗灾政治动员复杂的变化轨迹。改革开放以前发展起来的

[①] 中国在澜沧—耿马震后动员国际援助的情况，参见田书和《中国接受救灾外援的历程》，《文史月刊》2008年第8期；崔乃夫编：《当代中国的民政》（下），当代中国出版社1994年版，第47页；国家统计局、民政部编：《中国灾情报告1949—1995》，中国统计出版社1995年版，第222页。此前，中央政府在1949年以后第一次大规模接受国际救灾援助是在1981年，针对洪灾。

大众动员模式的确在改革开放时代出现整体性的衰落，更加正规、更突出专业精英作用的危机动员模式开始崛起。但是从澜沧—耿马地震的抗震救灾实践来看，在不同的任务领域，大众动员元素的衰落速度并不一样，抗灾动员的专业化和正规化趋势也并非整齐划一。

1978年以前，大众动员不仅被我国政府用来支撑事后性的危机处置，而且还是主动防御和备灾动员的关键基础。以短临震预报和事先性大众动员为基础的主动防御也成为独具中国特色的地震灾害治理手段，一度被我国政府作为整个地震工作的支柱，并发展出正规化和专业化程度相当高的动员机制。但是进入改革开放时代以后，新旧动员模式的交替幅度最大：大众动员元素衰落速度最快，技术行政动员的崛起速度也最快。到澜沧—耿马地震发生的20世纪80年代末，虽然主动动员模式还在延续，但是我国政府不再像1978年以前那样公开向公众发布短临震预警，更不会公开动员普通民众参与地震前兆观测、大范围停工停产。与此同时，原本只扮演技术咨询角色的专业地震部门能够越来越直接地参与此前完全被军政权力机关垄断的备灾动员启动和执行过程。特别是随着正规应急预案的出现，专职地震部门对备灾动员的影响力进一步加大，地震备灾动员因此成为我国整个自然灾害治理领域正规化和专职化程度最好的环节。但是在同样属于危机处置范畴，同样高度依赖超常规政治动员的震后救助阶段，传统的大众动员元素却表现出了非常强的"生命力"，尽管这个时期诸如人民公社和全面计划经济这样的传统动员基础结构已经瓦解。尤其是在面对资源需求更大、内容更复杂的震后恢复重建的时候，我国政府依然高度依赖灾区基层政府对灾民体力和财力的就地动员。就像澜沧—耿马震后重建反映出来的那样，尽管少了1976年之前那些革命化的或者高度崇尚集体主义的意识形态符号，农村集体经济组织也已经瓦解，但是云南省和重灾县依然能够比较有效地就地动员灾民"投工投劳"和"就地取材"，这样的就地动员也依然是震后重建非常重要的筹资和贯彻手段。正规行政力量，特别是来自中央的专业部门在重建中发挥的作用则非常有限，至少同震前备灾动员形成了鲜明的反差。至于大众动员模式为什么能够在原有意识形态和制度基础全面动摇的条件下长久延续，除了动员本身在长期实践中形成的制度惯性以及农村社会传统在起作用（比如不离开耕地，不远离家乡），更重要的原因在于：改革开放时代的中央政府对灾害治理的整体介入意愿依然没有提高，国家整体涉灾基础能力也没有获得显著提升，而且能力分布不均匀的状况还有所加剧。这些因素都阻碍了我国地震灾害治理，特别是地震危机处置的常态化和专业化进程。

总体而言，我国整个自然灾害治理体系在进入改革开放时代以后在技术手段和管理水平上都得到了提高，但是整体涉灾财政能力依然低下，不仅投入力度低，甚至呈现投入强度（救灾投入占灾害损失的比例）持续下降的势头。① 同其他主要自然灾害部门相比，地震部门进入改革开放时代以后出现的财政状况恶化，不仅仅归因于国家整体财政能力和投入意愿下降，② 还受到国家安全战略转向的直接冲击。我国的专职地震工作是在全面备战的背景下诞生的，优先服务于国防安全。1978年以后，领导层放弃了全面备战，地震工作的政治影响力迅速减弱，国家对地震工作的财政支持力度也随即下降，这也是整个地震灾害治理体系从20世纪80年代开始大幅度收缩的另外一个重要原因。③ 也正是因为进入改革开放时代以后国家意愿和国家能力同步下降，直接导致地震灾害治理的任务多元化和专业化进程受阻。实际上，中国地震领域的主政者在20世纪80年代初就已经明确提出任务多元化的目标，将建筑抗震、应急救援和震后重建都考虑在内，将日常管理和更规范的危机管理结合在一起。但是类似于建筑抗震以及灾后救援和重建这样的任务，需要得到来自中央政府有力的政治和财政支持，否则专职地震部门无论是在平时还是灾时都很难克服"条条分割"，建立相对稳定并且能够独立启动的应急协调机制。另外，由于缺乏足够的财政能力和行政能力，我国即便进入改革的第十个年头仍然无法建立广泛的（特别是能够延伸到农村的）建筑抗震管理体系，地震灾害

---

① 对于中央政府在后集体化时代对灾害治理领域财政投入力度和意愿下降的分析，更多见于水利系统，代表性著作主要有胡鞍钢等：《中国自然灾害与经济发展》，湖北科学技术出版社1996年版，第223—224页；李平：《中国防洪体系与防洪投入的反思》，王洛林编：《特大洪水过后中国经济发展的思考：长江中游三省考察报告》，社会科学文献出版社2000年版，第42—47页；罗兴佐：《治水：国家介入与农民合作：荆门五村水利合作研究》，湖北人民出版社2005年版，第49—61页；孙绍骋：《中国救灾制度研究》，商务印书馆2004年版，第188—189页。

② 中央政府一直将自然灾害纳入农业工作，我国的自然灾害治理总体上属于农村公共服务供给范畴。而地震一直地位特殊，属于城市灾害，农村去集体化以及农村公共服务供给市场化给地震工作带来的冲击没有水旱灾害部门那么直接。

③ 地震部门在改革初期的财政紧张状况，可以从20世纪80年代中期到20世纪90年代的《中国地震年鉴》中找到线索。在这个时期几乎每年召开的全国地震工作会议上，在任的地震局局长或者分管地震工作的国务院国务委员在讲话中都会提到财政紧张问题。比如《中国地震年鉴（1990）》，第5页；第13页；《中国地震年鉴（1995）》，第13页。相关情况还可以参见卫一清、丁国瑜《当代中国的地震事业》（上编），当代中国出版社1993年版，第109—113页。

依然很容易造成大规模人员伤亡和经济损失，很容易触发超常规色彩强烈的政治动员。国家地震局在20世纪80年代初提出的各种改革设想，只有"地震对策"能够落实到比较系统的制度建设上。但即便是"地震对策"，也受制于资源和能力的不足，只局限于应急预案建设。至于对资源和管理要求更高，经济和社会压力更大的震后处置，特别是任务内容最为庞杂，牵涉行为体最多元的震后重建，进入改革开放时代很长时间以后都没有体现出明显的专业化和正规化倾向。同其他自然灾害门类一样，中央迟迟没能为震后重建建立比较稳定的筹资渠道以及能够在危机条件下有效整合多个专业部门的协调机制。

从澜沧—耿马地震的抗震救灾实践就能够看出动员型抗灾体制复杂的变化趋势，以及多种动员模式并存并且彼此断裂的局面。云南省政府拥有丰富的抗震救灾经验，并且在正规应急预案建设方面处于全国领先地位。它能够启动较为正规也比较有效的震前备灾动员和震后第一时间的应急动员，创下震后快速反应速度的新纪录。而到了震后重建阶段，动员主体、资源来源和动员机制都发生了显著改变。虽然中央和云南省政府针对震后重建动员了相当可观的财政资金，特别是中央政府的财政动员力度达到了前所未有的水平（对于农村震灾而言）。但即便如此，国家临时调动的重建资金相比起严重的震灾损失仍然有很大差距，还是必须依靠灾区基层政府主导的大规模就地人力动员来加以弥补财政资金的不足，特别是用来支撑大规模的民房重建。从澜沧—耿马地震的震后重建实践来看，即便基层政府已经失去了集体经济体制下的强制组织手段，灾区就地人力动员虽然得以延续，但是无偿甚至强制的成分减少，有偿成分大大增加。这就使得原本可以发挥地方政府组织优势，弥补资金短板的人力动员，在新的条件下反而成为地方政府新的负担和挑战。[1]

---

[1] 对于重灾区地方政府就地动员灾民，特别是有偿动员的情况，可以参见云南省澜沧拉祜族自治县志编纂委员会编《澜沧拉祜族自治县县志》，云南人民出版社1996年版，第94页。

第 四 章

丽江地震：国家后撤与大众动员模式"重新抬头"

20世纪90年代是我国进入改革开放时代以后第一个地震活跃期，各级政府在这个时期频繁组织不同规模的地震危机动员。不过，80年代后期逐渐强化的地震危机动员正规化趋势并没有在90年代强势延续。从90年代地方政府一系列抗震救灾实践来看，尽管专业技术力量在地震灾害管理过程中的整体影响越来越大，应急预案在90年代的普及和发展更是让地震危机动员获得了领先于其他灾害部门的"自动"启动机制，但是抗震动员的正规化和专业化发展趋势主要还是集中在震前和震后应急反应阶段。对于同样属于危机处置范畴，并且对资源和管理能力要求更高的震后重建，政府组织的动员依然带有强烈的非正式色彩，对灾区就地人力动员的依赖程度同澜沧—耿马地震时期相比，非但没有下降，反而还有所上升。值得注意的是，包括地震在内，我国整体自然灾害治理在进入90年代以后，在专业化和技术进步上获得了持续提高。在这样的背景下，地震灾害治理体系从建立之初就存在的内部断裂，在进入90年代以后非但没有得到有效弥合，震前和震后应急反应同震后重建之间在动员主体、动员对象乃至动员机制上的差异反而变得更为明显。

我国的动员型抗灾体制之所以会出现这样的变化轨迹，有三个主要原因：第一，整个灾害治理结构碎裂化程度加剧，阻碍了动员专业化向多部门参与、利益和任务内容更复杂的灾后处置阶段延伸。改革开放以后，我国的灾害管理与"备战备荒"脱钩，专业化水平提高，但"条块分割"的倾向也随之加剧，与追求权力和资源整合，强调协调一致的动员存在内在矛盾。再加上专门针对灾后重建的跨部门协调机制尚未建立，正规的动员结构仍有待发展。第二，我国的自然灾害治理进入90年代以后市场化转型整体加速，国家对灾害治理的投入意愿和投入力度持续减弱，更多的涉灾公共服务供给职责被转移给市场甚至是社会成员，同时中央也试图将更多的灾害治理职责向地方政府转移。对于危机条件下的抗灾动员而言，国家主动介入意愿下降表现为中央政府动员主体角色的削弱，以及抗灾动员主体层次的下沉，这就使得灾区就地动员的压力加大。第三，国家整体财政状况在90年代跌入低谷，这让国家涉灾财政能力受到了非常直接削弱，这也导致灾害危机处置对制度外资源（包括对灾民的就地动员）的依赖程度不降反升。国家自然灾害治理领域的这些整体性变化能够在地震部门非常清晰地反映出来。

本章以1996年丽江地震作为实证案例，分析90年代灾害治理整体过度市场化以及国家角色消极化对我国抗灾动员带来的影响。无论是从灾情严重程度而言，还是从动员政治的角度来看，丽江地震都是一个很有代表性的震例。它是我国进入改革开放时代以后最严重的一场震害，人员伤亡、硬件破坏和经济损失都十分惊人，也触发了唐山大地震之后我国政府最大规模的抗震危机动员。另外，90年代中后期也是我国灾害治理转型的重要阶段，几项同灾害治理直接相关的重要制度建设在丽江地震发生之际都已经开始实施，这也对政府组织的抗震动员产生了明显影响。

第一节　灾害治理结构碎裂化[①]与专业化动员的局限

进入改革开放时代以后，正规化和专业化成为我国地震灾害治理（包括危机治理）的主要发展方向。在20世纪80年代，这样的发展动力主要还是来自于地震部门内部，但是进入90年代以后，推动地震日常和危机治理正规化的动力却更多地来自外部，特别是中央政府推进的综合减灾能力建设。

---

① 本书使用"碎裂化"（fragmentation）这个概念借鉴了美国学者李侃如和兰普顿的理论。他们用西方多元主义分析工具来解释中国政府决策过程的复杂性，提出了"碎裂化维权主义"（fragmented authoritarianism）的模型。参见 Kenneth G. Lieberthal, "Fragmented Authoritiarianism and Its Limits," Introduction to *Bureaucracy, Politics, and Decision-making in Post-Ma China*, ed. Kenneth G. Lieberthal and David M. Lampton, ed. (Berkeley: University of California Press, 1992）。

综合减灾能力建设最初借力于联合国倡导的"国际减灾十年"活动（简称"减灾十年"）。① 我国政府在 1989 年正式加入这个松散的全球项目，以此为契机推动国内灾害治理能力的提高，开启了一个将各个主要灾害门类都包括进来的长周期国家能力建设过程（至今仍在延续）。综合减灾能力建设既涉及制度层面的建设，也包括有形的技术手段升级。前者主要体现在以减灾委为核心的跨部门、跨灾种协调平台，涉灾法律、法规和标准的制定；后者则主要包括大型工程建设、技术设备研发升级，以及相关科学研究。② 综合减灾能力建设对危机条件下的抗灾动员也带来了重要影响：技术精英的强势以及科技手段的进步能够促进抗灾动员朝着更加正规、更加可控的方向发展。对于原本超常规色彩十分强烈的地震部门而言，综合减灾能力建设带来的影响尤为明显。减灾委的建立，地震局自身行政权限的增加，③ 应急预案的完善，以及更先进的地震监测台网和应急通信技术的普及，让地震危机动员比过去更加规范，专业化程度更高。

不过，综合减灾能力建设对我国抗灾动员正规化进程的带动是有限的。抗灾动员的正规化主要还是集中在预防和灾后第一时间的应急反应。对于灾后重建，非正式色彩强烈的大众动员元素依然占据主导。1996 年丽江地震，中央和云南省两级政府针对临震预防和震后第一时间的应急反应组织的动员，体现出了相当高的正规化水平，应急预案的应用比过去更为成熟，专业行政力量同地方军政权力机关在危机条件下的协调也更为顺畅。但是到了震后重建阶段，政府组织的动员依然带有强烈的政治化倾向和超常规色彩，体现在依然高度依赖中国共产党自身的组织权威和灾区地方政府对灾民以及其他制度外资源的临时调动。而正规能力建设以及由此带动的抗灾动员正规化趋势之所以难以向灾后重建阶段有效延伸，很重要的一个原因在于我国灾害治理结构存在严重的碎裂化问题。灾害治理结构的碎裂化从横向和纵向两个维度都能够体现出来：横

---

① "减灾十年"活动结束后，这个松散的项目演变成更加稳定、长效的全球治理机制，即"国际减灾战略"（ISDR）。

② 参见李学举主编《民政 30 年（1978 年—2008 年）》，中国社会出版社 2008 年版，第 28—32 页。

③ 中国国家地震局在 1988 年的机构改革之后成为地震工作的"职能部门"，进入 20 世纪 90 年代以后这样的部门地位继续得到强化，增加了更多的标准制定和规管职能，以应急预案为基础的地震应急管理也得到继续完善。相关情况可以参见《中国地震年鉴（1995）》，地震出版社 1996 年版，第 10 页。

向上表现为跨部门协调水平低下，纵向上表现为不同层级政府的治理能力分布高度不均衡。

需要指出的是，我国灾害治理结构碎裂化并不是改革开放时代才出现的问题，在改革开放以前这样的结构性弱点就已经存在。不过，在1978年以前，碎裂化对抗灾动员带来的影响还没有那么明显。这主要是因为当时中央将防灾救灾同备战结合在一起，包括地震在内，任何灾种的重大危机处置都等同于军事行动，抗灾危机动员也由军队主导，这在很大程度上有助于克服行政力量的横向协调障碍。再加上1978年以前，长时间实行革委会体制，行政结构高度精简，也更有利于危机动员。进入改革开放时代以后，随着"条条"权力重新得到增强，那些掌握着独立资源和决策权的行政部门之间的协调障碍也逐渐被放大。对于危机条件下的抗灾动员而言，治理结构碎裂化程度加剧，对应急反应阶段带来的冲击加剧放大了原本就存在的不同任务环节之间衔接不顺利的弊端。而碎裂化程度加剧对灾后重建这个任务阶段带来的消极影响更为突出，因为重建面临的任务内容更复杂，涉及的政府行为体（特别是行政部门）更多元。即便进入更追求专业化和正规化的改革开放时代，灾害应急反应本身的性质并没有发生根本变化，甚至连军队的主导角色也没有明显削弱（特别是事后性的应急动员），使得军队的存在能够在一定程度上淡化跨部门协调难度增加给应急反应带来的消极影响。可是到了灾后重建阶段，军队的作用就大为弱化，灾害治理专业化和碎裂化对动员带来的消极影响更明显。

另外，国家能力在纵向上（包括中央和地方之间，以及不同层级的地方政府之间）的不均衡分布，也加剧了不同任务阶段动员的彼此断裂。以地震领域为例，政府层级越低，专业化水平越低，专业人力资源和技术手段（包括民政等其他涉灾部门，而不仅仅局限于地震部门）就越匮乏，应急预案的细化程度和管理水平越低，一旦遇到较为严重的灾情，低层级政府对"人海战术"的依赖程度越高，危机动员的政治化色彩也越浓重。如果我们把目光放到相对更为整体性的灾害治理全局，中央从20世纪90年代初开始推动的综合减灾能力建设一直到90年代中期才初步向省级政府延伸。一个典型的例子就是灾情信息管理体系建设。高水平灾情信息管理是有效的日常管理和危机动员的关键基础，民政部进入20世纪90年代以后就联合主要的涉灾主管部门积极推进灾情信息采集的规范化、计算机化和网络化，但是由于地方层面在专业人才、技术培训和财政资源上都存在明显不足，这套体系直到1995年以后才在省级政府初步普及，向地、县一级政府的延伸到20世纪90年代晚期仍然显得很困难。①

不过，国家灾害治理结构的碎裂化并不是新近出现的问题。这个结构性因素可以解释抗震动员（特别是震后动员）在20世纪90年代正规化程度进展"缓慢"，但是却无法有效解释抗震动员模式在这个时期出现的"倒退"。从1996年丽江地震的处置情况来看，中央和云南省两级政府针对这场地震的震后重建组织的动员不仅仅在正规化程度上比不上应急反应阶段，对正规资源（特别是财政资金）的动员力度从绝对意义上看甚至还比不上八年前的澜沧—耿马地震，主要体现在对灾区就地人力动员的依赖程度更强，动员的政治化色彩更浓重。考虑到丽江地震的严重程度和国际影响力，②这样的反差更加值得思考。这也从另外一个角度说明，仅仅是正规制度建设和技术手段——作为涉灾基础能力的一部分——的进步还不足以导致我国抗灾动员模式的整体性改变，还需要将其他因素也考虑进来。

第二节　国家后撤与涉灾财政条件恶化

国家自然灾害治理领域在20世纪90年代的整体变化是复杂的。一方面，中央政府开始系统推进综合减灾能力建设，灾害治理的技术能力持续提高，专业化步伐加快。另一方面，自然灾害治理的市场化转型全面加速，政府从日常性的公共治理领域大幅度后撤。许多在80年代中期就开始出现的涉灾公共服务供给私人化和市场化趋势，进入90年代以后进一步增强，并且开始落实到系统的制度建设上。与此同时，国家涉灾财政在90年代陷入困境，国家对灾害治理的整体投入力度持续下降。其中，后两个方面的变化对政府组织的抗灾动员带来了更为直接的冲击。

---

① 中国灾情信息管理体系建设情况可以参见民政部法规办公室编《民政工作文件选编（1997）》，中国社会出版社1998年版，第310—311、327—328页。

② 丽江地震是唐山地震之后中国遭遇到的最严重的一场震灾。同时，丽江县在地震发生前已经向联合国申报古县城为世界文化遗产，在国际上已经享有相当的知名度。丽江地震引起了国际社会的广泛关注。

一　灾民自我保障机制的强化

从新中国成立后一直到20世纪80年代前半叶，国家对灾害治理（包括危机处置）的介入带有很强的选择性和临时性。那个时期国家低水平介入的动因和性质与90年代完全不同：国家对于灾害治理的选择性介入，是为了配合工业化的资本积累，服务于赶超型经济发展战略。那个时期中国政治精英对于国家自我角色的定位仍然是积极的。更关键的是，农村集体经济体制的存在能够在很大程度上替代国家直接介入，甚至包括在危机条件下的国家介入。这不仅仅体现在财政资源上，还包括组织和功能的替代。集体经济组织本身就是国家行政体系的延伸，虽然在结构和功能上明显简化，但仍然是国家在社会基层的直接体现，而不仅仅是一种象征。1976年后，集体经济体制依然延续了数年时间，国家的间接存在和国家有选择介入模式也依然延续。而进入90年代以后，灾害治理领域（乃至其他公共服务领域）的国家后撤已经不仅仅是一种发展策略，这意味着执政者对国家角色的认知已经发生了根本性的改变。新的领导层承认国家角色是有限的，主动向灾害治理领域引入国家以外的治理力量和资源（比如市场）。同80年代的市场化相比，90年代的国家后撤范围和幅度不仅更大，还落实到了系统的制度建设上。由于这场新的制度建设反映出来的灾害治理结构的整体转型，规模宏大，本书只选取这场制度转型的一个具体方面——以家庭为基础的灾民自我保障机制——来进行介绍。中央自上而下推进的灾民自我保障机制建设过程直接触动了传统大众动员型抗灾模式的基础，有助于我们理解动员型抗灾体制在90年代发生的整体性变化。

政府之所以能够在改革开放以前长久维持城乡二元的灾害治理结构和投资结构，在受灾最直接、最严重的农村用大规模人力动员来替代正规财政投入和行政力量建设，一个非常关键的制度基础就是农村集体经济体制。依托于这套制度，政府得以将灾害治理的大部分财政和行政成本都转移给受灾农民本身，使他们为防灾和灾后重建进行自我筹资和自我管理。但是80年代初启动的农村经济改革直接动摇了大众动员型抗灾体制的基础，让政府在灾害治理领域失去了非常重要的资源替代机制。更关键的是，中央并没有意愿直接填补集体经济瓦解以后给灾害治理留下的财政和行政真空（比如直接增加财政投入，发展能够延伸到基层的专业化灾害治理体系），而是选择更加彻底地依靠民间资源和基层政府的就地动员能力，并且按照这种思路进行了新的制度建设，最有代表性的制度成果就是救灾合作保险和储金储粮会（简称"双储会"）。

救灾合作保险和双储会仍然带有合作社的色彩，但是对农民参与的强制性下降。进入20世纪90年代以后，中央下决心加快灾害治理的市场化改革步伐。决策者希望通过建立此类组织减少灾民"对国家的依赖"，"培养群众自我保障意识"。① 实际上，中央的直接动机就是希望通过充分调动经济改革释放出来的农民个人和家庭财富增长，用农民私人财富替代国家正规投入，减轻国家财政负担，特别是中央财政负担。在追求救灾工作市场化，国家大幅度后撤的大背景下，中央对于新的涉灾筹资机制建设只提供政策依据以及非常有限的财政和组织资源，制度建设的主要成本（包括财政和行政成本）都是由地方政府来承担。由于低层级政府在经济改革以后陷入普遍的财政困境，② 这两项制度能够让它们获得额外的筹资渠道，因此得到了来自地方的支持，使得这两项制度的推广进行得相当顺利。③ 一直到80年代末，这两种民间自我保障制度还处于试点阶段，在全国只有一百多个试点县，可是到1996年这类组织已经覆盖了全国四分之一的农村人口，全国账面救灾扶贫周转金达到25亿多元，1996年当年就有9.4亿元周转金被用于救灾。④ 1996年是20世纪90年代我国的一个灾害大年，当年国家投入的救灾资金将近40亿元。如果民政部对双储会周转金掌握得足够准确，那么这种集体经济的替代制度的确为政府救灾工作提供了相当可观的额外资源补充。中央大力推广这类制度的行为本身就能够反映出国家从灾害治理领域后撤的决心，以制度手段将更多的涉灾公共服务供给职责转移给社会成员，而且是高度分散的社会成员。以双储会（包括救灾合作保险）这类制度作为筹资渠道缺乏稳定性，作为动员机制又缺乏强制性，在政府依然坚持抗灾动员主体层次下沉的情况下，这类制

---

① 民政部政策法规司：《民政工作文件选编（1989）》，中国社会出版社1990年版，第183页。
② 董筱丹、温铁军：《中国农村财税体制与公共服务问题》，《甘肃理论学刊》2008年第5期。
③ 事实上，也正是因为基层政府对这种筹资渠道"滥用"，对中国的正常金融秩序带来了冲击，中央政府在1997年叫停了这类民间集资项目。
④ 蒋积伟：《新中国救灾工作社会化的历史考察》，《当代中国史研究》2010年第6期；民政部政策法规司：《民政工作文件选编（1997）》，中国社会出版社1998年版，第330页。

度并不能真正替代集体经济,不能让改革以后的(农村)基层政府获得足够稳定的筹资渠道。更重要的是,财政匮乏的低层级政府更倾向于将这些新的集资安排作为获取制度外资金的渠道,并不能切实增强地方政府面对灾情时的介入主动性和就地动员能力,灾区基层对上级直接介入依赖程度不降反升的趋势并没有因为这些新的筹资手段的出现而得到扭转。①

二 中央"卸包袱"与救灾分级管理

国家从灾害治理领域的整体后撤,是由于国家角色定位发生变化,以及由此带来的实际能力的变化。在国家涉灾基础能力当中,技术能力和管理能力在20世纪90年代得到了持续提升,但国家涉灾财政能力却持续恶化。以事后性和应急性很强的救灾工作为例,各级政府在90年代的救灾投入并没有呈现明显的持续增长,中央政府甚至从1997年开始固定中央救灾投入额度。② 这样的救灾财政安排不仅同经济增长脱节,还与我国灾情持续恶化的现实脱节(见图4-1)。

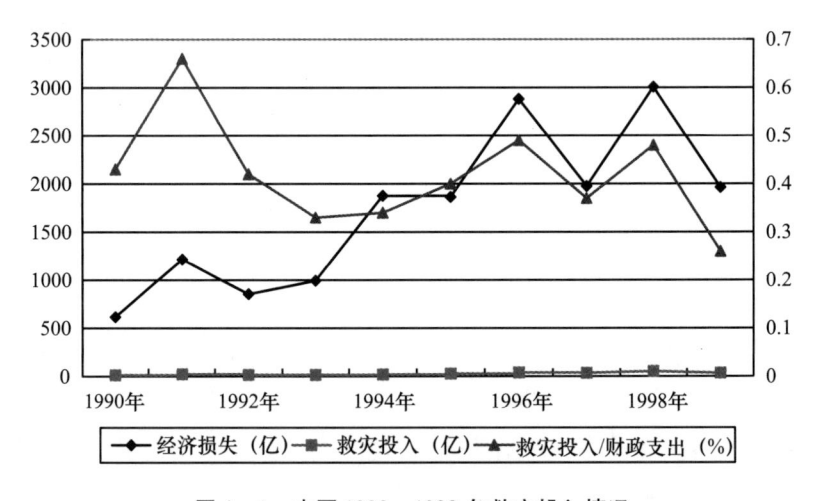

图 4-1 中国 1990—1999 年救灾投入情况

数据来源:《中国统计年鉴》《中国民政事业发展报告》《中国民政统计年鉴》。

导致涉灾财政恶化的首要原因是中央财政能力的整体恶化。中央从

---

① 黄光炎:《现行救灾制度存在的利弊》,《中国民政》2006年第5期。
② 侯兆晓:《中国式救灾:十年频现"捐赠秀"》,《民主与法制》2008年第9期。

80年代初开始实行被称为"分灶吃饭"的财政体制改革,让地方获得更多的财政支配权。这场财政分权旨在刺激地方经济发展,增强经济的整体活力,但代价是中央财政能力受到削弱。[①] 另外,集体经济瓦解以后,作为救灾工作第一层次实施主体的低层级政府(主要是县、乡政府)财政自给水平下降,对上级救灾资金的依赖性越来越大。[②] 而我国的救灾体制,特别是救灾财政体制却没有随着财政分权改革及时进行调整,仍然延续着以前统收统支体制的安排,中央是灾害危机处置最主要的投入主体,承担最主要的资源动员责任。再加上经济发展导致灾害损失持续增加,[③] 市场化改革又引起商品价格持续上涨,自身财力已经受到削弱的中央政府在救灾领域承受的财政压力越来越大。为此,中央政府在20世纪90年代中期启动了被称为"分级管理,分级负责"的救灾财政体制改革(简称"分级管理"),意在让地方政府在救灾领域承担更多的事权,将救灾筹资职责向地方层面转移并使之常态化。

分级管理体制改革在1994年全国民政工作会议(又称为"南平会议")上正式提出,1995年全面实施,核心内容就是"分级负担"。从1995年开始,财政部要求各级地方政府(从省一直到县)设立专门的救灾预算科目,统称为"自然灾害救济事业费"。财政部还对传统的预备费制度进行规范,赋予其更明确的救灾用途。[④] 虽然分级管理的直接目的是减轻中央在救灾领域的财政负担,但是这场改革也促成了政府抗灾动员主体层次的下降,实际上让中央长期坚持的"地方为主"的救灾工作组织原则变得更加具体,更加具有可操作性。作为分级管理体制改革的另外一个重要环节,民政部尝试按照灾情严重程度划分四个不同等级,进一步明确不同层级政府的职责分配:中央政府主要承担重大灾害的救助,中、小

---

① 对这场财政分权改革的分析,可以参见王绍光《分权的底限》,中国计划出版社1997年版。
② 广东省民政厅:《广东省以增加地方救灾经费预算为重点积极推行救灾分级管理责任制》,《社会福利》1996年第2期。
③ 中国自然灾害造成的直接经济损失在20世纪70年代为年均590亿元,20世纪80年代为年均690亿元,到90年代则急剧上升到年均1724亿元。数据来源:《中华人民共和国减灾规划(1998—2010年)》,http://www.zaihai.cn/Html/2006930103445-1.html。
④ 需要强调的是,虽然预备费会被优先用于救灾,但它并不是一个刚性制度。我国政府2006年发布的《自然灾害救助应急预案》中就规定:"救灾预算资金不足时,中央和地方各级财政安排的预备费要重点用于灾民生活救助。"也就是说,预备费还是属于一种临时救急安排,而不是正式的救灾财政安排。

灾则主要由地方政府主导，优先动用本级财政。① 不过，同分税制改革相似，由于中央政府没有对各个政府层级的投入标准做出足够清晰和刚性的规定，在地方政府财政能力也处于低谷的背景下，省政府往往会将救灾财政压力向下级政府转移。② 而作为抗灾行动第一层次主体的县、乡一级政府在农村经济改革以后财政能力原本就很有限，面对不断增加的投入压力，反而会加大了对制度外资源（包括前文提到的救灾保险和双储会这样的民间集资）的依赖程度，让大众动员元素获得新的延续动力。

"南平会议"和分级管理的启动是我国灾害治理发展的一个转折点，标志着灾害治理的市场化改革全面提速，国家后撤幅度加大，国家对灾害治理的整体介入意愿持续下降。③ 要证明国家意愿下降，其中一个方法就是测量一段时期内救灾投入在国家财政支出中所占比例的变化。如图4-1所示，这个比例在20世纪90年代总体上呈现持续下降的趋势，只有1991年、1996年和1998年三个大灾年有显著增长。中央政府救灾投入力度的下降，并不仅仅是因为财政能力出了问题，而是反映出救灾工作本身的优先性下降。对于我国的动员型抗灾体制而言，国家后撤以及分级管理带来的影响非常明显：抗灾动员主体层次和筹资渠道整体向地方下沉，并且更加固定化。由于地方政府既没有足够的意愿和足够的财政能力来支撑救灾工作，这样的变化也意味着强调灾区就地动员和灾民自筹的大众动员元素获得了延续的动力，以国家正规资源作为支撑的专业化动员模式发展受阻。

第三节　丽江地震

我国在20世纪90年代中期进入一个强震高潮期，连续发生6级以上

---

① 分级管理体制改革的具体内容和实施情况可以参见《改革开放以来救灾体制改革简述》，《中国民政》2000年第2期。
② 暴景升：《当代中国县政改革研究》，天津人民出版社2007年版，第166页。地方层面救灾事权划分不清将事权下压的问题，进入21世纪以后依然没能有效解决，参见朱军《我国救灾资金管理现状透视》，《中国减灾》2005年第4期；秦维明、朱山涛：《水旱灾害分级管理机制初探：以河南、江苏两省防汛抗旱为例》，《水利发展研究》2009年第2期。
③ 对于中国自然灾害治理市场化过程的介绍，可以参见温铁军《"市场失灵+政府失灵"：双重困境下的"三农"问题》，《读书》2001年第10期。

强震，1996年的丽江地震（M=7.0）是这个高潮期最严重的一场震害。从动员政治的角度来看，这场巨灾触发的政治行动既体现了国家灾害治理专业技术能力提升带来的影响，也体现了国家财政状况恶化以及国家整体角色定位改变对动员型抗灾体制带来的冲击。一方面，这场改革开放以来最大规模的抗震动员充分展现了应急预案体系的进步。这套在80年代后期发展起来的专业化动员机制到这个时期更为成熟，让政府（特别是云南省政府）在临震和震后第一时间的危机反应表现得更加稳定。另一方面，国家财政能力在90年代的持续下降，以及国家在灾害治理领域介入意愿的下降，使得震后重建工作正规化趋势进展不大，对灾区就地人力动员的依赖性依然很强，动员的政治化色彩也仍然浓重，高度依赖地方党委的直接介入。实际上，丽江抗震动员，特别是针对震后重建组织的动员，中央的主导性和主动性甚至还不如1988年的澜沧—耿马地震。而从动员政治的角度来进行比较的话，在1988年澜沧—耿马地震时已经开始出现的两种动员模式并存的局面，到了丽江地震时变得更加明显。80年代后期，大众动员模式整体衰落趋势明显，而专业化动员正处于上升期，不仅在应急反应领域快速发展，还出现了向震后处置阶段延伸的势头。可是到了丽江地震时，尽管地震应急动员的技术行政化倾向进一步增强，但是更加正规的动员模式并没能向震后恢复重建阶段延伸。不仅如此，传统大众动员元素在震后恢复重建领域甚至还出现了某种程度的"复兴"迹象；尽管这个时期的地震救灾内容比过去更加复杂，资源需求也比过去更大。如此矛盾的变化不仅意味着多种动员模式并存的局面在地震领域延续，而且抗震动员一直存在的内部"断裂"变得更加显著，政府在应急反应和震后处置领域的表现反差不降反升。

一 震后应急管理进一步规范化

虽然以预报为支点的主动动员模式在1978年以后就已经失去了政治和技术两方面的支持，但在云南这样的地震多发省份，这种诞生于全面备战年代的抗震模式还能够获得地方政府的支持。从澜沧—耿马地震开始，这种以短临震预报为基础的传统地震灾害响应模式同以正规应急预案为基础的应急管理体系衔接在一起。到了丽江地震时期，随着正规地震应急管理体系趋于成熟，临震应急和震后应急的衔接变得更加顺畅和规范，抗震动员的正规化水平至少在应急反应阶段得到了明显提高。

地震应急管理体系的发展不仅是由中央（更具体地说是国家地震局）自上而下推动的，地方政府也提供了至关重要的发展动力。澜沧—耿马地震之后，中央更加清晰地认识到应急预案的价值，开始在全国范围内加速推进地震应急管理体系建设。国务院在 1991 年颁布的《国内破坏性地震应急反应预案》成为我国最早的政府灾害应急预案，1995 年和 1996 年又相继出台《国家地震应急条例》和《国家地震应急反应预案》。云南作为一个地震多发省，在地震应急管理方面就处于领先地位，早在 20 世纪 80 年代后期就已经开始建立正规的地震应急预案。90 年代中央层面推动的制度建设也促进了云南省地震应急管理体系的发展。1993 年，云南省政府颁布了《云南省地震应急反应预案》，县级以上政府也建立了各自的应急预案。预案对不同涉灾部门在临震准备和震后应急阶段的职责分工、具体任务，甚至装备配置都进行了详细的规定。得益于有效的短期预报，地方政府在震前都进行了组织和物资上的准备，重点监测区的政府还建立了指挥机构，这些安排都为高效的危机动员奠定了良好的基础。丽江地震前一年，云南省成功预报了孟连 7.3 级地震，并且在重点警戒区成功组织了备灾动员和震后应急反应，取得了非常好的减灾效果。① 90 年代发展起来的这套正规应急管理体系在这场抗震行动中得到了检验，为丽江地震的抗灾行动做了直接铺垫。丽江地震虽然没有像孟连地震那么成功地临震预报，但是云南省政府和滇西北重点监测区的地方政府仍然根据云南省地震局发出的短期预报（1995 年 12 月）启动了正规应急预案，地方部队、民兵和医院都进行了一定的准备。丽江地震发生后 10 分钟，丽江地县两级政府就建立了指挥机构，并且同省政府建立直接的通讯联系，向重灾乡镇派出工作组。震后 10 分钟，云南省地震局也按照地震对策建立指挥机构，启动应急会商机制，向重灾区派出工作组，并在震后 15 分钟将地震基本参数上报省政府。省政府在震后 2 个小时之内就成立了指挥机构，启动最高规格的一级响应，派出工作组直接赶到丽江地区指挥地、县两级政府建立对应的组织机构，大规模救灾动员全面启动。震后 15 个小时，云南省

---

① 孟连地震也成为中国最后一次成功预报的 7 级以上强震。孟连地震的预报和备灾动员过程，参见 Ronghui Lin, "Predictions and Social Response Capacities in Face of the 1995 Menglian Earthquake (M = 7.3): An Overview", Jochen Zschau and Andreas N. Küppers, eds. *Early Warning Systems for Natural Disaster Reduction*, Springer, 2003；《云南减灾年鉴》编辑委员会编：《云南减灾年鉴（1991—1995）》，云南科技出版社 1997 年版，第 94—95 页。

政府动员的城市医疗队、省军区动员的正规军和民兵就已经大规模进入重灾区。这场危机动员创下了我国震后应急反应的最快纪录,[①] 而且重灾区的地、县政府没有重演1988年澜沧、耿马两县政府在地震之后的慌乱,为更有效的救灾行动奠定了基础,也证明从中央到地方多年来推进地震应急管理体系建设取得进一步的成效。

不过,随着我国地震灾害治理任务定位后倾化趋势在20世纪90年代不断加强,在改革开放时代失去中央支持的主动动员模式不可避免地淡出历史舞台,丽江地震成为主动动员模式在我国抗震实践中的最后一次高调展示。1997年之后,即使在西部偏远省份也都没有公开组织以短临震预报为基础的备灾动员,国家在地震领域组织的抗灾动员从此以后完全变成事后性的危机反应和危机控制。

二 震后重建:国家财政困难与云南省内动员

同1988年澜沧—耿马地震相比,丽江抗震动员在预防和震后第一时间应急两个部分都体现出了更高的正规化和专业化水平。但是到了时间压力和政治敏感性相对较小的震后重建阶段,动员的政治化色彩和超常规倾向比8年前非但没有明显下降,甚至还有所增强。虽然丽江地震造成的损失比澜沧—耿马地震严重,但是同1988年相比,丽江地震时期云南省的整体财政收入明显增加,丽江地震的灾损率(损失占财政收入或者GDP的比重)还是要比澜沧—耿马地震低(参见表4-1)。考虑到丽江地震和澜沧—耿马地震存在很多相似之处,比如同处于贫困的少数民族聚居地区,灾情都很严重(丽江经济损失更严重,但是澜沧—耿马地震硬件破坏更严重),而且两场地震都有国际政治因素的影响(丽江地震前已经申请世界文化遗产,澜沧—耿马地震重灾区处于中缅边境,缅甸边区局势当时非常动荡),两场抗震动员出现这样的反差更加值得思考。

通过更深入地比较两场大地震的重建过程,本书认为,造成丽江地震震后动员超常规色彩增强的最重要原因在于中央财政投入力度的下降。中

[①] 丽江地震的备灾和震后应急动员情况,可以参见云南省丽江地方志办公室《丽江年鉴(1997)》,云南民族出版社1997年版,第106—107页;《云南减灾年鉴》编辑委员会编《云南减灾年鉴(1996—1997)》,云南科技出版社1999年版,第43页;《云南减灾年鉴》编辑委员会编《云南减灾年鉴(1998—1999)》,云南科技出版社2000年版,第356页。

央投入力度下降有更深层次的原因：灾害治理自上而下的市场化转型，导致中央对灾害治理整体领域的介入意愿和涉灾财政能力同时下降，连危机条件下的动员都受到冲击。而中央抗灾动员力度不足，直接导致云南省自身的筹资压力加大。在本省正规资源也十分短缺的情况下，再加上中央政府制定的重建期限没有改变（三年），云南省政府只能选择加大制度外资源的动员，加大动员的政治强制性。

表4-1　　　　　云南省1988—1999年地震灾害损失情况

年份	财政收入（万元）	地震损失（万元）	损失/财政收入（%）
1988	505325	240000	47.49
1992	1093214	3410	0.31
1993	2049436	14407	1.32
1994	767018	1520	0.20
1995	983491	96760	9.84
1996	1300129	255262*	19.63
1997	1504181	9544	3.89
1998	1682347	65402	0.44
1999	1726690	7657	7.19

数据整理自云南省统计局编《云南统计年鉴2004》，中国统计出版社2005年版。

* 这是国家地震灾害损失评估委员会做出的灾害损失评估结果，比云南省政府公布的估算结果（约46亿元）要小很多。

（一）中央动员强度减弱

虽然1976年之前我国政府在灾害治理（包括日常治理和危机处置）领域的投入意愿和直接介入水平也很低，但是这样的低水平国家介入同改革开放时代国家持续后撤有着完全不同的背景和动因。改革开放时代的国家在灾害治理领域整体后撤的趋势从20世纪80年代农村经济改革启动以后就已经开始出现，但是进入90年代以后开始加快，并且落实到了更加具体、更加系统的制度建设上，比如前文专门介绍的救灾合作保险和双储会。

至于国家财政能力的下降，也是从80年代以来就一直存在的问题，而且这个问题在进入90年代以后继续恶化，国家财政的"两个比重"持续下降。尽管中央从1994年推行了分税制改革，中央财政支配能力重新开始增强，但是国家财政收入在GDP所占比重下降的势头并没有得到扭转。到丽江地震发生的1996年，国家财政收入占GDP的比例正好跌到一个"谷底"（参见图4-2）。财政能力下滑不仅让国家日常性的灾害治理受到影响，连危机条件下的财政应急动员能力也受到冲击。救灾投入能够比较直观地反映政府在应急条件下的财政动员能力。从90年代的整体情况来看，虽然整体灾害损失越来越严重，但是政府的救灾投入非但没有呈现出明显的同步增长，相对于灾害损失和国家整体财政支出的增长甚至还呈现出持续的相对下降趋势（参见图4-2）。特别是面对周期相对较长，资源需求更大的巨灾重建，中央财政能力下降带来的影响尤其明显。

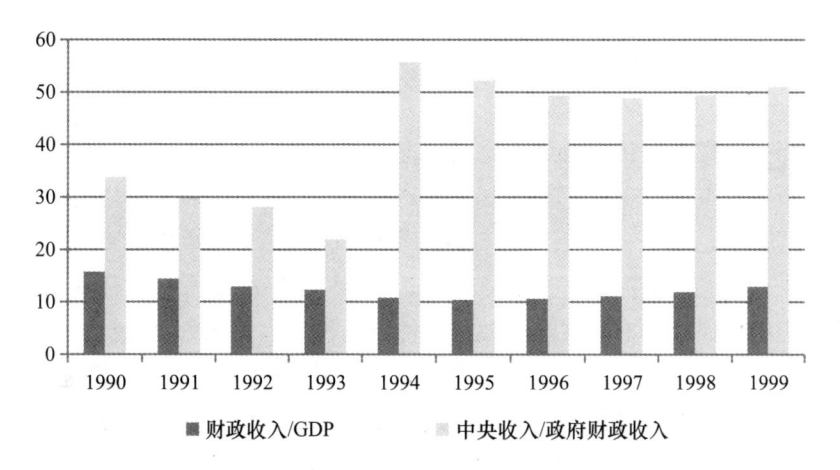

图4-2　20世纪90年代中国国家财政两个比重（%）

数据来源：国家统计局：《中国统计年鉴》（1990—1999年），中国统计出版社1991—2000年版。

丽江地震灾区的社会经济条件同澜沧—耿马地震灾区相似，都属于少数民族聚居的贫困地区，而我国在1996年的GDP是1988年的4倍，国家财政收入是8年前的3倍多，但是中央政府对丽江震后重建的资金投入不论从绝对意义还是从相对意义（也就是救灾投入同灾害直接损失的比例，以及同云南省的投入比例）来看都比不上8年前。根据云南省政府最初制定的丽江地震3年重建计划，云南省本级财政为重建提供3亿元，申请中央财政专款9亿元。① 但是从最终执行情况来看，中央和省两级财政总投入只略高于9亿元。其中，中央财政补助不到3亿元，远远低于8年前的澜沧—耿马地震，而云南省财政投入则高达6.9亿元，中央和地方的投入比例与云南省政府最初的设想完全颠倒了过来（参见表4－2）。

表4－2　　　　　　　澜沧—耿马地震与丽江地震重建投入

	损失（亿）	总投入（亿）	政府投入*（亿）	中央投入（亿）	政府投入/损失（%）
澜沧—耿马地震	20.5	15.6	8	6	39%
丽江地震	46**	22	9.18	2.26	20%

数据来源：《云南减灾年鉴》编辑委员会编：《云南减灾年鉴（1991—1995）》，《云南减灾年鉴（1996—1997）》，云南科技出版社1997年、1999年版。

* 只包括中央和省级财政拨款。

** 云南本省的估算值。

当然，在财政状况持续恶化的情况下，中央政府并不只是简单地将救灾筹资责任下压给受灾省，尤其是面对丽江地震这样的巨灾，以及云南这样的"欠发达"省份（云南省自身的财政状况在1996年也处于低谷，参见图4－3）。实际上，中央政府进入20世纪90年代以后一直在寻求通过系统的制度建设，推动常态和危机条件下的抗灾筹资职责以及抗灾动员主体层次向地方层面整体性下沉，尤其是耗资较大的灾后救助和重建部分。前文专门介绍的救灾分级管理体制改革就是非常有代表性的责任整体下压举措。除了实行分级管理，中央政府还对传统的对口支援机制进行了调整，增加这种机制的正规化程度，提升强制性，让地方政府在救灾领域进一步为中央分担财政压力。对口支援本来就是中央政府向地方转移筹资压力的重要手段，但是一直以来都带有很强的非正式色彩，尤其体现在筹资渠道上。进入20世纪80年代以后，中央政府将对口支援作为开发式扶贫的重要实施工具，意图就是在财政"分灶吃饭"、中央财政能力受到削弱的情况下，让地方政府来分担少数民族地区经济发展和政治稳定的成本。但即便是更为长效的扶贫对口支援，筹资渠道在很长时间里也依旧缺乏稳

---

① 《云南减灾年鉴》编辑委员会编：《云南减灾年鉴（1996—1997）》，云南科技出版社1999年版，第45页。

定性。直到90年代启动的三峡库区对口支援项目（简称"三峡项目"），这种非正式的横向资源动员机制在规范化和常态化程度上开始提高。随着中央政府在1994年下决心调整中央地方事权分配，将更多的涉灾筹资职责转移给地方政府，在扶贫领域变得越来越常态化的对口支援也被作为一种有效的转移财政压力的手段，被中央政府套用到灾害治理领域，尤其是危机色彩浓重，短期资金需求量很大的救灾领域。相比起由行政部门主导的分级管理体制改革，救灾对口支援虽然也由中央政府部门牵头（由民政部主持），但是其常态化程度要低很多，动员依然带有很强的事后性和临时性，启动和实施依然高度依赖地方党委的直接介入，政治化色彩依然浓重。但是从另一个角度来看，对口支援更具灵活性，而且恰恰因为其关键驱动力来自于党的政治权威，反而比备受行政碎裂化影响、贯彻力度不足的分级管理更适应抗灾危机动员的需要。

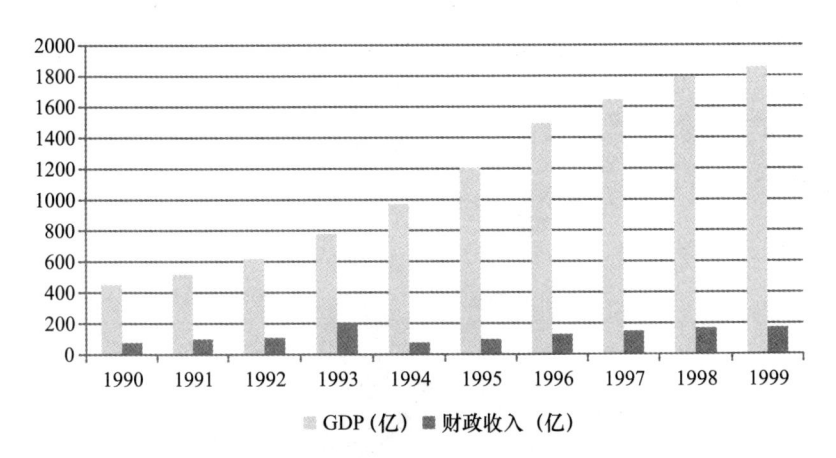

图4-3　20世纪90年代云南省财政收入/GDP

数据整理自云南省统计局编《云南统计年鉴》，中国统计出版社1991—2000年版。

1996年初，民政部决定将过去制定的东部省市对口支援西部省份的安排进一步常态化，指定三大直辖市和沿海省份的省会城市组织经常性的募捐。新的对口支援不仅继续承担扶贫功能，还将救灾包括在内。[1] 经过

---

[1] 《中国共产党中央办公厅、国务院办公厅关于转发〈民政部、国务院扶贫开发领导小组关于在大中城市开展经常性捐助活动支援灾区、贫困地区的意见〉的通知》，来源：http://code.fabao365.com/law_29184.html。

这样的调整，使得原本随意性很强的救灾对口支援变得更加常态化，这就为国家的抗灾动员提供了一种更为稳定的筹资渠道，还在地方层面形成了一定程度的抗灾动员"自动"启动机制，有助于分担中央政府面对突发灾情时的财政和行政压力。丽江地震发生在1996年2月，新的对口支援刚刚开始实施，这场大地震的震后重建也为其提供了第一次实践机会。根据国务院的安排，上海定向帮扶云南。① 在丽江地震发生后，上海市启动了高规格的动员，由市政府建立专门的援滇领导机构，短时间内动员了大批物资和资金投送丽江灾区，成为丽江震后救灾和重建的最大国内"捐赠者"。②

不过，这一系列制度修补并没能有效减轻国家财政能力下降对抗灾危机动员带来的整体冲击。即便是表面上看更适应危机处置的"一对一"对口支援，对大规模灾后重建的帮助也极其有限。上海市在丽江震后临时组织的对口支援，只为灾区提供了非常有限的实物资源。根据云南省政府对丽江震后国内外捐赠的统计，来自国内各省市的捐赠总额大约2700万元，肩负支援云南任务的上海市向丽江灾区投送的款物没有超过1000万元（参见图4-4），根本不能有效减轻中央和云南省的筹资压力。

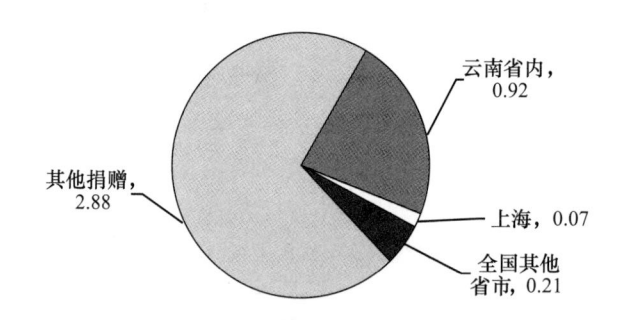

图4-4 丽江震后捐赠情况（亿元）

数据来源：《云南减灾年鉴》编辑委员会编：《云南减灾年鉴（1998—1999）》，云南科技出版社2000年版。

---

① 1996年5月，国务院扶贫开发领导小组才明确对口包干安排，在很大程度上延续了20世纪90年代初，甚至是80年代形成的惯例。

② 张少云：《历史不会忘记，丽江不会忘记：云南省接收救灾捐赠纪实》，《中国社会工作》1997年第3期。

(二) 云南省内对口支援与灾区就地动员

在中央投入力度不足,自身财政状况也比较窘迫的情况下,云南省政府只能想方设法"开源节流":一方面建立严格的重建资金管理制度,尽可能提高资金使用效率;另一方面则积极开拓制度外资金筹集渠道,特别是鼓励灾区地方政府加大就地动员的力度。需要强调的是,严格资金管理和加大就地动员力度是相辅相成的,前者实际上也是一种应急行为,目的还是为了释放基层政府的动员潜力。

云南省政府在丽江地震重建的资金管理上借鉴了此前孟连(1995年7月,里氏7.3级)和武定(1995年10月,里氏6.5级)两场地震的震后重建经验,实行救灾资金逐级逐项包干,对资金金额和使用范围进行了刚性规定,对于灾区基层政府超支部分上级财政不给予补助。[①] 实行资金包干不仅能够让基层政府更加精打细算,提高救灾资金使用效率,还能够在一定程度上促使灾区基层政府加强资源自筹力度。此外,云南省政府还充分利用改革开放以来出现的新的资源渠道,尽可能扩大资源动员范围,比如社会捐赠、国内外银行贷款、国家税收返还、国家扶贫项目资金等等。不过,由于丽江地震造成的灾害损失过于严重,通过这些渠道所能筹集到的资源还是远远无法满足需求。为了弥补巨大的资金缺口,尽可能提高重建速度,云南省政府启动了高规格、大规模的省内对口支援,通过加大政治压力来进一步释放省内各种政府行为体的资源动员潜能。

经过多年的实践,对口支援这种原本具有明显非正式性和临时性的危机动员机制形成了一些比较稳定的惯例。比如,城镇受灾越严重,动员主体层次越高,卷入的行政单位部门越多,对口支援的正规化程度就越高。就地震领域而言,只有造成明显跨地区社会经济影响的灾害,或者是城市灾害,才可能引发由中央政府直接领导的大规模、全国性外部动员。中小规模的灾后重建还是以受灾省省政府主导的省内动员作为最主要的筹资和执行手段,中央政府只扮演辅助性角色。不过,即便是省内动员,仍然会因为灾情严重程度和受灾地域(城镇还是乡村)的不同,在动员对象和动员机制上有所差别。只有当灾情足够严重,并且有城市或者城镇直接受

---

① 实际上,云南省政府从一开始就清楚筹资压力巨大,在省政府关于震后重建的第一次专题会议上,云南省省长就提出,重建资金来自中央和省财政拨款部分不会超过50%,以"自力更生、生产自救为主体"。《云南减灾年鉴》编辑委员会编:《云南减灾年鉴(1996—1997)》,云南科技出版社1999年版,第37页。

灾的情况下，受灾省的省政府才会组织大规模的省内全面动员。所谓全面动员，不仅全省所有的无灾和轻灾地区都会成为动员对象，连主要的省直属机关也会被指派包干任务。以地震灾害多发的云南省为例，从20世纪70年代到90年代这二十年间，能够让云南省政府启动省内全面动员的地震灾害并不多，最有代表性的震例就是1988年澜沧—耿马地震、1995年武定地震以及1996年丽江地震。值得注意的是，这些大规模、高规格的省内抗震动员都出现在改革开放时代。尤其是进入90年代以后，虽然地震灾害主要还是集中在农村，但是由于经济发展和城镇化水平提高，即便是农村受灾也会造成巨大的损失和严重的破坏，农村震后重建从规模到难度都比以往加大，云南省在这个时期针对震后重建组织的对口支援在复杂程度以及行政力量的参与水平上也因此达到了新的高度。其中，武定地震和丽江地震一来时间间隔短（前者发生在1995年10月，后者发生在1996年2月），二来造成的破坏和损失都非常严重，因此它们所触发的省内对口支援在组织的复杂程度上都很高，而且在具体安排上也体现出了比较强的连贯性。同1988年地震相比，云南省政府针对1995年武定震后重建组织的省内动员采取了过去只有在（唐山）城市重建中才出现过的细致的"条块"分工原则："条条"动员以省直属机关为实施主体和筹资渠道，主要针对重点公共设施和重点工业企业重建。"块块"动员以灾区地、县两级政府为主，主要用来支撑民房重建。由于丽江地震比武定地震更为严重，云南省针对丽江地震组织的震后动员在规模和复杂程度上都更进一步。①

在这场震后动员中，云南省政府直属厅局部门主导的"条条"动员在政治和资源上都具有明显的优先性，贯彻水平也更高。在众多参与对口援建项目的行政部门当中，省建设厅、交通厅、教育厅、卫生厅和经贸委的任务最重，它们分别负责灾区大型基础设施、学校、公共卫生设施以及重点工业企业的重建。中央和云南省两级政府对震后重建投入的资金绝大部分都是通过这些行政部门及其下级单位纵向投送到灾区的。这些行政部门除了要直接督导这些重点项目的重建执行过程，确保重建项目遵守省政府制定的规划和财政预算，还有责任调动本系统的资源为重建提供额外的

---

① 云南省直属部门重建任务分配情况，参见《云南减灾年鉴》编辑委员会编《云南减灾年鉴（1996—1997）》，云南科技出版社1999年版，第63—67页。

支持。最常见的系统内部筹资方式就是组织本系统员工捐款捐物，调用本系统的各种预算外收入，① 以及向上级单位申请专项资金。② 当然，由于丽江地区本身经济并不发达，地方政府内部动员筹集的资金还是非常有限。根据云南省政府最初制定的重建规划，"系统及单位自筹"资金要达到 12.35 亿元，实际上，地、县两级政府在三年之内只动员到了 6.5 亿元重建资金，只有原定目标的一半多一点。

由灾区地、县一级政府牵头的"块块"动员在筹资能力上显然不如省直机关主导的"条条"动员，而且对于 20 世纪 90 年代后期的地、县政府来说，动员难度比过去更大。首先，因为灾害损失加大。地震损失加大同经济发展和城镇化进程加快有直接关系。丽江地震发生在经济落后、人口也不算稠密的滇西北，直接经济损失超过 40 亿元，仅民房损失就超过 20 亿元（这个数据只计算倒塌民房造成的损失）。地、县政府最主要的任务就是为灾后民房重建筹资，中央和省级财政为丽江震后民房重建提供的补助还不到 1.5 亿元，这些贫困地区的基层政府面临的筹资压力可想而知。③ 其次，农村经济改革导致基层政府资源自筹能力下降，也直接加大了灾区基层就地动员的难度。在改革开放以前，集体经济体制还可以在一定程度上淡化民房重建的资金压力。尤其是对于贫困地区的民房重建来说，灾区基层政权即便平时的提留积累微薄，仍然可以通过集体经济体制赋予自己的政治权威和组织手段，最大限度地发挥人力动员优势来弥补资金和实物资源的不足。农村经济改革以后，原本作为灾后重建第一线实施主体的乡镇政府几乎同时丧失了独立的财政和人力动员能力，灾后民房重建只能高度依赖受灾农户分散的自我支出。即便重回家庭生产之后，农民

---

① 预算外支出所占的比例相当大。根据统计，发生震灾的 1996 年，丽江地区预算外支出增长了 67% 以上，主要用于救灾和重建。参见《丽江年鉴（1997）》，云南民族出版社 1997 年版，第 344 页。

② 我国的许多非灾害主管部门都安排有相对固定的救灾资金，比如教育部设立了文教行政救灾补助经费，卫生部则设立了卫生救济经费。一旦遭遇严重灾情，中央党委还会根据下级部门的汇报和申请，临时安排额外的救灾补助。我国政府救灾资金的构成和申请程序可以参见高建国、肖兰喜，2004 年，第 3 页；《民政部副部长李立国：我国灾害管理体制逐步健全》，《中国减灾》2006 年第 1 期。云南省政府在丽江震后重建过程中也专门敦促省、地部门向北京汇报，促成中央各部委已作的承诺尽快兑现，《云南减灾年鉴》编辑委员会编：《云南减灾年鉴（1996—1997）》，云南科技出版社 1999 年版，第 67 页。

③ 《云南减灾年鉴》编辑委员会编：《云南减灾年鉴（1996—1997）》，云南科技出版社 1999 年版，第 42 页。

的收入增加，但是难以集中调用，再加上经济发展和生活水平提高导致房屋重建成本上涨，民房重建的筹资压力反而变得越来越大。在澜沧—耿马地震时期，云南省政府已经初步感受到了基层自我动员能力下降带来的重建筹资压力。所幸的是，当时的灾区发展水平并不高，整体的恢复重建标准也不是很高，再加上特殊的发生时机和国际因素，使得澜沧—耿马震后重建能够得到中央财政较大力度的财政支持，灾区基层就地动员能力下降的问题有所淡化。到了丽江地震时期，我国政府整体财政能力处于低谷，去集体化给民房重建带来的筹资挑战被进一步放大。

实际上，面对严重的资源短缺，云南省政府能够找到的办法并不多，最可靠也是最熟悉的办法还是政治动员。通过省委向下级层层施加政治压力，尽可能让灾区各级政府释放自己的筹资能力。就基本特征而言，云南省针对丽江震后重建组织的省内动员依然在延续几十年以来形成的传统：逐级建立指挥部，逐级实行干部责任制，任务层层包干，乡镇干部深入村组"蹲点"。所不同的是，这个时期灾区就地动员的资源基础已经大幅度地从人力转向了货币和实物，动员机制也更强调物质激励。这不仅是因为经济改革以后社会成员可支配的收入增加，还体现了作为动员主体的中央政府对新的动员条件做出的调整。这个时期的农村社会已经高度分散，自上而下的政治动员对于普通灾民的强制性明显下降，难以通过有效的手段组织灾民集体行动。这个时期的中央政府需要依靠提供物质实惠来尽可能多地吸引民众直接参与重建，比如向接受政府重建条件的灾民提供现金补助、建筑材料以及简单的技术培训。在地方自筹资金当中，比较大笔的资金主要来自各个公职单位的内部集资（主要是地、县两级），地方企业生产利润和流动资金（实际上就是企业自救）以及部分有偿劳动力动员。[①]不过，这类自筹资金主要还是投入到灾区公共设施以及政府机构的硬件建设上，用于民房重建的资金绝大多数仍然依靠灾民自筹，包括灾民自己"投工投劳"，向亲朋好友或者农村信用社借贷。灾区政府在重建补助资金有限的情况下，只能把主要精力集中在统建房项目上。丽江震后参加统建房项目的灾民每户能够从政府那里得到超过2万元的补助，几乎是自建

---

① 丽江震后重建的筹资情况可以参见《云南减灾年鉴》编辑委员会编《云南减灾年鉴（1996—1997）》，云南科技出版社1999年版；《云南减灾年鉴》编辑委员会编《云南减灾年鉴（1998—1999）》，云南科技出版社2000年版。武定地震的震后重建情况可以参见楚雄彝族自治州人民政府编《武定6.5级地震救灾重建纪实》，云南民族出版社1998年版。

房灾民的十倍甚至更多，而且连建材采购和施工也主要由政府负责，这比20世纪80年代有了明显的进步。不过，丽江震后的统建项目依然非常有限，整个丽江地区的受惠灾民只有一千余户，还不到灾民总数的百分之一，而且主要集中在受灾最重的丽江县。根据云南省政府在1998年（也就是官方重建正式结束的年份）的统计，丽江灾区民房重建总共投资4亿多元，同超过20亿元的实际损失存在巨大差距。① 而且灾民自筹资金就占去3亿多元，"国家补助"（通常是指中央和省政府两级投入）仅为1亿多元，只占两级政府在丽江重建总投入的九分之一（参见图4-5）。实际上，即使将灾区地县政府自筹资金、国内外捐助以及国外贷款考虑进来，同超过20亿元的实际损失相比仍然存在巨大的差距（参见图4-6）。况且，根据国家当时"重公轻民"的重建思路，灾区政府自筹资金和捐赠资金也主要投向公共项目建设，用于民房重建的比重肯定很有限。也就是说，民房重建所需的大部分资金和实物资源还是依靠并不富裕的灾民自己来消化。考虑到丽江灾区属于贫困地区，有多个国家级贫困县，当地还

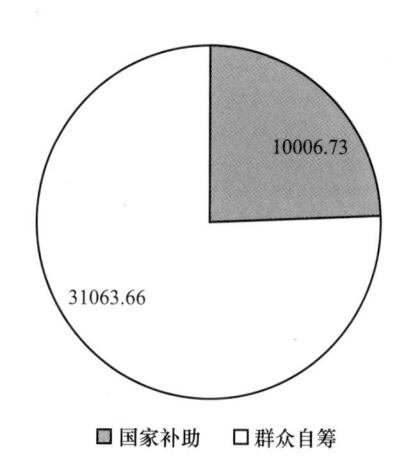

图4-5 丽江县民房重建资金来源分布（万元）

数据来源：云南省丽江地区地方志办公室编：《丽江年鉴（1998）》，云南民族出版社1998年版。

---

① 《丽江年鉴（1998）》，云南民族出版社1998年版，第339页。有一点需要特别强调：中国地方政府在报灾的时候往往倾向于多报损失，这样就能够尽可能多地争取到上级拨款。也就是说，灾区地方政府提供的灾害损失统计很有可能虚高。比如，丽江地区最初上报的损失高达77亿元，而云南省政府上报的损失也高达40多亿元，比国务院最终核定的损失多出十几亿元。

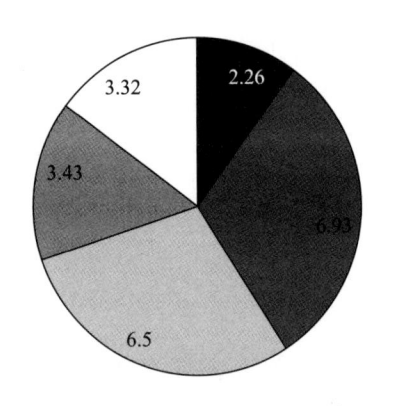

82　中国的动员型灾害治理：以地震为例

■中央补助　■省补助　■地县自筹　■捐赠　□世行贷款

2.26　6.93　6.5　3.43　3.32

图4-6　丽江震后重建资源来源（亿元）

数据来源：《云南减灾年鉴》编辑委员会：《云南减灾年鉴（1998—1999）》，云南科技出版社2000年版。

有很多居民"没有解决温饱"，在短短两三年时间从整体贫困的灾民那里筹集到超过3亿元的资金，[①] 说明基层政权即便在全能化组织基础已经瓦解的情况下，面对重大危机还保留着比较强的组织能力和就地动员能力。

第四节　国家主动后撤与大众动员模式的持续强势

同以往的抗震救灾实践（尤其是农村抗震救灾）相比，政府针对丽江地震组织的危机动员在整体上变得更加正规，专业化程度更高。其中，原本就能够得到大规模国家正规资源有力支撑的震前备灾动员以及震后第一时间的应急动员在正规化程度上更进一步，专业行政部门和正规资源都发挥了主导性的作用。这显然要归功于中央从20世纪80年代末以来自上而下持续推进的正规地震应急管理体系建设，乃至更加整体性的救灾工作专业化进程。值得注意的是，由于云南远离政治中心，在制度实验和创新

[①] 不去仔细追究这3亿多元当中是否包含基层政府自己筹集的预算外资金，低层级政府在统计"自筹资金"的时候存在明显的模糊性。当然，即便是3亿多元这个数字也比云南省政府原定目标要低。根据云南省政府在1996年2月底向北京发出的重建资金申请，云南省计划在三年时间内"动员灾区人民生产自救、投工投劳约6亿元"。参见《云南减灾年鉴》编辑委员会编《云南减灾年鉴（1996—1997）》，云南科技出版社1999年版，第45页。

上遇到的外部限制相对较少。再加上云南本身地震频发，使得这个经济并不发达、政治上也没有什么影响力的偏远省份在地震这个非常具体的领域，在专业能力建设上处于全国领先地位。不过，云南省在地震危机处置领域的领先主要还是集中在传统的震前预防和应急准备阶段，比如正规预案管理、应急通信技术以及跨部门应急协调机制建设等方面。而同样是地震灾害危机处置，同样具有密集的实践和学习机会，云南省针对丽江震后重建组织的动员在正规化和专业化水平上的进步就显得迟缓很多。尽管同以往的农村震后重建相比，云南省针对丽江震后重建组织的省内动员在细致程度和正规化程度上已经有所提高——比如，重建规划制定过程更加规范，专业化程度更高，省内对口支援在组织分工上更加清晰——但是丽江震后动员仍然带有强烈的政治化色彩和超常规倾向，缺乏应急反应阶段那样的正规资源安排和动员机制，动员的主体层次也更偏向灾区基层（特别是针对震后重建的动员）。尤其值得注意的是，同发生在20世纪80年代末的澜沧—耿马地震相比，云南省政府在丽江震后重建中对非专业人力资源以及其他制度外资源的依赖程度有增无减，对灾民就地动员的依赖程度甚至比8年前还要大。

动员型抗灾体制在丽江地震中体现出来的复杂性以及悖论式的变化趋势并不是一个孤立现象。我国从1995年开始进入又一个地震灾害高潮期，频繁发生5级以上破坏性地震，这也触发了密集的抗震动员。特别是从中央政府针对几场6级以上强震组织的抗震救灾行动来看（比如1995年孟连地震，1995年武定地震，1996年包头地震和1998年张北地震），政府组织的多场大规模抗震危机动员都能够体现出同丽江抗震动员近似的特点：成立应急预案越来越成熟，震前备灾和震后应急动员的启动和实施过程越来越规范，专业技术部门在其中发挥的作用越来越稳定，影响力也越来越大。相比之下，政府针对震后重建组织的动员在正规化程度上则显得进展缓慢。即便到了20世纪90年代末期，无论是震后临时安置还是恢复重建，进入90年代，由于城镇化进程加速，地震损失加重，震后重建的规模和复杂程度随之加大，各级政府针对震后重建组织的动员从资源规模来看越来越庞大，技术含量也越来越高（体现在交通工具、工程设备、医疗救生装备等）。但是同以往的震后动员相比，新时期动员并没有明显的"质"的变化：依然强调灾区基层政府就地动员灾民"投工投劳"和"生产自救"；中央政府直接动员的行政和财政资源从量到质都依然非常有限；无论是哪个层级政府的动员都依然缺乏稳定的筹资渠道和协调机制，动员从启动到实施过程依然高度政治化，高度依赖本级或者上级党委的临时介入，将技术任务上升到"政治任务"才可能实现更高效的资源集中和贯彻实施。通过对丽江抗震救灾行动及其发生的背景条件的分析可以发现，中国的动员型抗灾体制（至少在地震这个具体的灾害领域）之所以会在不同的任务阶段呈现出明显不同的变化趋势，首要原因当然是地震灾害治理存在内在的不平衡，不同治理内容的正规化和专业化水平不平衡，这直接影响到地震危机处置。另外，中央在20世纪90年代对整个灾害治理领域的整体介入意愿和介入能力同时陷入低谷，加剧了整体涉灾能力发展的不平衡，也让地震这个具体灾害部门存在的内部不平衡被进一步放大：震前和震后应急变得越来越正规，越来越专业，而原本就高度依赖"人海战术"和灾民"自力更生"的震后重建则进步缓慢，依赖正规财政和正规行政体系支撑的专业化动员模式难以向这个任务阶段延伸，由灾区地方政府主导的带有强烈非正规色彩的大众动员元素则获得了延续动力。

进入20世纪90年代以后，中央推进灾害治理市场化进程的决心加大，国家后撤速度和幅度也比80年代更大。从宏观层面来看，90年代中央财政收入和支出持续增加，但是中央涉灾投入在中央财政总支出中所占的比重却持续下降。另外，同一时期陆续开始实行或者加速推行救灾合作保险和"双储会"建设，救灾分级管理体制改革，以及对口支援的改革，都非常清晰地反映出中央从灾害治理领域后撤的决心。通过这些制度调整，中央将更多的涉灾投入职责系统地转移给地方政府，甚至直接转移给受灾社会成员。这些制度调整不仅影响到日常性灾害管理，还让临时性很强的事后性危机处置受到冲击。特别是资源需求更大，对政府介入要求较高的灾后恢复重建，国家大幅后撤带来的冲击最为明显，中央政府将更多的筹资职责和组织职责压给地方政府，包括灾区和灾区以外的地方政府。在自身财政资源匮乏以及组织能力下降，而来自上级的政治压力又有增无减的情况下，灾区政府对非专业人力资源以及制度外资源的依赖程度更高，就地动员的超常规色彩甚至是强制色彩不降反升。

政府针对震后重建组织的动员之所以难以像防震和震后应急动员那样朝着更为专业化的方向发展，除了国家介入意愿下降带来的冲击，还归因于我国政府整体涉灾（而不仅仅是涉及地震）基础能力发展不均衡程度加剧，特别是横向上的不均衡。我国政府对灾害治理整体介入意愿的下降趋势从 1978 年以后就已经开始出现，只是进入 20 世纪 90 年代以后才全面加速。而国家涉灾能力的变化轨迹也比较近似，国家涉灾财政能力同技术能力以及正规行政体系建设之间的落差进入 90 年代以后被扩大，导致原本就缺乏正规财政支撑的震后重建更加依赖"人海战术"，更加依赖灾区政府对灾民的就地动员。

在改革开放以前，政府在不同治理任务领域的专业化程度虽然也有差别，但是由于涉灾基础能力整体都很薄弱，这样的差别不算特别显著，对抗灾动员模式带来的影响也比较有限。以地震部门为例，1978 年之前的国家不仅依赖非专业的人力动员来支撑震后恢复重建，即便是对专业技术要求比较高的防震备灾，由于没有足够的能力建立广泛的建筑抗震体系，也只能选择依靠大众动员来实施，开展大规模的"群测群防"。到了震后重建阶段，国家对专业行政力量和正规财政资源的依赖程度更低，对灾区就地人力动员的依赖程度更高。依托于自己建立的封闭的、全能化的单位组织（特别是农村集体经济组织），中央能够将震后重建的筹资和管理职责大幅度转嫁给灾民和灾区基层政权，围绕灾后重建组织的动员，主体层次自然也更多地向地方层面转移。

进入改革开放时代以后，随着整体治理规范的转变（科学化和专业化成为主流，群众路线被放弃）以及类似于集体经济这样的国家正规财政替代机制的消失，地震领域国家能力分布不均匀的局面开始越来越明显，对危机条件下的抗震动员带来的影响也开始显现。特别是进入 90 年代以后，随着正规应急预案在地震领域的普及，以及我国政府对地震台网升级的一贯支持，[1] 再加上宏观层面综合减灾能力建设带来的外部推动，地震领域的技术水平和正规行政体系建设保持着比较快的发展。但无论是在地震这个局部领域还是整个自然灾害治理领域，国家财政能力并没有获得显著增强。特别是相对于快速增长的灾害损失，涉灾财政能力的增长幅度显得滞后。更糟糕的是，国家整体财政能力在 90 年代跌入低谷，这让原本就不受重视的灾害治理领域的财政状况进一步恶化，各个灾害部门都受到冲击，包括地震部门。在这样的背景下，我国政府只能把有限的精力集中到已经确立优势的震前测报和震后应急阶段，连危机处置都是如此。

---

[1] 地震台网的技术升级一直都是中国地震部门的工作重点，相关情况可以参见 20 世纪 80 年代和 90 年代的《中国地震年鉴》。

这也就是丽江抗震救灾行动呈现出来的局面：面向震前和震后第一时间的应急动员得到了更充沛的正规资源和正规制度的支撑，而对财政资源和正规行政力量介入性越来越大的震后重建只能更多地依赖灾区就地动员灾民"投工投劳"，依赖全国性和云南省内的对口支援，发动各个行政系统动员制度外资金。

第 五 章

汶川地震：动员形式与内涵的变化

2008年汶川地震是我国1949年以来最严重的一场自然灾难，也触发了最大规模和最高规格的抗灾动员。不过，汶川抗灾动员值得关注的变化绝不仅仅在于它的规模，更在于这场巨灾危机动员体现出来的理念变化和制度变化。这个变化同地震这个具体灾害部门自身变化的关系已经不大，更多的是折射出我国整体灾害治理乃至公共治理的转型。这场转型从21世纪初拉开序幕，也促成了我国抗灾动员体制进入改革开放时代以来又一次重要的整体性转变。一方面，我国政府在进入21世纪以后开始在整个灾害领域推进应急管理体系建设，使得面向灾后的应急动员获得了前所未有的自上而下的政治、制度和资金支持，由此引起的变化也传递到了地震灾害管理领域。另一方面，20世纪80年代以来灾害治理领域国家整体后撤的趋势被逆转，中央政府开始更主动地承担公共职责，由此推动国家正规资源在灾害治理领域的显著增长。在主动扩展职能的同时，中央政府对灾害治理性质的整体认知也发生了重要变化，对灾害治理的整体方向进行了修正，灾害治理的社会功能受到更多的关注。国家职能定位和治理理念的整体转变对抗灾动员体制带来了重要影响：中央政府作为抗灾动员主体的角色明显增强，而且中央主导性变得更加稳定。与此同时，中央政府通过自上而下的政治动员对受灾社会的干预也变得更加广泛，中央政府调动的正规资源可以更加直接地投送给有需要的受灾群体，灾害治理领域的国家存在感明显增强，"国家动员"变得更加名副其实。值得注意是，21世纪出现的中央主体角色的增强和国家存在的整体扩张不能等同于全能主义时期国家向社会的全面扩张和全面管控。这样的转变实际上体现了决策者在社会经济持续转型的条件下对国家公共职能定位的反思，国家角色的"重新扩张"是为了在市场化持续发展的背景下更好地提供公共服务，绝不是追求全面管控和社会变革。国家组织的抗灾动员依然沿着正规化、规范化的方向发展。但与此同时，政府也在积极探索建立能够有效动员市场资源和社会志愿参与的灾害响应机制。在这个过程中，社会力量甚至获得了前所未有的自我动员空间。

第一节　从"生产自救"转向"国家主导"

20世纪90年代大灾频繁，不仅造成空前严重的经济损失，而且大批失去家园又得不到有效安置的灾民还带来了巨大的社会压力，促使中央反思改革开放以来形成的灾害治理模式。中央政府进入21世纪以后开始更加主动地承担灾害治理职责，增加涉灾财政投入，更坚定地推进综合减灾能力建设。[1] 中央政府尤其注意增强自身的灾后应急处置能力，着手发展由中央直接掌控的更为正规的灾害响应机制，包括加强民政部对灾害应急管理工作的主导权，建立专用的应急资源动员机制和新的灾情信息管理制度，正规应急预案建设也被提上议事日程。[2] 这一方面是受到1998年特大洪灾的触动，另一方面则是因为应急处置能力建设更容易见效，更容易获得政治回报。[3]

随着"十五"计划的启动，中央针对灾后应急处置进行了更加密集，也更具系统性的制度建设。2002年，民政部联合财政部建立救灾资金应急拨付机制，改变过去救灾资金逐级申报，效率低下的局面，提高了应急救灾资金的到位速度。由于中国各级政府的整体救灾投入力度在进入21世纪以后并没有提升，这种正规救灾资金应急拨付机制连同此前建立的救灾物资储备制度，至少有助于让中央能够实现局部突破，增强对突发灾情的处置能力，也使得中央在危机动员中的角色变得更加主动、清晰。专用应急资源动员机制的建立为抗灾危机动员提供了更为稳定的资源基础，能够非常直接地提高抗灾动员型的正规化水平。同一时期，国务院依托民政部（国家减灾中心）建设延伸到县一级的全国灾情信息管理系统，建立24小时值班制度，通过电脑网络、卫星等高科技手段让中央政府能够在

---

[1]　王振耀、田小红：《中国自然灾害应急救助管理的基本体系》，《经济社会体制比较》2006年第5期。

[2]　李学举主编：《民政30年（1978年—2008年）》，中国社会出版社2008年版，第20—22页。

[3]　2008年11月26日四川省成都市和2008年12月4日河北省唐山市访谈内容。

国内大灾发生之后24小时以内掌握基本灾情。民政部还在"十五"计划初期提出了24小时应急救助目标,要求地方政府能够在重大灾害发生后24小时向灾区提供基本生活保障。

巧合的是,初步成形的自然灾害应急管理体系第一次整体性地接受实践检验就是在抗震救灾领域。2003年是我国进入21世纪以后的第一个地震活跃年,全年发生多场5级以上破坏性地震,刚刚建立起来的一系列灾害应急机制得到了密集的实践机会。这一年,大多数重灾区都能在震后48小时之内接收到民政部会同财政部下拨的中央应急资金,4天之内接收到中央储备仓库调拨的专用救灾帐篷。[①] 在常见自然灾害当中,地震的危机性和灾后临时安置压力是非常突出的,虽然新建的灾后应急反应体系还没能达到民政部提出的24小时救助目标,但同以往相比无论是反应速度还是提供的救助质量都有了明显提高。这也让中央政府更清晰地认识到建立中央直接管理的正规危机管理体系的价值,既加快了抗灾危机动员的专业化进程,还进一步提高了中央对危机动员的主导程度。

中央在世纪之交对自然灾害管理体制的调整虽然是跨灾种的,但从灾害管理流程来看依然还是局部性的,主要还是面向灾后应急响应和救援阶段。更深刻、更综合性的转变出现在2003年以后,而促成这场转型的动力既有"非典"危机这样的偶发因素,也有更加深刻、长远的政治因素。

一 "非典"危机与现代危机管理的扩展

2003年的"非典"危机对于我国灾害治理而言是一个关键节点,它既带来了重要的制度影响,也推动了我国灾害治理思路的转变。这场危机带来的制度影响是建立更加专职化、更加统一的危机管理体系。这套危机管理体系以中央应急办公室以及正规应急预案为主要制度基础,与过去由单个部委主导的制度建设有所不同,这套应急管理体系建设由中央政府统筹领导,整体性更强,将各个主要灾害门类都整合在一起。更重要的是,类似于应急预案这样的正规应急反应机制对中央政府——包括国务院和各个主要涉灾部委——针对不同烈度的灾情的介入条件做出了更加清晰、严格的规定。这实际上降低了中央政府对灾害危机处置的干预门槛,进一步增强了中央政府抗灾动员主体的角色。根据国务院2006年颁布的《国家

---

① 高建国、肖兰喜:《2003年中国地震救灾评价》,《国际地震动态》2004年2月。

自然灾害救助应急预案》，灾害响应被划分为四级。即使是启动最低级别（四级）的应急响应，中央政府也必须在 24 小时之内主动向受灾地区派出工作组，并且动员应急救援资金和专用物资，而不需要再等待下级政府的层层上报和申请。其中，三级以上的响应就需要派出由民政部、发改委、财政部和专职灾害部门组成的国务院联合工作组。

地震是我国最早建立正规应急预案的灾害部门，能够非常充分地体现中央政府动员主体角色的增进过程以及中国抗震动员模式的变化趋势。20 世纪 90 年代颁布的《国家破坏性地震应急预案》将地震灾害划分为三级，震级达到 6.5 级以上，死亡人数超过 200 人，中央政府才会直接介入灾后应急行动。而根据 2006 年新出台的《国家地震应急预案》，地震灾害响应被细分为四级，最低级响应（四级响应）的启动条件明显下调。震级达到 5 级以上，或者造成 20 人以上死亡，国家动员就会启动。中国地震局和民政部就要派出现场工作队，中央应急救灾资金和救灾物资也要在 24 小时之内下拨到灾区。考虑到中国依然处于快速城市化的发展阶段，不断出现的新兴城镇的建筑抗震水平都不会很高，"小震大灾"的情况还会维持相当长的时间，中央设定的最低响应级别其实很容易被突破。这也意味着，中央启动危机动员的条件变得更加清晰、稳定的同时，中央政府作为最高层次动员主体的介入门槛也随之降低。[①]

"非典"危机对我国灾害治理带来的变化不仅体现在具体的制度层面，还反映在理念层面。一是政府开始主动提高危机处置透明度；二是更尊重正式规程和正式法规的危机"管理"理念开始逐渐被执政者接纳并且内化。政府在灾害或者广义上的危机治理领域长期以来沿袭着一种"保密文化"，不主动向社会公布灾情和处置行动进展。[②] 这种缺乏透明度的危机处置模式被认为是"非典"危机爆发的重要原因，让政府饱受批

[①] 在实践中，地方政府实际上还会进一步降低应急预案启动门槛，许多政府对 5 级以下地震启动应急响应。参见高建国、胡俊峰等《2005 年中国减灾新课题》，《国际地震动态》2006 年 2 月。

[②] 在此举一个例子：作者在 2008 年到中国地方政府档案馆查找地震救灾资料，依然遇到"超法律"的限制。根据我国政府现行的法规，档案的解密期不超过三十年。但是作者被档案馆工作人员告知，涉及重大灾害的档案即便过了解密期也依然不向普通读者开放。至于地震灾情，我国政府，特别是专业地震局也有内部文件，明确将短临震预测信息和相关会议内容列为"机密"内容，不向普通公众和传媒开放。中国地震局没有公布相关法规，但是可以从地方地震局网站上找到线索，比如 http://www.csi.ac.cn/wjf/law/zhishi06020504.htm。

评，也促使新上任的领导层下决心做出改变。①"非典"之后，我国迅速建立了包括新闻发布会在内的一系列信息披露制度，主动通过传媒、网络向公众公布灾情信息和政府的危机处置行动。在政府依然对公共传媒保持管控的背景下，有条件的信息披露本身就能够成为重要的动员机制，不仅有助于政府在危机条件下调动更加多元的资源（包括公众直接参与），还能够减少社会恐慌和不信任给政府危机处置行动带来的阻力。相比起对"保密文化"的冲击，"非典"危机催生的"危机管理"理念的出现和内化是一种更加深刻的变化，它超越具体的制度建设（比如专职机构，一系列应急预案体系以及其他涉及危机处置的成文法规和工作规程，等等），触及政府对危机处置行动性质的理解，决策者渐渐接受这样的观点：危机本身并不完全是消极的、破坏性的事件，危机处置并不仅仅是一种被动的、事后性的"撞击—反应"过程，危机是可以进行主动"管理"的。危机条件下的政府行为肯定会打破常规，但却能够通过制定正规应急预案和其他成文法规进行事先准备和规范，可以促成有效的组织学习，让政府面对不确知的风险时具备更强的应变能力。②另外，"危机管理"理念的植入还推动了国家角色的延伸，国家角色定位的主动性进一步增强。通过大规模的制度建设，不仅使得国家的危机处置能力得到增强，还将许多原本临时性很强的危机治理内容纳入国家正式职能范畴，以成文法规的形式固定下来（比如民政部在 2004 年制定的一系列涉及灾后应急救助和重建的条例）。尤其值得注意的是，中央政府不仅通过新的制度建设更清晰地规定了不同政府层级在纵向上的权责分配，还主动增强了中央政府在危机条件下承担的治理职责，③这也意味着中央政府作为危机动员主体的角色在新的治理理念内化过程中得到强化。

---

① He Baogang, "SARS and Freedom of Press: Has the Chinese Government Learnt a Lesson?", in John Wang and Yongnian Zheng ed. *The SARS Epidemiccs: Challenges to China's Crisis Management* (World Scientific, 2004), 181 – 198；华建敏：《总结经验，明确任务，努力开创应急管理工作新局面》，四川省人民政府救灾办公室编：《四川减灾年鉴》，2006 年，第 83 页。

② 钟开斌：《国家应急管理体系建设战略转变：以制度建设为核心》，《经济体制改革》2006 年第 5 期；孙铭心等：《从危机处置到危机管理》，《城市减灾》2008 年第 1 期；国务院发展研究中心课题组：《我国应急管理行政体制存在的问题和完善思路》，《中国发展观察》2008 年第 3 期。

③ 沈路涛等：《新华视点：突发公共事件应急预案框架体系透视》，新华网，2005 年 2 月 25 日，来源：http://news.xinhuanet.com/newscenter/2005 – 02/25/content_ 2620433. htm，访问时间 2011 年 2 月 11 日。

对于我国的地震灾害部门而言，正规应急管理体系的发展带来的触动更加直接，也更加显著，尤其是在危机动员正规化趋势上。地震部门在应急管理正规化和相关制度上本来就领先于其他自然灾害部门，再加上20世纪90年代后期连续巨灾带来的触动，地震领域的正规应急管理体系（尽管只保留了灾后响应部分）在2003年以前就已经获得了相当强的发展动力。2000年，国务院成立了抗震救灾指挥部，时隔多年之后重新在中央层面建立了专门的抗震减灾工作领导机构。以此为基础，地震信息管理、专业化的应急决策体系以及专门的跨部门协调机制也迅速建立和发展起来。新的地震灾害应急管理体系不仅规格更高，而且在跨部门协调水平上比过去有明显提高，地震灾害治理在震后应急处置阶段的动员在专业化和正规化倾向上更进一步。因此，地震部门在2003年以后能够非常顺利地整合进新的综合性应急管理体系。

二 灾害治理的"社会转向"

"非典"危机尽管对我国的灾害治理，特别是灾害危机处置带来了明显触动，但是这场公共卫生领域的危机促成的转变还是比较粗浅，没有转化成足以超越关注经济减灾的传统抗灾思路。更深刻也更加系统的理念变化是在2003年新一届国家领导层上任之后出现的。国家从此开始淡化改革开放以来一直强调的"效率优先"原则，更多的关注社会公平和弱势群体，整个公共政策出现了"从经济政策向社会政策"的结构性转型。[①]在这样的大背景下，国家灾害治理在理念和实践上也出现了一个明显的"社会转向"（social turn），政府不再片面强调灾害治理是"为经济建设服务"，不再专注于"减少财产损失"，而是将"减灾救灾"纳入更为宏观的"社会救助"范畴，国家更主动地承担涉灾公共服务供给职责，更加关注受灾人群中的弱势群体，开始明确赋予灾害治理再分配意义。

灾害治理的"社会转向"在灾后救助领域体现得最为明显。国家救灾工作长期以来都带有强烈的经济动机，在很长时间里主要服务于生产目标，灾害救助的内容也基本上限于实物。对于周期较长，资源需求更大，同时牵涉到更复杂社会内容的灾后恢复重建，国家的介入长期以来都维持

[①] 王绍光：《从经济政策到社会政策：中国公共政策格局的历史性转变》，《中国公共政策评论》2007年第1卷。

在很低的水平。当然，20世纪50年代建立的高度自给自足的农村集体经济可以在很大程度上替代政府行使大量的救灾功能。可是随着集体经济体制瓦解，国家资源替代机制也随之消失，我国政府非但没有尝试通过新的制度建设填补真空，还从包括灾害治理在内的公共服务领域大幅度后撤，将许多原本由国家直接或者间接承担的涉灾公共服务供给职责转移给地方政府，甚至转移给社会。从农村经济改革开始的80年代中期一直到21世纪初，虽然国民经济持续快速增长，但是国家对灾害治理的投入力度却持续下降，并且没有建立能够同国家财政收入同步增长的涉灾资金投入机制，各种面向灾民的国家补助标准也长期停留在80年代的低水平，对国家资源需求更大的灾后救助和恢复重建甚至比改革开放以前更加依赖灾民的"自力更生"和"生产自救"。进入90年代后期，过度市场化和国家大幅度后撤带来的经济和社会代价开始显现，频繁出现的巨灾不仅导致经济损失持续增加，还带来了前所未有的临时安置压力，甚至还在一定程度上加剧了原本就在扩大的贫富差距，带来的附加代价越来越大。[①] 正是由于自然灾害带来的社会和政治压力不断增加，决策者从90年代末期开始反思原有的灾害治理思路，逐步加强中央政府对救灾工作的介入力度和主动性。而2003年以后出现的救灾工作整体性的社会转向实际上也是这种趋势的延续和深化。

2004年是我国灾害治理制度建设的一个活跃年份，中央在这一年连续制定关于灾害应急救助、季节性灾荒救助以及灾后恢复重建的正式工作规程，将一系列原本临时性很强，主要由灾民自己负担的救灾工作纳入国家职能范畴。其中，灾后恢复重建工作规程的制定特别值得关注。前文的案例分析已经介绍过，灾后重建长期以来主要依靠灾区地方政府就地动员灾民"自力更生"以及其他制度外资源来加以实施，来自中央的投入和直接干预非常有限，并且带有很强的临时性。对于大多数受灾农民来说，房屋重建是最优先也是最头疼的问题，耗资庞大的重建会给许多原本就贫困的灾民造成长期、沉重的经济压力，甚至会阻碍生活、生产的整体恢复和改善，陷入结构性贫困。中央将灾后重建纳入国家正式职能范围，不仅能够让这项工作获得更多的正规财政投入，还通过建立项目管理制度提高政府对重建过程的监控水平，有助于提高灾民房屋重建的质量，提高灾民

[①] 黄光炎：《现行救灾政策利弊分析》，《中国民政》2006年第5期。

对未来灾害风险的承受能力。更重要的是，灾后重建的正规化和中央主导程度的提高实际上也意味着国家救助内容从实物和硬件向服务和管理延伸。进入"十一五"计划以后，此前形成的治理新思路进行了系统的整理，转化成更加清晰的政策阐述。2006年，"政府主导"正式成为官方救灾工作的首要指导原则，取代了中国共产党执政以来一直坚持的"自力更生"和"生产自救"。与此同时，"全面救助"也成为政府救灾工作的正式任务定位。同传统救灾模式相比，新的救灾工作不仅能够得到国家正规财政和专业行政体系更为稳定的支持，还开始超越以实物和现金为主的一次性临时救助，同更长效的社会保障体系结合在一起。灾害治理的这种整体变化对我国抗灾危机动员模式也带来了重要影响：以就地动员灾民"生产自救"为基础的大众动员元素加速边缘化，由国家行政力量主导，以正规资源作为主要动员对象的专业化动员明确成为整个灾害危机处置的主导模式。更重要的是，伴随着救灾工作内涵的转变，原本更突出经济功能的危机动员也开始被用来支撑灾后社会保障体系的重建或者创建，并且成为中央政府向灾区提供标准化公共服务的一种特殊手段。

我国灾害治理的这场"社会转向"带来的影响是整体性的，对各个灾害部门，包括各个灾害部门的危机动员体制产生的触动大体相似。不过，对于一直以来更着重硬件重建的地震部门来说，这种宏观层面的转变不仅带来了更加明显的规范变化，还意味着国家围绕震后恢复重建的筹资压力有所加大。毕竟，震后重建需要涵盖更丰富的社会内容，需要更多地关注灾区弱势群体，为他们提供更高水平、更长周期的救助，这就要求各级政府调动更多的资源。而在灾后重建时间限制不变的情况下，各级动员主体面临的压力会更大。

第二节 "重新"动员社会[①]与国家扩张

由政府直接出面动员社会资源——特别是灾区民众——支撑防灾和救灾行动，是1949年以后我国灾害危机处置非常重要的特点。进入改革开

---

① 之所以称为"动员社会"而不是"社会动员"，是因为后者是自下而上的自发动员。而我国对社会力量的动员是由政府主导自上而下的。

放时代以后，政府并没有放弃传统的大众动员，但是由于人民公社和集体经济的瓦解，国家组织能力削弱，大规模就地人力动员的实现难度明显增加。政府在灾害管理领域动员公众直接参与的重要目的是为了弥补国家正规财政资源的不足，在新的社会经济条件下，随着社会整体组织化水平下降，国家从 20 世纪 90 年代开始逐步把抗灾社会动员的重点从人力转向货币，将不断增长的社会财富作为主要动员对象。进入 21 世纪以后，政府不仅进一步促进社会财富动员机制的发展，还开始重新关注对公众参与的动员，重新（有限的）鼓励普通民众直接参与灾害治理过程，按照中央的政策表述就是"提高救灾工作的社会化程度"。不过，这一轮公众参与的扩张从宏观社会经济条件，到具体的动员主体、组织基础乃至动员对象都不同于传统的大众动员模式，体现了新时期中国抗灾动员体制重要的变化方向。

一 社会捐赠动员体系的发展

1949 年以后我国的社会捐赠是进入改革开放时代才出现的。在改革开放之前，灾害治理的资源动员完全由政府主导，不鼓励个人或者群体自发的救灾捐赠，也没有专门的社会资源吸纳渠道。换一个角度来看，由于国家奉行重工业优先的赶超型发展战略，追求高积累低消费，社会消费被有意识地压抑，城乡居民的工资收入极低，几乎没有个人存款，国家管控之外的独立社会资源非常稀少，因此不具备大规模自发社会捐赠的物质基础。进入改革开放时代以后，独立的社会资源伴随着相对独立的社会空间一起增长，政府动员社会资源成为可能，并且捐赠逐渐成为政府抗灾动员不可或缺的组成部分，动员结构的正规化水平也持续提高。[1]

改革开放以前，我国虽然也存在抗灾社会捐赠，但依然属于国家政治动员，民间自发成分非常少。改革开放以后，民政部成为救灾社会捐赠的主管部门，大量的实际工作则是由红十字会这样的官办组织来操作。1988 年澜沧—耿马地震是 1949 年之后我国政府第一次公开、主动地动员（海外）社会捐助。进入 20 世纪 90 年代以后，通过一系列重大自然灾害的救灾实践，我国的抗灾社会资源动员体制逐步正规化。1991 年的华东大水以后，民政部确立了自己在社会捐赠事务领域的主导地位，并且开始推进

---

[1] 在官方政策表述里，救灾行动中的"社会动员"的主要内容就是"社会捐赠"。

社会捐赠动员的制度化。90年代中期以后，越来越多的官办团体和基金会开始涉足救灾领域，不断壮大的外围组织网络成为了国家动员社会财富的重要渠道。不过，这套新生的社会资源动员机制主要还是面向海外，对国内社会资源的动员力度非常有限。[①] 社会捐赠体系之所以会出现这种"外重内轻"的局面，主要因为国内仍然缺乏独立的社会资源。尽管改革促使国家与社会的重新分离，独立民间财富也出现了快速增长，但是财富总量仍然有限，公民社会和自发的慈善事业发育缓慢，难以为国内救灾工作做出实质性的贡献。从80年代末到90年代后期的救灾实践来看，平民个人捐赠一直微乎其微，私营企业捐赠则持续增加。[②] 但总体而言，这个时期国内出现的灾后社会捐赠自愿成分依然稀少，大多数捐赠都是依靠地方政府发动的政治动员来筹集。从90年代末开始，社会捐赠在救灾资金中占据的比重稳步上升。进入21世纪以后，社会捐赠的增长幅度明显加大，2005年以后甚至连年超过国家救灾投入（参见图5-1）。到了汶川地震，社会捐赠更是达到了一个创纪录的高峰。由于政府对社会捐赠的动员渠道的管控，绝大多数社会资源都被官办组织吸纳，由政府支配。[③] 因此社会资源的增长能够明显分担政府在救灾领域的财政压力。

需要强调的是，虽然动员社会捐赠具有明显的临时性和事后性，但还是能够缓解政府在救灾方面的筹资压力，尤其是对周期更长的灾后恢复重建有很直接的帮助。在集体保障体系瓦解以后，中央又没有进行有针对性的制度替代，这使得中国农村在遭遇严重的灾害以后，曾经高度依赖灾区基层就地筹资和就地人力动员来支撑的灾后恢复重建失去了重要的资源来源。虽然中央在集体经济瓦解以后尝试在农村推广救灾合作保险和"双储会"这样的涉灾社会保障机制，但是这些以家庭支出为资金来源的保

---

① 根据中华慈善总会会长在2004年公布的信息，该会接受的慈善捐助有超过70%来自海外和港澳地区。不过根据2005年我国政府机构的统计，中国国内社会捐赠占总捐赠收入的76%，大大超过海外捐赠。参见《"中国80%的善款来自海外"是讹传？》，中国社会组织网，http://www.chinanpo.gov.cn/web/showBulltetin.do? id=23714&dictionid=1500&catid=15008。

② 从中国国内社会捐赠的来源来看，企业捐赠一直占绝大多数，平民个人捐赠在2008年以前从来没有超过20%。参见民政部社会福利和慈善事业促进司、中民慈善捐助信息中心《2008年度中国慈善捐助报告》，来源：http://cn.chinagate.cn/reports/2009-03/12/content_17430785.htm。

③ 官办组织对社会捐赠的垄断情况，参见民政部社会福利和慈善事业促进司、中民慈善捐助信息中心《2008年度中国慈善捐助报告》，来源：gongyi.sina.com.cn/gyzx/2009-03-11/10027611.html。

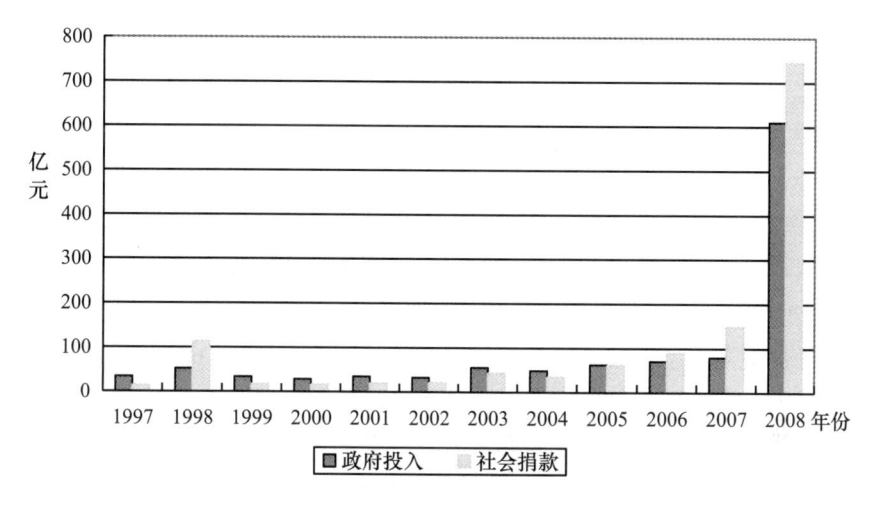

图 5-1　1997—2008 年中国救灾投入和社会捐赠情况

数据整理自李学举主编《民政 30 年（1978 年—2008 年）》，中国社会出版社 2008 年版，民政部编：《中国民政统计年鉴（2009 年）》，中国统计出版社 2009 年版。

障机制能够为灾民提供的资金支持极为有限，对于大灾之后灾民生产和生活恢复的帮助非常小。[1] 农村救灾保险和"双储会"最终还因为管理混乱，成为基层政府获取制度外资金的便利工具，在 1998 年连同其他的民间集资方式一起被废止，农村的社会保障体系又一次出现真空。[2] 在农村基层政权自我筹资能力急剧下降，而中央直接投入的能力和意愿又不足的情况下，以城市作为主要资源获取对象的社会捐助动员能够在一定程度上为长周期的农村灾后恢复重建提供额外资源。而且，政府从 20 世纪 90 年代后期开始也尝试建立更为常态化的城市社会资源动员机制，主要的动员方向就是城市。1996 年，中央在相对富裕的沿海省会城市建立由民政部门管理的正规社会捐赠吸纳渠道，并将其同常态化水平较高的跨地区对口扶贫项目结合在一起，让救灾工作获得了更为稳定的额外资源动员渠道。

---

[1] 类似于储金会这样的保障机制对于农民借款额度都有严格限制，通常每户借款很难超过 1000 元，而且经不起大规模集中借款。这对于灾后恢复重建来说，帮助不大。具体情况可以参见柳永健、郭韬《浅谈互助储金会的救灾与扶贫》，《老区建设》1990 年第 4 期。

[2] 农村灾害保险制度的演变过程可以参见李本公、姜力编《救灾救济》，中国社会出版社 1996 年版，第 49—56 页；温铁军《农村合作基金会的兴衰史：1984—1999 年》，《中国老区建设》2009 年第 9 期。

二 "重新"动员大众：从农村转向城市

中国共产党执政后将大众动员作为一种常态化的灾害治理手段，并不仅仅是受到自身意识形态取向的影响，也不仅仅是出于组织习惯，背后还有非常现实的考虑，就是希望通过发挥自身的组织优势，用人力资源来弥补正规财力和技术能力的不足。进入改革开放时代以后，失去了原有意识形态和制度基础的大众动员模式不可避免地走向衰落，政府难以再像过去那样无偿甚至强制性地大规模调动民众来投入防灾救灾行动。而且至少在改革开放前二十年，政府对于如何重新调动公众直接参与灾害治理也没有显示出多大的热情，而是把主要精力集中在动员新生的社会财富上。对人力资源的动员只满足于行政体系内部成员的动员，主要动员对象就是公职机关工作人员、民兵和军队。不过，进入21世纪以后，随着社会自我组织能力的发展以及灾害治理理念发生转变，政府才开始从新的角度重新在灾害治理领域关注大众动员，并且为抗灾大众动员搭建新的制度基础。

新时期的大众动员虽然依然由政府发起和管控，依然高度依赖发达的外围组织和舆论工具，在动员对象以及动员机制方面呈现出重要的新特点。我国原有的大众动员面向农村社会和农业灾害，高度依赖对灾区农民的就地动员。而新时期的抗灾大众动员则主要在灾区以外进行，并且主要以城市人口作为动员对象。这样的转变既归因于国家整体发展水平的提高及其引起的灾情条件的变化，还归因于农村经济改革引起的农村社会结构变迁及其对原有动员基础的冲击。不过，大众动员模式的变化并不是从改革一开始就出现的。实际上，传统的灾民就地动员一直到21世纪初依然是各级政府，特别是地方政府非常倚重的救灾筹资和实施手段。尽管改革弱化了城乡之间的制度化隔离，政府在城市也仍然能够保持比较强的组织能力，[1] 但是大规模动员城市人口直接参与农村救灾依然不可行。一是因为城市人口普遍缺乏农村救灾和重建所需的基本技能（比如农业生产、房屋修建，以及基本的医疗救生技能）；[2] 二是动员城市人口会耗费大量

---

[1] Vivienne Shue, *The Reach of the State: Sketches of the Chinese Body Politics*, Stanford University Press, 1994, 90-91.

[2] 1976年之前我国虽然城乡隔绝更加严格，但是农村生活和城市生活的脱节反而要稍微小一些。因为当时的政府强调阶级斗争，强调对干部、知识分子和年轻人进行思想改造，经常组织城市人口到乡村"学农"，参加农业劳动，因此我国城市人口对农村生活、生产的总体熟悉程度比今天要高。

额外资源，徒然给政府增加压力。虽然进入改革开放时代以后，政府延续了动员城市人口参与灾后抢救的传统，但是动员对象主要集中在具有专业背景的医疗人员和公职机关工作人员。对于普通城市公众的动员，一来政府没有强烈的行动意愿；二来即便政府有意愿，也很难再通过传统的外围组织动员日益分散的"体制外"公众直接并且自愿地参与救灾行动。一直到21世纪，随着社会发展到更高水平，城市公民具备足够稳定的资源自筹能力和自我组织能力，政府才具备了动员城市人力资源向农村投送的社会条件。但是社会条件的变化还只是一个背景因素，并不意味着政府掌握了动员新的城市公众参与抗灾救灾行动的有效手段。

　　新旧大众动员另外一个重要差别体现在组织基础上。传统大众动员的关键基础是封闭的单位组织，特别是农村的集体经济组织。全能主义时期大多数城乡民众都被固定在这些单位组织里，非常便于国家的管控。一旦政府在灾区启动抗灾动员，民众几乎没有"不参与"的自由。而21世纪出现的抗灾大众动员的主要组织基础是更为开放的（官办）志愿者组织。这类组织依托于传统的群众组织和官办社会团体建立，从性质上看仍然是国家行政组织的直接延伸，并不具备真正的"自愿"性，不属于公民社会组织。但是这些组织同传统的外围组织也有所区别：它们的边界更为开放，议程设置的自主空间更大，资源也更加多元。从成因和功能来看，官办志愿者组织也有别于传统的服务于国家管控的外围组织，它是改革开放引起的社会转型催生的制度产物，最初的发展动力其实就是来自社会。总的来看，中国的官办志愿者组织有两大起源和发展路径：一类起源于街道社区的志愿服务组织。这类组织在20世纪80年代后期首先出现在华北地区（中国官方的说法是天津），最初是民间对单位制松动导致的社会保障缺失的一种自发回应。此类组织后来被民政系统吸纳，成为代理甚至代替国家提供社会福利的一种非正式工具，最终发展成今天的"社区志愿者组织"。另外一类志愿者组织出现在广东，受到港澳"义工"组织的直接影响，其成员所在的社会阶层更高（最初主要来自教育界），专业性更强，服务对象也更加具体。这类志愿组织后来被团委吸纳，发展成今天的"青年志愿者组织"。官办志愿者组织的系统化发展始于90年代中后期，被引入到灾害治理领域则是进入21世纪以后的事。我国政府在2003年以后发展起来的专职应急管理体系，明确将志愿者组织纳入正规的灾后应急程序，为灾后救助阶段动员额外的人力资源。其中,"团派"的青年志愿者组织是抗灾人力动员的主力。民政部主管的社区志愿者组织和红十字会建立的志愿者组织也参与抗灾动员,但是规模和影响力都没有"团派"大。这些由正规行政部门主导的新大众动员机制,不仅能够满足灾区就地人力动员的需要,还让政府获得了更加灵活的人力资源动员手段,可以更有效地进行跨城乡和跨地区的人力动员。

需要强调的是,农村就地人力动员的衰落和城市志愿者组织的兴起并不意味着城市人力动员在不久的将来会大幅度取代农村就地动员。类似于官办志愿者组织这种新的外围组织工具还处于非常初级的发展阶段,至少在灾害治理领域,专业化程度仍然非常低,以此为基础的城市人口动员仅仅从技术性的角度来看就远远不足以代替农村灾民就地动员。而且,尽管当今中国的农村社会组织结构变得越来越松散,但是以基层政权组织为主体的就地人力动员依然具有一定的社会基础。大多数农民(如果本身没有外出务工的话)在灾后仍然选择留在原地重建家园和恢复生产,依然有动力集体参与政府提出的重建计划。另外,中国共产党的外围组织的性质并没有发生根本变化,虽然它向民间自发参与开放,但是并没有摆脱"预防性组织"① 的角色定位,实际上依然是政府用来限制而不是鼓励民间结社的政治工具。政府对于灾后出现的社会自发动员还是保持疑惧,防范和控制多于鼓励和支持。

第三节　汶川地震

汶川地震是唐山地震之后我国遭遇的最严重的一场自然灾害(而不仅仅是地震灾害),也触发了规模和强度都空前的巨灾危机动员。在震后总结中,中央对体现自身历史经历和政治特色的动员体制做出了系统并且积极的评估,这在1978年以后并不多见。这不仅仅是中央对外部政治压力的一种象征性回应,还包含着执政者对以往选择的政治

---

① "预防性组织"(preemptive organizations)这个概念是由查默斯·约翰逊提出来的,用来描述共产主义政权通过外围组织来抢占社会组织空间,防止民间自发结社的政治功能。参见 Chalmers A. Johnson ed. , Change in Communist Systems, Stanford University Press, 1970, 19–20.

发展道路和治理方式的某种反思。实际上，在2003年"非典"危机之后，政治动员作为我国政府重要的公共危机治理手段，连同政府的整个危机处置方式乃至政治制度一起，受到来自国际社会的批评。[①] "非典"危机让我国政府饱受国内外压力的同时，也将动员型抗灾体制对新环境和新挑战的不适应性充分暴露了出来。"非典"危机之后，随着专职危机管理体系的快速发展，国内对于传统动员模式的批评声音也变得越来越响亮。[②] 就在汶川地震发生前不到半年，在2008年初刚刚遭遇了一场低温冰冻灾害，原本并不算特别严重的灾情令人意外地恶化为一场巨灾，对国民经济和民生带来了严重冲击。新生的专职应急管理体系在这场灾害的恶化过程中并没能有效发挥作用。纵使政治压力加码，也没能有效地阻止危机全面爆发。这场巨灾之后，传统动员模式受到了更多的批评，加快发展正规应急管理体系的呼声更大。但是突如其来的汶川地震却让这种独特的危机处置手段至少在自然灾害治理领域得到了一个意外的"打翻身仗"的机会。从结果来看，中央针对汶川地震组织的这场危机动员无论是技术层面还是政治层面都相当成功：不仅有助于遏制灾情恶化，加快重建速度，还缓解了外部政治压力。从动员政治的角度来看，政府在应对这场巨灾的时候，充分发挥了这种独特政治动员体制的优势，也让这种看似不断失去社会和政治基础的"革命"遗产获得了新的发展动力。首先，世纪之交开始显现的抗灾动员主体层次上升，资源多元化，以及动员机制正规化的趋势，在这场规模和强度都空前的抗灾行动中得到进一步增强。其次，汶川地震触发了规模空前的自发社会动员，它同国家政治动员的互动引发了后者在制度层面的新变化。最后，20世纪90年代逐步发展起来的抗灾社会动员"外部化"趋势进行增强，政府针对民间力量（包括人力和物力资源）的动员范围决定性地转向灾区之外，并为此形成了

---

① 相关情况可以参见 Zheng Yongnian and Lye Liang Fook, "SARS and China's Political System", in John Wong and Zheng Yongnian ed., *SARS Epidemic: Challenges to China's Crisis Management* (World Scientific, 2004), 45–76; Tony Saich, "Is SARS China's Chernobyl or Much Ado about Nothing?", in Arthur Kleinman and James L. Watson ed., *SARS in China: Prelude to Pandemic?* (Stanford University Press, 2006), 71–104。

② 田飞龙:《自然灾害、政治动员与国家角色》,《中国减灾》2008年第5期；闪淳昌、周玲:《从SARS到大雪灾：中国应急管理体系建设的发展脉络及经验反思》,《甘肃社会科学》2008年第5期。

更加常态化的制度安排。

一 应急动员进一步正规化和后倾化

中央政府在 1978 年以后就不再公开支持以短临震预报为基础的震前备灾动员，传统的主动动员只是在少数边远的地震多发省份得以延续。但即便是在这些边缘地带，主动备灾动员也在 90 年代后期走向消亡。尽管支撑主动动员的关键基础——地震局及其直接管控的地震测报台网和正规应急预案——依然健在，但是短临震预报的成功率依然过低，再加上改革开放时代中国社会整体组织化程度降低，政府对人员流动和信息传递的管控能力下降，公开动员"停工停产停学"可能造成的社会和经济成本让改革开放时代的决策者难以接受。1996 年丽江地震之后，地方政府即便是在行政体系内部也没有再正式启动过震前备灾动员。2003 年以后，随着突出事后性的正规应急管理体系的发展，政府在地震领域组织的应急动员彻底转向震后 72 小时之内的抢险救灾和临时安置。

事实上，这套还处于初创阶段的风险治理体系在应对 2008 年低温冰冻灾害的时候就暴露出自己的一系列弱点。尤其是这套体系低下的协调水平，以及应急预案可操作性不足。[①] 而事隔不到半年，这套年轻的治理体系又要面对更加极端的汶川地震，不仅原有的一些问题被进一步放大，一些此前还没有充分显现的弱点也暴露了出来。比如，应急预案可操作性不足的问题依然存在。在一些部门和地方政府，应急预案往往流于空文，缺乏可行的细节，对实际行动影响有限。[②] 而且各个部门、各个层级的应急预案响应级别不统一（地震局一开始就启动一级响应，而民政部一开始则只是启动二级响应，后来才提升到一级），不同部门之间、军地之间的协调仍然存在明显的不足，对危机之后的政府行动效率造成消极影响。[③] 另外，中央建立的应急物资储备体系在这场危机动员中很快就不堪重负。面对极端的灾情和巨大的临时安置压力，经营了十年的中央储备仓库网络

[①] 王振耀：《加强巨灾防范体系建设刻不容缓》，《中国减灾》2008 年第 2 期。

[②] 作者 2008 年 11 月走访了四川省地震灾区多个地级市和县级市，发现一些地方政府是在汶川震后才出台本级的灾害应急预案。需要强调的是，发生地震的川西北地区一直都属于地震重点监测区。

[③] 根据作者 2008 年 11 月在四川省成都市和德阳市的访谈。

在震后48小时就被调空,但仍然远远不能满足灾区需求。① 不过,尽管汶川地震极端的灾情大大超过了专职应急管理体系的有形物质能力极限,但是从制度层面来看,这套年轻的正规危机动员机制还是比较稳定地发挥了作用。在这场巨灾发生之后,中央主要涉灾行政部门及其掌管的正规资源在中央政治局正式介入以前就已经通过正规的应急机制动员起来,基本上实现了中央制定《国家地震应急预案》时提出的"自动实施"的运作目标。②

汶川震后3分钟,中国地震台网中心就测得地震"三要素",并且由专家配合设在民政部的灾情分析中心对灾情进行不在场盲估,为接下来的决策提供最初依据。10分钟以后,中国地震局通过刚刚启用不久的"短信速报系统"将初步灾情直接通知国家地震局高层和国务院办公厅值班室。震后20分钟,地震局根据《国家地震应急预案》启动一级响应,向灾区派遣国家地震灾害紧急救援队和现场工作组(前者救援,后者核查灾情)。震后1小时,国家减灾委根据地震局发出的震情预判启动最高级别救灾应急响应,中央救灾资金应急拨款机制和应急储备体系也随即启动,实现了国家应急预案设定的24小时救助目标。③ 震后大约2小时,作为危机动员最高正式指挥机构的国务院抗震救灾总指挥部在飞机上成立,这也标志着最高规格的全国性抗灾动员正式启动。从震后危机动员的这个启动过程可以看出,即便面对极端灾情,中央启动的危机动员并没有因为巨大的时间压力和政治压力造成特别严重的混乱,还是比较严格地遵循了自己制定的法规和标准操作程序。

---

① 参见腾晓萌等《48小时10库调空:中央救灾物资储备大考》,21世纪网,2008年5月23日,来源:http://www1.21cbh.com/HTML/2008-5-23/HTML_K7MRQFUK1T71.html,访问时间:2011年2月13日。2008年中央储备仓库库存帐篷总量为32万顶,而汶川地震造成超过500万人无家可归,最后进入灾区的帐篷超过150万顶,远远超过国家储备。数据来源,中华人民共和国民政部:《2008年自然灾害应对工作评估分析报告》,来源:http://www.mca.gov.cn/article/zwgk/mzyw/200909/20090900038648.shtml,访问时间:2011年5月13日。

② 白春华:《〈国家地震应急预案〉修订工作完成》,《中国地震年鉴(2004年)》,地震出版社2005年版,第296页。

③ 汶川震后应急反应阶段我国政府的行动细节可以参见姚雪绒《2008年5月12日四川汶川8.0级地震震灾及救援情况》,《国际地震动态》2008年5月;《领导决策信息》首席时政观察员《抗震救灾:第一时间,第一现场,第一时间,第一任务》,《领导决策信息》2008年第19期。

二　重建与对口支援的新变化

回顾前文可以发现，我国政府针对震后重建组织的动员在正规化进程上比应急反应阶段显得更慢。同 1978 年以前相比，进入改革开放时代二十多年后，我国在灾后重建方面（包括围绕重建组织的政治动员）体现出来的进步更多体现在"量"上，比如更充沛的资金和物资，更先进的通信和交通工具，等等，而灾后重建行动的实质并没有发生显著变化。一直到 20 世纪 90 年代末甚至 21 世纪初，即便我们只是将目光集中到地震这一个灾害领域，仍然可以发现，国家开展大规模灾后恢复重建的时候，依然高度依赖灾区所在的县、乡政府就地动员灾民"投工投劳"和"自筹自建"，正规财政资源和专业行政力量在震后重建中发挥的作用并没有显著的增强。2003 年以后，救灾工作的正规化和专业化进程才开始提速，大量围绕灾后重建的正规制度建设开始实施。不过，灾后重建行动正规化的一个最重要指标，即重建资金筹集渠道，仍然缺乏稳定安排，仍然高度依赖中央政府临时启动的政治动员来加以安排。汶川地震对我国抗灾体制带来的一大触动，就是促进了国家灾后重建筹资机制以及更为整体性的动员机制的发展，或者促进了这种机制的正规化。而重建动员正规化的关键指标又是对口支援的正规化。

（一）对口支援的正规化

对口支援是中央政府长期以来非常倚重的灾后重建筹资手段，但这个特殊的国家内部资源动员机制一直都带有强烈非正式色彩。虽然对口支援的宏观政治基础（如有效的干部管理制度，结合一定程度的地区间横向竞争）和相对微观的组织安排（如任务包干，外地干部到灾区挂职）基本保持稳定，但是从参与行为体的身份和数量看，"条块"之间以及支援方和受援方之间的分工原则，乃至资源来源等细节上一直没有形成足够连贯的安排。进入改革开放时代以后，随着宏观结构变迁和我国政府有意识地调整，这种特殊的危机动员机制也开始发生转变。从 20 世纪 80 年代初开始，中央将对口支援作为开发式扶贫的长效执行手段，这种动员机制不仅在形式上变得更加正规，而且还被赋予了再分配意义，功能和内涵都发生了变化。这些变化从 90 年代后期开始逐渐传导到应急性很强的救灾领域，扶贫领域相对固定的跨地区组织安排和更为常态化的筹资渠道延伸到救灾领域，让灾后重建动员（特别是在西部贫困地区）的常态化程度有所提高。不过，在汶川地震以前，救灾对口支援基本上局限在"一对一"包干，筹资渠道依然缺乏稳定性（主要是支援方在平时或者发生灾害以后临时组织的社会捐赠），资源规模不大，对灾后重建工作中发挥的作用仍然非常有限。而汶川地震由于灾情极端，重建规模和资源需求空前，大大超出国家正规财政的承受能力，也促使中央下决心让地方政府分担更多的重建筹资责任。这也让一直以来非正式色彩强烈的对口支援获得了前所未有的正规化动力，组织结构更加清晰，执行过程也明显比过去更具刚性。

同我国以往的救灾实践类似（最典型的就是唐山地震），汶川震后的对口支援在震后应急阶段就已经启动。在2008年5月12日地震当天，民政部就向全国无灾省市指派援助任务，任务分配从一开始就是按照90年代形成的扶贫对口支援安排来进行，比如浙江省原本就是重点支援青川县，而江苏省则继续包干支援绵竹市。随着救灾的深入，查明的灾情不断扩大，救灾物资的缺口也越来越大。为了强化对灾区的支援力度，民政部在5月22日发出《关于对口支援四川汶川特大地震灾区的紧急通知》，安排全国21个省市一对一地支援四川重灾市县。在汶川震后的官方总结中，强调这场震后重建的对口支援在组织特征上具有开创性，[①]但实际上，类似于"一省对一县"的组织原则早在90年代初启动的三峡库区移民项目中就已经出现，并且中央对这种大规模跨地区动员的运作已经积累了超过十年的实践经验（也可以算是开放式扶贫项目），这是第一次被运用到救灾领域。民政部布置的支援任务内容已经相当具体，重点集中在医疗救护用品、帐篷和临时板房。民政部的这个通知发出后，动员强度升级，接受任务的省市纷纷由最高行政长官[②]牵头建立对口支援工作领导小组，加大执行贯彻力度。到6月初，灾区缺少临时安置住所的问题基本上得到缓解，而方便食品和饮用水甚至开始过剩。[③]

2008年5月26日，中央召开会议部署灾后重建工作，标志着汶川抗

[①] 谢登科等：《以胡锦涛为总书记的党中央关心汶川灾后重建纪实》，新华网，2011年5月11日，来源：http://news.xinhuanet.com/politics/2011-05/11/c_121405121_3.htm，访问时间：2011年5月13日。
[②] 通常是副省长或者省政府副秘书长，个别地方甚至直接由书记担任组长。
[③] 2008年12月4日在河北省唐山市对参与汶川震后救援的武警部队军官的访谈内容。

震救灾行动正式由应急抢险转向恢复重建阶段，也标志着针对重建的政治动员正式启动。这次会议明确强调要建立对口支援机制来推进恢复重建，对口支援的目标和组织结构开始调整。6月1日，国务院抗震救灾总指挥部成立"汶川地震灾后重建规划组"，对口支援的领导部门由民政部改为国家发展和改革委员会。国家发展和改革委员会的前身就是国家发展计划委员会，掌握着大量经济资源的调配，一直以来也是中国灾后重建工作的重要行为体。国家发展和改革委员会作为汶川地震救灾指挥部的主要成员，在灾后应急抢险阶段领导"基础设施组"，主要负责后援保障和稳定物价。由它领导恢复重建，使得重建领导机构更具权威性，有助于提高对口支援的协调水平，更加适应参与者众多、内容复杂、资源需求巨大的重建任务。同时，顶层指挥结构的调整和确立也让原本非正式色彩强烈的对口支援获得了相对稳定的组织基础。

中央会议之后，接受中央指派的省市随即各自召开专题会议，由书记或者省长建立专门的援建工作组到受援地掌握灾情，了解当地需求，同受援地方政府建立由双方政府主要领导人和主要行政部门参加的临时协调机制。6月13日，中央又召开了一次由对口支援参与各方（包括中央部委和地方政府）参加的高规格专题会议，最高领导人胡锦涛在这次会议上作了专题发言，"向全党全国发出了汶川特大地震灾后恢复重建的总动员令"，这使得对口支援的政治优先性和贯彻强度由此进一步提升。6月18日，国务院正式公布《汶川地震灾后恢复重建对口支援方案》，调整了对口支援的组织安排，明确提出"一省帮一县"的包干原则。这是中央第一次以正规政令的形式启动对口支援，而且是第一次先有法令，后出台具体安排，① 执行的刚度也因此明显提升。根据这个正式方案，全国共有19个省市对18个四川受灾市县进行配对支援，广东省深圳市和天津市则分别包干甘肃省和陕西省受灾地区。中央制定的重建计划执行期为3年，对各地的支援投入提出了比较硬性的要求，规定支援省市的财力投入不能低于自身上一年地方财政收入的1%。从任务分配原则来看，汶川对口支援除了保留20世纪90年代形成的扶贫对口支援的配对关系（比如浙江省对口青川县）以外，经济实力越强的省市，分配到的援建任务就越重（参

---

① 在汶川地震之前，中央政府组织的最大规模，同时也是最正规的对口支援项目是针对三峡库区的全国支援。这个项目从1992年开始启动，是先启动项目，后制定法规。

见表5-1)。而各个接受任务的省市,又按照同样的原则将筹资责任层层下压,让经济实力更强的市、区来包干援建损失更严重的受灾乡镇。比如,经济实力排名前列(2008年)的广东省和山东省分别对口援建受灾最重的汶川县和北川县,而两省又安排省内经济实力排名最靠前的城市包干援建汶川和北川两县境内损失最惨重的映秀镇和北川县城。① 中央政府在5月26日以后制定的一系列正式法规,确立的一系列组织安排以及更为刚性的投入目标,让汶川对口支援获得了比过去更为稳定的筹资渠道。

表5-1　　　　　　　　汶川对口支援任务分配情况

支援方	支援方重建投入排名*	支援方2007年财政收入排名	受援地	受援地损失严重程度**
广东	1	1	汶川	极重
江苏	2	2	绵竹	极重
山东	3	4	北川	极重
上海	4	3	都江堰	极重
北京	5	6	什邡	极重
浙江	6	5	青川	极重
福建	7	11	彭州	极重
辽宁	8	7	安县	极重
山西	9	13	茂县	极重
黑龙江	10	21	剑阁	重
河北	11	10	平武	极重
河南	12	8	江油	重
吉林	13	24	黑水	重
湖北	14	14	汉源	重
安徽	15	15	松潘	重
湖南	16	12	理县	重
重庆	17	20	崇州	重
天津	18	16	陕西省	

① 其中,北川是唯一一座异地重建的受灾县城,投资和建筑规模巨大。山东省指派了省内多个城市来实施重建,包括省内经济实力最靠前的济南、青岛、威海等。

续表

支援方	支援方重建投入排名*	支援方2007年财政收入排名	受援地	受援地损失严重程度**
江西	19	23	小金	重

* 这是根据2008年各省计划投入金额做出的排名，许多省市的实际投入金额有较大增加。

** 根据民政部等《汶川地震灾害范围评估结果》（民发［2008］105号），2008年7月22日。

汶川对口支援的正规化不仅体现在启动过程和筹资渠道上，还体现在动员的执行过程上。传统的对口支援同大多数政治动员相似，也是重结果，轻过程。作为被动员对象的部委或者地方政府最优先考虑的是如何完成上级（主要是中央）布置的政治任务，至于如何完成任务，或者完成政治任务需要付出什么样的经济代价，被动员对象只会将这些问题放在次要位置。与此同时，传统的援建目标本身也比较模糊，即便是经济性比较强的灾后重建，中央政府一直以来没有对外部支援制定非常清晰的目标，也不会将支援任务纳入干部考核体系。

无论是统筹全局的中央政府还是提供外部支援的地方政府，通常很少直接参与重建实施过程，也不会对援建的执行过程进行严密的监督。在1949年以来的灾后重建实践中，中央政府只在唐山重建组织的对口支援中启动了比较严密的过程管理和评估，但这主要是因为唐山重建是一场城市重建，参与重建的外省力量庞大，中央政府的介入水平本来就很高，再加上这场重建需要消耗巨额的财政资金，对当时的整个国家财政构成了很大的压力，严格过程管理也显得非常有必要。不过，像唐山地震这样的例子非常特殊，我国大多数自然灾害（包括严重的地震灾害）发生在农村，中央政府动员的外部援助通常只提供资源，很少直接实施重建，灾后重建主要还是由受灾省政府和灾区地方来进行，重建过程的监督权主要还是由灾区所在的省政府来掌握。进入改革开放时代以后，中央政府在开发式扶贫领域组织的对口支援，留给支援方和受援方比较大的自主空间，由于此时我国实行财政分权，地方政府自利倾向增强，支援方开始有动力增强对本地资源使用情况的监控。不过，地方政府对动员过程自我监控直到20世纪90年代启动的三峡库区对口支援项目（简称"三峡项目"）才开始转化为实际行动。三峡项目是在中央财政能力持续削弱的背景下启动的，中央政府通过对口支援向地方"卸包袱"的意图非常明显。由于支援任务内容庞杂，为了尽可能节约资金，缓解自身的筹资压力，接受任务的地方政府有动力开始自行对援建资金使用进行审计。① 不过，在汶川地震以前，中央政府还没有在救灾领域对对口支援实施过非常规范的过程监控。这一方面是因为中央政府的行政基础能力依然不够强，不足以支撑从中央延伸到基层的监管体系。另一方面，唐山地震之后中国大陆没有发生过极端严重的灾情，足以让中央政府启动由地方政府和其他国家行为体参加的大规模、高规格对口支援。即使像1998年南北洪灾和2006年东南沿海风灾这样的巨灾，大规模灾后重建仍然主要集中在农村。按照中央政府形成的惯例，农村灾后重建规模再大，主要也还是依靠受灾省政府组织的省内支援来筹资和实施，中央政府直接动员的外部援助扮演的角色仍然有限。汶川地震同唐山地震有相似之处，造成严重的城市破坏，这首先就为中央政府高水平直接介入灾后重建过程提供了契机。但是中央政府这一次在震后重建动员中所体现出来的主导性，从形式到性质都同唐山地震时期有明显差别。从形式上看，这场围绕重建组织的动员面临的时间压力更大，难度也更大，② 但是却更加规范，尤其注重法规的制定，组织也更加规范。

  国务院第一次以国家法令的形式启动对口支援，意味着这种传统的非正式动员机制在执行刚度上得到提高。另外，国家审计局还对重建项目执行和资金使用情况进行频繁的监督，而且每一次审计的结果都会向社会公开。以往中央政府也会对灾后重建资金使用情况进行审计，但是不会像汶川震后那么有规律，而且不会正式公布审计结果。

  值得注意的是，汶川对口支援延续了20世纪90年代以来在扶贫对口支援领域（特别是三峡项目）出现的地方政府自我监管的传统，而且这样的行为更加普遍，在细化程度和正规化程度上也更进一步。地方自我监管的宏观动力来自于改革开放时代中央和地方利益的分化以及地方自利倾向的增强，更直接的动因则是支援任务变得更加繁重，地方政府面临的财政压力加大，支援方因而更有动力加强对自己"血汗钱"使用情况的监督。实际上，对于很多中国省份来说，平时都极少会拿出1%的本级财政

---

① 相关情况可以参见《中国三峡建设年鉴》编纂委员会编《中国三峡建设年鉴》，中国三峡建设年鉴社1994—2005年版。

② 汶川地震重灾区面积创纪录，受到严重破坏的城镇也非常多，而我国政府自己制定的重建时限只有三年。

资金来支持本省的救灾工作。而对于那些经济没那么发达的中部和东北省份来说，每年要拿出1%的财政收入支援灾区，带来的财政压力显然更大。因此，许多支援省都在确保完成中央政治任务的前提下会尽可能对自己的投入"精打细算"。除了普遍采取更加严格的工程招标、资金项目管理和分阶段审批之外，参加对口支援的省份对援建资金的独立审计也比过去更加频繁、更加规范，并且会在政府网站上定期公示本省审计机关对重建资金使用的审计结果。支援方的自我监督在一定程度上分担了中央政府的行政压力，也进一步提高了动员过程的规范化程度。对重建援助执行过程的监督也由此成为新的惯例，在以后的重大灾害灾后重建中得以延续。

　　汶川对口支援的正规化不仅体现在中央政府主导程度的提高，而且还落实到具体的制度建设上。前文已经分析过，中央政府在灾后重建工作上一直坚持"以地方为主"的组织原则，受灾省的省政府是灾后重建的主要领导者，也是重建对口支援的主要组织者和监督者。除了唐山地震，其他几场震灾的灾后重建都高度依赖受灾省政府组织的省内动员。虽然中央政府作为抗灾动员政治动力终极来源和最高层次动员主体的地位毋庸置疑，中央政府在实际行动中也会直接领导受灾省的省内动员和全国性的外部支援，但是中央的具体介入条件和介入程度依据通常都是不成文的惯例，一直以来都显得比较模糊。通常只有当灾情能够造成明显的跨地区影响，或者重灾区集中在大中城市的情况下，中央才会直接领导和组织高强度、大规模的全国性对口支援。达到这个规格的对口支援不仅具有很强的政治优先性，任务目标更明确，而且参与行为体更丰富、层级更高，不仅包括灾区以外的各个省，还包括主要的中央部委。纵观1949年以来中国的抗震实践，乃至其他灾害部门的抗灾实践，在汶川地震之前只有唐山灾后重建"享受"到了最高规格的对口支援。而即使是像1954年、1975年和1998年大水灾，甚至像1970年通海地震这样损失和伤亡都非常严重的自然灾害，灾后重建主要还是由受灾省的省政府主导组织的省内动员来筹集资金，实施过程由省政府负责监控，虽然中央政府也组织外部省市对灾区进行对口支援，但是规模和分担的筹资责任都比较有限，总体而言还是扮演辅助性角色。[①] 进入改革开放时代以后，特别是进入20世纪90年代以后，随着财政分权和救灾分级管理体制的推行，"地方为主"的救灾组

---

① 钟开斌：《对口支援灾区：起源与形成》，《经济社会体制比较》2011年第6期。

织原则变得更加明确，中央政府有意识地推动救灾动员主体层次下沉，受灾省承担的筹资职责变得更重，但是中央的动员主体角色却没有因此变得更加清晰。

当然，考虑到汶川地震的严重程度，中央政府全面主导和直接指挥震后重建并不让人感到意外。汶川地震从造成的经济损失和硬件破坏程度来看，超越了1949年以来的任何一场自然灾难。其中，受灾最重的四川省直接经济损失超过7700亿元，占该省当年GDP的60%以上，四川省经济实力最强的6座城市全部位于重灾区，也集中了该省九成以上的震灾损失。[①] 面对如此严重的损失，以四川省自身的力量根本不可能胜任浩大的重建任务，中央政府的直接介入非常必要。不过，灾情的严重程度虽然可以解释中央主导性的强弱，却并不能有效解释为什么中央主导角色能够在汶川震后重建中变得更加细化，并且还能获得新的制度化动力。汶川地震之后，中央政府建立专门的重建指挥机构，直接主持灾后重建的立法和规划编制，制定具体的对口援建组织安排。这些做法在后来的玉树地震和舟曲泥石流的灾后重建中都得以延续。玉树地震和舟曲泥石流都发生在农村，虽然局部损失严重，但是受灾范围都比较有限，按照1949年以后形成的不成文惯例，这种程度的灾情不足以让中央政府直接出面动员大规模跨地区支援，重建的动员主体应该是灾区所在的省政府，汶川时期形成的援建模式和动员模式（至少是其中的基本元素）还能够在这些相对没那么严重的灾害中延续。这两场灾害发生后，国务院都出台专门的重建指导方针和重建规划，直接指派灾区以外的省市对受灾地区的乡镇进行逐一对口支援，并且将对口支援作为灾后重建重要的筹资渠道。这也意味着以地方政府为主要动员对象的对口支援已经作为中央政府正式的灾后重建筹资手段在新的抗灾实践中连贯运用，形成一种新的常态化安排。

（二）从"输血"到"造血"：对口支援形式和内涵的转变

中央政府在1996年将救灾对口支援同扶贫领域的对口支援整合在一起，这样的调整不仅让救灾对口支援变得更加常态化，也让这种原本只是被作为危机条件下向灾区提供一次性"无偿赠与"的政治机制获得了某

[①] 四川省发展和改革委员会：《四川省汶川地震灾后恢复重建年度报告（2008）》，第14—15页。

种程度的再分配意义。2001 年,民政部进一步将对口支援作为"经常性捐助机制"纳入自己主导的自然灾害救助体系。2006 年,对口支援作为社会动员机制的一部分被写入《国家自然灾害救助应急预案》。① 不过,在汶川地震之前,我国没有出现过特别严重的地震或者其他灾情,中央政府也没有组织大规模、高规格灾后援建的迫切需要,② 扶贫对口支援在形式和内涵上发生的变化也没有在救灾领域获得充分实践和发展。20 世纪 90 年代后期以来,救灾对口支援虽然名义上同对口扶贫结合在一起,但是在实际操作中依然带有很强的临时性,缺乏稳定的筹集渠道,而且依然以无偿的实物支援为主要形式。尤其值得注意的是,进入 90 年代以后,在开发式扶贫领域的对口支援为这种非正式的动员机制提供了新的变化动力,由一次性应急救助向长周期、全方位发展项目转变。特别是随着发展经济,招商引资已经成为各级政府追求的优先目标,引入企业投资,促进受援地工业发展和产业升级,开始成为开发式扶贫对口支援的新内容。③ 不过,在汶川地震之前,即便像 1991 年和 1998 年大洪灾的灾后重建,中央政府组织的外部动员并没有包含通过对口支援和外部动员来促进灾区产业升级的内容,这个时期的灾后动员主要还是为了支撑灾区建筑物重建。④ 直到汶川震后重建,这种在开发式扶贫中积累起来的新的动员模式才获得了一次大规模展现的机会,并且还得到了进一步的发展。

中央在对汶川抗震救灾进行的事后总结中,强调汶川重建对口支援是一种创举。但实际上,针对汶川震后重建组织的对口支援直接继承了改革开放以来开发式扶贫领域对口支援的许多经验,特别是 20 世纪 90 年代初启动的三峡项目。相比起 80 年代以来出现的扶贫对口支援,三峡项目出现了一些重要的新变化,不仅第一次出现了"一省对一县"这样细致的组织安排,还第一次明确将产业升级作为对口支援的目标。具体形式是由支援方向受援方引入企业,在受援地直接设厂生产。中央政府希望通过这

---

① 李学举主编:《民政 30 年(1978 年—2008 年)》,中国社会出版社 2008 年版,第 38—39 页。
② 1998 年大洪水的灾后重建任务繁重,但重灾区不是中国最贫困落后的地区,灾后重建没有组织高规格全国支援。
③ 这样的趋势在 1992 年启动的全国对口支援三峡库区项目中开始变得清晰,尤其是 1999 年以后。相关情况可以参见《三峡库区对口支援项目背景资料》,国务院三峡工程建设委员会办公室,来源: http://www.3g.gov.cn/xxxq.ycs? GUID = 1221。
④ 民政部救灾救济司救灾处:《1998 年中国灾情核定和救灾工作》,《中国减灾》1999 年第 1 期;钟开斌:《对口支援灾区:起源与形成》,《经济社会体制比较》2011 年第 6 期。

种新的对口支援形式,一方面向落后的受援地引进更先进的技术、更丰富的资本,帮助受援地实现产业升级。另一方面,当时的中央地方关系已经发生改变,中央政府开始考虑地方自利倾向,强调要在对口支援中实现地方之间的经济互惠,实际上是为了激励被"摊派"的发达地区地方政府更主动地调动本地资源。

  本书不关心这种新的对口支援目标的执行效果,而是要分析对口支援形式变化所包含的政治意义。在对口支援中加入产业升级的内容,意味着中央从80年代初就已经提出的"将扶贫由'输血'变'造血'"的理念开始落实到具体的制度建设上。由于产业升级属于长周期的目标,这种原本临时性很强的动员机制在变得更加常态化的同时,也开始具备某种程度的横向转移支付功能,逐步超越过去简单的一次性硬件升级。另外,新的对口支援不仅有助于受援地实现经济结构升级,还可以推动受援地政府增强治理能力。对它们来说,外来企业的进入,工商业的发展,以及新的技术和生产方式的引进,对受援地政府的治理水平提出了更高的要求。当然,受援地区的产业升级不能对支援方构成经济竞争,所以通常都是富裕省份通过对口支援将本地相对落后的产业转移到内陆省份,借机实现自身产业的"新陈代谢",充分体现了中央提倡的地区间经济互惠的目标。[①] 需要强调的是,即便经过这样的调整,新的对口支援仍然属于政治动员的范畴。这首先是因为支援任务仍然是中央政治权威下达的带有强制性的"政治任务",背后的政治考虑仍然压倒具体的经济权衡。比如,帮助落后地区产业升级的一个重要途径就是引进企业,可是绝大多数被动员加入的企业都是国有企业,以及少数得到地方政府直接扶持的民营企业,它们的参与都带有强制性,[②] 真正自主参与支援项目的私营企业非常有限。[③]

[①] 夏广鸣:《跨越八十年代,面向九十年代的对口支援与技术经济协作》,《民族研究》1992年第1期。

[②] 这些企业的领导都有行政级别,这类企业属于广义上的国家行为体。作者在2009年2月和2010年5月针对汶川地震对口支援进行的访谈对象也包括国有企业和"改制企业"主管,他们认为政府对企业的行政管控是他们"积极"参与支援灾区重建的重要因素。

[③] 三峡对口支援的详细情况可以从1994年以来的《中国三峡建设年鉴》中查阅到。对于对口支援企业项目的介绍还可以参见向剑君《全国对口支援三峡库区发展企业纪实》,《计划与市场》1996年第5期;周银珍等:《对口支援三峡移民政策分析》,《三峡大学学报》2003年3月;徐征峰:《三峡库区成为民营企业的理想"栖息地"》,新华网,2004年6月24日,来源:http://news.xinhuanet.com/newscenter/2004-06/24/content_1545491.htm。

更重要的是，对口支援从组织安排到筹资渠道仍然没有形成稳定的惯例，每次都要由中央行业主管部委以及接受任务的省市政府临时动员本行业和辖区内的企业出钱出人。①

直到汶川地震，由于灾情极端严重，灾后重建在规模和复杂程度上大大超越以往的重建经验，中央针对汶川震后重建组织的对口支援大体上继承了开发式扶贫领域对口支援的许多安排，特别是1992年开始的三峡库区对口支援。这是经过改造过的动员模式第一次被系统地移植到救灾领域，包括"一省对一县"的组织原则，以及以企业和资本作为重要动员对象，将推动灾区产业升级纳入对口支援的政治目标。当然，中央还根据震后重建任务的具体需要对对口支援进行了一些调整和发展。同三峡项目类似，国务院按照"一省对一县"的原则组织了有史以来规模最大、内容最复杂的震后恢复重建。硬件重建在三年之内结束，中央随即要求支援地和受援地发展更加长效的"地区经济协作"，帮助灾区进行更为宏观的经济结构升级，发展工业企业。同以往的灾后重建相比，中央政府通过对口支援对企业资源的吸纳力度明显增加。根据四川省政府2009年的统计，震后一年来自支援省市的企业投资超过1800亿元，大大超过这些省市同期在对口支援项目中动员的财政资金（参见图5-2）。

需要指出的是，虽然企业投资并不纳入支援方的正式投入，但是它仍然包含在中央政府提出的援助目标当中，能够为地方政府官员挣取政治资本，获得政治回报。有效的政治激励也是地方政府积极动员企业参与对口支援项目的重要原因。除了政治激励，经济方面的考虑也促使地方政府加大对本地企业的动员力度。在中央政府支持支援方和受援方经济互惠的背景下，吸纳企业参与成为支援和受援双方的"双赢"选择。至少在理论上，支援方可以让本省企业扩大投资和市场，受援方则可能借此实现产业升级，增加就业机会和地方财政收入。当然，中央政府对"双赢"局面的描绘比较理想化，避而不谈灾区在基础设施、人力资源和管理经验等诸多方面存在的不足，以及由此给外部投资带来的潜在风险。站在受援地政府的角度来看，动员企业为重建项目投资，能够减轻政府自身的财政压

---

① 往往就是摊派，具体形式是先由行业主管部门对下属企业进行"摸底"，然后召集企业的负责人开动员大会，对这些企业进行间接施压。信息来源：2010年5月2日在香港旺角区的访谈。

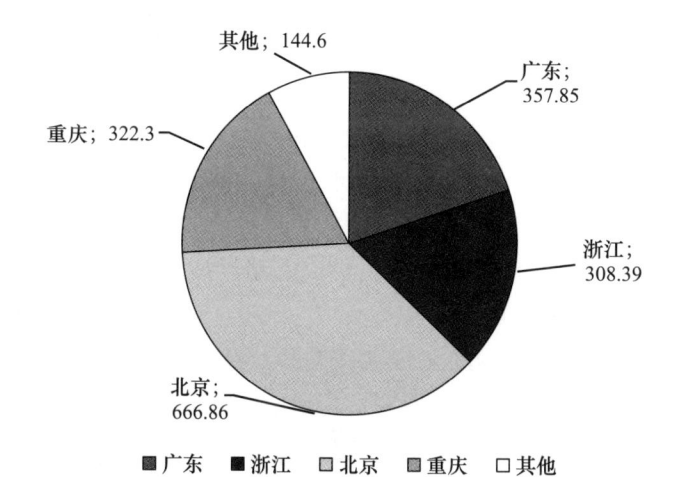

图 5-2　对口支援的企业资源分布（单位：亿元）

数据来源：灾后重建中对口支援问题研究中共四川省委政策研究室课题组：《灾后重建中对口支援问题研究》，《调查与决策（内参）》2008 年第 39 期。

力。像广东、江苏、浙江、山东和福建这些民企发达的沿海省份更是有意识地加大对本地民营企业的动员力度。当然，政府对民营企业不能照搬对国有企业那样的行政命令方式，而是通过较为软性的动员手段，激励和吸引民间资本进入灾区投资，比如在灾区成立商会，建立工业园区，提供优惠条件，吸引本省的民间资本到灾区投资。不过，从实际执行情况来看，参与汶川对口支援的企业主要是各地的国有企业，以及部分明确得到地方政府支持的民营企业，真正自愿到灾区进行长期投资的民间资本仍然有限。值得注意的是，反倒是受灾省份主动动员和吸引外地企业到灾区投资，为灾后重建甚至进一步发展获取了相当可观的额外资源。以四川省为例，四川省政府在震后马上到援建自己的 18 个省市和中国香港、澳门举办招商会，主动动员外地企业到灾区投资，仅 2008 年年底就争取到了超过 2000 亿元的项目，几乎等同于中央政府对四川灾区重建头两年的总投入。[1] 虽然这样的资源不一定都是真正市场资源，而且也不像中央政府动员的资源那样快速到位，不一定直接服务于短期的重建目标，但是仍然为灾区的恢复甚至

---

[1] 曹伟：《四川：利用市场机制相结合破解灾后重建资金难题》，中国经济网，2011 年 7 月 18 日，来源：http://district.ce.cn/zg/201107/18/t20110718_22547821.shtml。

是进一步的发展提供了动力。

同三峡库区项目相比,中央政府对汶川震后的这种长效支援进行了更系统的规划,动员的制度化和专业化水平更高。严格来讲,这种长期援助已经超出了危机动员的范畴,反映了我国整体救灾理念在发生变化,这样的变化给危机动员的形式和内涵也带来了改变。将产业升级纳入灾后重建对口支援,并没有偏离 1949 年以后形成的动员型、"赶超式"的灾后重建传统。虽然有了更多的技术精英参与,但是这样的重建目标仍然是由中央的政治权威决定的,灾区(特别是灾民本身)没有参与决策过程。而且这样的重建目标本身依然带有明显的超前性,甚至带有激进色彩。汶川重灾区大多属于少数民族聚居的贫困山区,交通不便,虽然拥有比较丰富的矿产资源和水电资源,甚至还有"三线建设"时期留下的一些大型军工企业,但是整体上能否为大规模的产业升级提供良好的投资环境让人怀疑。无论从形式还是从内涵来看,引入了产业升级内容的对口支援同传统的灾后重建动员有所差异,更恰当地说是对传统动员模式的一种发展。通过跨地区动员实现灾区产业升级,实际上让动员超越一次性的实物硬件重建,开始着眼于更长期的灾区能力建设。从减灾意义来看,这种培养造血能力的援建能够让灾区获得更长远的防震减灾效果,增强灾区对未来地震灾害风险的抗御能力和自我恢复能力。从动员政治的角度来看,"地区经济协作"虽然已经超出了严格意义上的危机动员范畴,但由于它是震后重建工作的一部分,同对口援建是一起决策的,两个阶段的实施过程也是紧密衔接的,因此这方面的变化也能够反映出危机动员特征的变化。新的重建动员将灾区就地动员和外部动员更有机地结合在一起,通过高水平的外部动员带动灾区自我恢复以及更长期的能力建设。更重要的是,这种新的重建思路已经开始超越传统的、简单的硬件重建,从危机动员阶段就已经开始为更长期、更全面的灾区发展以及灾区政府能力提升和社会经济发展奠定基础。

三 国家动员与社会动员的互动

汶川地震带来的一个引人注目的政治变化就是震后出现的大规模社会自发动员。虽然社会力量自发参与救灾在改革开放以后的中国早已经不是什么新鲜事,但是汶川抗震救灾行动中的社会自发参与,无论是规模还是质量都达到了一个前所未有的高度。① 普通民众如此大规模、有组织地自发参与到抗灾危机行动当中来，不仅在地震领域是第一次，在新中国成立以来任何一个灾害领域都没有出现过。这场大规模的社会动员不仅为抗震救灾提供了大量人力和物质资源，还对一直以来被政府全面管控的抗灾危机动员带来了前所未有的外部影响。需要强调的是，公众志愿参与和社会自发动员在汶川震后的"爆发"，并不是一个偶发现象。这既归因于民间社会自身的发展，也离不开政府有意识地开放社会参与所创造出来的政治机会空间。值得注意的是，汶川地震所引发的大规模公众参与产生了一些超出中央政府预想的政治后果，反过来对国家主导的政治动员带来了新的变化动力。

（一）地震领域大众动员"重新"兴起

由政府直接出面动员大规模公众参与的危机处置策略对于地震这个具体的灾害部门而言并不陌生。改革开放以前，决策者曾经将动员公众直接参与政治和技术风险极高的震前备灾动员作为整个地震灾害治理体系的关键环节，发展出了发达的"群测群防"体系。进入改革开放时代以后，随着国家整体战略和地震工作自身的转型，政府在地震领域放弃了主动动员社会力量的传统。但进入21世纪以后，地震部门重新开始重视动员社会参与，而且向普通公众同时（尽管是有限的）开放震前和震后应急处置领域。中国地震局从2001年开始在全国地震重点监测地区挑选试点城市，依托城市社区建立地震应急救援志愿者组织。② 2004年，中国地震局甚至重新开始支持荒废了二十年的"群测群防"。③

需要强调的是，大众动员在地震部门的重新兴起绝不意味着传统动员模式"起死回生"，21世纪出现的公众参与和大众动员同改革开放以前的"群测群防"从性质到形式都有明显差别。从性质上来看，新的公

---

① 我国政府事后估计有超过300万志愿者进入灾区，参见民政部社会福利和慈善事业促进司、中民慈善捐助信息中心《2008年度中国慈善捐助报告》，第2页。由于有大量志愿者和民间组织没有进行官方登记，实际的规模比官方统计要庞大得多。作者通过电话采访成都市政府的一位应急管理专家，他估算震后有超过400万志愿者涌入灾区。

② 侯建胜：《地震灾害应急管理》，《应急管理汇刊》2007年第4期；李广俊：《对完善地震事件应急救援工作的几点设想》，《四川地震》2008年12月。

③ 中国地震局发文要求重点监测区的县一级政府重建业余宏观前兆观测点，为这类组织提供经费支持，并且建立规范的震情报送制度。参见中国地震局2005年印发的《地震群测群防工作大纲》。

众参与不再具有强制性，无论是面向震前的业余测报还是面向震后的应急救援，公众参与基本上都是基于自愿（除了试点城市社区的工作人员），政府也更注重用物质激励来调动公众参与（新的"群测群防"强调政府补助）。从形式上看，政府依然以外围组织作为公众参与的主要动员手段，但是这种大规模动员的重点已经从震前测报转向了技术和政治风险更小的震后应急救援。业余测报的公众参与则不再以专门建立外围组织的形式来加以动员，而是以家庭甚至个人为吸纳单位，以有偿参与为主要形式。

地震领域大众动员的重新兴起并不是出现在单个事务领域或者单个部门的孤立现象，而是政府灾害治理理念进入 21 世纪以后整体性转变的一个缩影。这样的变化在 2003 年以后变得越来越清晰，这种转变的一个重要动力来自于"非典"危机。"非典"危机之后，政府有意识地提高公共危机处置（自然也包括重大自然灾害）的透明度，[1] 提高决策和实施过程的社会开放性，并且逐步落实到正规应急管理体系建设当中，包括信息披露制度以及以官办志愿者组织为主要渠道的公众参与。在政府 2005 年公布的自然灾害应急预案中，以官办外围组织为主要途径动员起来的"志愿者"被视为应急反应阶段重要的人力资源来源。在此背景下，以官办志愿者组织为依托的社会动员在整个灾后救助领域变得越来越活跃，这样的整体性变化很快就传导到地震部门。

国家地震局虽然名义上是我国地震减灾工作的主管部门，但是它并没有足够的资源和影响力来直接动员公众参与地震灾害治理。"群测群防"组织在 21 世纪初获得"重生"以后，它的动员功能受到明显削弱，地震局并没有意愿再次将其作为抗震危机动员的主要手段。即便是地震局明确支持的震后应急救援志愿者组织，也是依托于城市的街道办事处来发展，地方政府仍然有很大的发言权和控制权。要启动这样的动员机制，最关键的决定权并不在地震局手里。而且真遇到地震灾情，危机条件下的社会动员更是要得到地方政府的直接授权和支持才能够启动。实际上，在整个灾害治理领域，不论面对什么样的灾情，主导抗灾社会动

---

[1] Zheng Yongnian and Lye Liang Fook, "SARS and China's Political System", in John Wong and Zheng Yongnian ed., *SARS Epidemic: Challenges to China's Crisis Management* (World Scientific, 2004), 69–73.

员的不是专业行政部门。虽然民政部掌控着大量官办慈善组织和人民团体，并且从改革开放以来一直是动员和吸纳社会资源的主要行为体。但是在动员公众直接参与这个具体方面，政府的外围组织，特别是共青团及其青年志愿者，在组织动员方面扮演着主要角色。在实际运作中，尽管不同的志愿者组织体系（比如团委、民政部和红十字会管控的志愿者组织）之间为了争夺资源会产生一些竞争和摩擦，[①] 但是政府仍然管控了绝大部分对社会财富和大众参与的吸纳渠道。在汶川地震以前，重大灾害（比如2008年初的极端气候灾害）的抗灾社会动员基本上都是通过这些官方组织体系来运作，来自民间的自发动员几乎不存在。也就是说，直到汶川地震以前，虽然我国政府开始向社会开放抗灾危机动员过程，但是实际的动员行动仍然由政府全面主导，社会参与依然属于典型的受控参与。同传统的抗灾大众动员相比，新的"社会动员"还是有所不同，主要的差别体现在：其一，对于"体制外"的普通公众来说，新的动员不存在任何强制性。其二，动员对象决定性地转向了城市，而且不仅针对城市财富（也就是"社会捐赠"），还开始向城市人口延伸。以"志愿者"为主要形式的新的抗灾人口动员几乎完全面向城市，即便是后起的民间自发动员也出现在城市。

（二）国家动员对社会动员的"吸纳"

汶川震后之所以会出现大规模的社会自发动员，除了归因于政府主动放松对公众参与危机处置的限制，更离不开中国民间社会自身的发展。正是民间社会的发展使得汶川地震出现的大规模公众参与和社会动员从形式到性质都有别于传统的受控式大众动员，也因此对政府主导的抗灾动员构成了新的调整动力。

我国传统的抗灾大众动员属于典型的受控参与，称为"动员社会"比"社会动员"更恰当。这样的公众参与由政府组织和管控，服务于政府的政策目标，被动员对象必须通过政府支配的组织结构（比如单位或者群众组织）来参与抗灾行动，某些情况下甚至没有退出的自由（比如灾区的农民）。在危机条件下，这样的受控动员还被作为特殊的社会管控手段。这一点在地震领域，特别是地震预防备灾阶段体现得尤为明显。新中国成立后政府广泛建立"群测群防"组织，赋予大众动员明确的技术

---

① 根据2009年11月8日在南京对两位匿名访谈对象进行的深度访谈。

任务，鼓励公众直接参与政治和技术风险都非常高的地震测报工作。不过，一旦有必要，决策者能够迅速架空这个规模庞大的公众参与体系，封闭信息传递渠道，甚至将原本主要负责地震测报的群众组织变成一种危机条件下的社会控制工具，从动员机制变成"反动员"机制，封锁震情信息，稳定社会秩序。这种完全依靠政治权力支撑的大众参与缺乏内生动力，即便进入更为开放的改革时代，也很难支撑自发的社会动员。1978年以后，不论是在地震还是在其他的灾害部门，在汶川地震以前，我国从来没有出现过民间自发的大规模抗灾动员。尤其是在敏感的危机处置阶段，成规模的公众自发参与更是不太可能出现。在这样的背景下，汶川震后出现的社会自发参与尤其引人注目。

严格说来，汶川震后出现的大规模公众参与和社会自发动员要归因于政府有意识地开放政治机会空间，但是不能否认社会力量自身发展带来的内生动力。如果中国社会力量自身不能掌握足够充沛、足够独立的资源，没有相对自由的信息交流渠道，没有积累足够的自主组织能力和集体行动经验，即使官方主动开放政治机会空间，社会动员也不会达到如此规模和质量。进入 21 世纪以后，互联网技术的发展和普及为民间社会提供了新的动员结构和资源筹集手段，也催生了新的集体行动方式。[①] 2005 年以后，中国民众通过互联网针对公共问题发起的大规模讨论甚至使网络集体行动变得越来越频繁，同时对国家政治议程产生越来越明显的影响。[②] 从 2007 年到汶川地震之前，中国网民先后发动了针对"周老虎"、"厦门PX"、家乐福、CNN 以及保卫奥运火炬传递等一系列大规模网络集体行动。其中一些原本停留在虚拟空间的动员最终还转化为大规模的线下集体行动，对政府的决策和行动产生了直接影响。正是近年来虚拟结社和网络集体行动的兴起，让自下而上的社会动员得到了一定程度的"热身"，为其在汶川地震之后的爆发进行了铺垫。

另外，汶川震后之所以能够出现大规模的社会自发动员，也要归因于政府对互联网时代的"虚拟动员"比较陌生，对于这样的变化却没有做好应对准备。前文列举的几场大规模网上集体行动，政府的反应都显得相

[①] 中国互联网和网民发展情况可以参见中国互联网络信息中心：《中国互联网发展状况统计报告》，2008 年 7 月，第 14—15 页。http：//www.cnnic.cn/uploadfiles/pdf/2008/7/23/170516.pdf。

[②] 参见王绍光《中国公共议程设置的模式》，《中国社会科学》2006 年第 5 期。

当迟钝，都是在民间网络动员达到一定规模，甚至已经开始转化成现实集体行动后才有意识地加以管控。① 到汶川地震发生的时候，政府对于如何引导和管控网络时代的公众自发参与和自主动员仍然处于摸索阶段。虽然政府在震后初期主动向国内外传媒以及民间力量开放灾区，但是这并不意味着政府对如何管控和利用民间力量（特别是通过虚拟途径组织起来的民间力量）已经形成了清晰的思路。根据政府长期以来形成的习惯，灾害危机处置并不需要也不鼓励灾区以外的民间力量大规模参与，更何况是成规模的民间自发参与。即便20世纪90年代以来形成的新的抗灾动员惯例，只是局限在动员民间捐款捐物，并没有主动向公众直接参与延伸。实际上，汶川震后初期社会自发动员的规模、公众参与的主动性和参与程度都超出了政府的预料，官方甚至无法对进入灾区的民间力量进行比较准确的计算和识别，更别说有效的管理和控制了。② 政府还必须通过具体的抗震救灾实践来逐步摸索同民间力量的互动方式，既要利用自发社会动员为抗震救灾提供的大量额外人力和物质资源，甚至是符号资源（比如通过大力宣传志愿者行动来增进危机条件下的社会凝聚力），又要对社会动员保持控制，防止其对国家政治权威以及政府提出的技术和政治目标构成挑战。

汶川地震激发的社会动员对自上而下的政治动员产生的影响是复杂的。一方面，民间力量的崛起为国家主导的抗灾动员提供了大量额外的资金、实物资源以及人力资源，这也是政府乐于看到的。除了创纪录的760亿元捐款，还有超过1300万志愿者参与抗震救灾。③ 除了有形资源，社会力量还能为救灾行动提供重要的无形资源，比如技能、信息以及新的组织手段。许多进入灾区的志愿者发挥自己的职业技能，在医疗、心理援助甚至是城乡重建的设计和施工等诸多方面都提供了很多有针对性的服务，能够在一定程度上弥补政府在专职能力上的不足。④ 此外，社

---

① Simon Shen, "Popular Participation: Civil society, Diverse Publics and Internet in Response to Chinese Diplomacy", in Shuan Breslin ed., *A Handbook of China's International Relations* (London: Routledge 2010), 35 – 44.

② 作者2008年11月在成都进行的访谈。

③ 参见民政部社会福利和慈善事业促进司、中民慈善捐助信息中心编《2008年度中国慈善捐助报告》，第2页，来源：gongyi. sina. com. cn/gyzx/2009 – 3 – 11/10027611. html。

④ 作者在北川县走访的时候，看到当地政府推广的几款抗震房屋设计方案，其中就包括境内外非官方机构和个人提出的方案。

会力量还能够提供独立于官方的信息传播渠道，将公众注意力和资源引导向相对边缘化的受灾群体。主流媒体的注意力主要跟随政府决策或者国家领导人，这就容易导致信息过度集中在那些最严重的受灾地点和受灾群体以及比较直观的灾情，对于大量受灾相对较轻的地点和人群的报道不够，对灾民比较细微的需求，特别是非物质需求也缺乏关注。在这些方面，民间力量借助互联网和手机对主流媒体形成了有益的补充，能够把公众或者政府的注意力和资源引导向相对边缘的受灾群体，满足更为特殊、多元的灾民需求，弥补国家动员在灵活性上的不足。① 比如，作者两次进入四川灾区走访都能接触到民间自发组织的针对老年人、老年慢性病患、孕妇和因灾失去父母的孤儿的救助事例。作者在2009年5月第二次进入重灾区走访的时候，还在多处重建点看到当地政府推广的多款抗震房屋设计方案，其中就包括不少境内外非政府机构和专业人士提出的方案。

社会自发动员能够让政府获得额外的抗灾资源，但也给政府主导的抗灾危机动员带来"意外"的政治压力。在汶川抗震救灾过程中，一部分民间力量开始有意识地公开监督政府行为，甚至通过互联网和传媒进行社会动员，直接向政府施加压力。②

不过，政府在汶川震后对社会自发动员并不是消极地直接压制，而是采用了比较积极的"吸纳"策略，对社会自主参与加以利用和吸纳。其吸纳有两种主要方式：一是主动同一些比较成熟，并且具有一定影响

---

① 作者第一次入川，联系到了一个主要由武汉市民通过网络组织的支援团体。这个团体通过其他先行入川的志愿者提供的信息，得知许多灾民（特别是老年人）需要卫生巾，于是专门联系生产卫生巾的企业，甚至直接动员企业业主参与慈善行动，深入重灾区为灾民输送卫生巾。对于民间志愿者和NGO灵活性和专业性的专题研究，可以参见韦克难等《NGO介入汶川地震灾后重建的概况调查：基于社会工作视角》，《中国非营利评论》2010年第2期。

② 比如，汶川地震之后民间力量对政府的质疑和施压主要集中在两个方面：一是负责吸纳社会捐赠的官办组织对捐赠资金和物资的接收和发放过程缺乏透明度；二是地震灾区大批学校校舍倒塌原因不明，以及政府对学生死亡人数的统计结果混乱不清。围绕这个议题民间力量都借助网络组织了有针对性的社会动员。作者2008年6月在广州参加了一个由非政府组织和民间基金会组织的讨论会，讨论重点就是制定出具有足够透明的捐赠接收和使用制度。除了向捐赠人负责，确保救灾款有效使用，还有一个重要的目的就是要向红十字会示威施压。校舍质量和学生死亡的民间行动以谭作人等人牵头提交的《四川地震死难学生调查报告》为代表，来源：http://www.inmediahk.net/node/1003197。社会对政府不公布学生死亡人数提出的质疑甚至可以从中国国内媒体上传递出来，比如张映光、李微敖《300天后，汶川地震死亡人数仍难公布》，财经网，2009年3月8日，http://www.caijing.com.cn/2009-03-08/110114939.html。

力的民间组织进行合作。本书将这种模式称为合作模式。二是加强外围组织的动员能力建设，通过这些组织来尽可能地取代民间自发组织。本书将这种模式称为替代模式。① 合作模式只有在社会经济相对开放的改革时代才有可能出现，就灾害治理领域而言，也是到2008年汶川地震才出现。比较有代表性的例子就是遵道志愿者协调办公室和绵竹社会资源协调办公室。这样的机构为灾区政府与NGO乃至企业在危机条件下的相互协调、协作提供了新的、比较稳定的制度平台。② 替代模式实际上延续了政治外围组织在改革开放以前就已经形成的吸纳功能。作为我国政治动员的重要机制，外围组织不仅被用来动员更广泛的社会参与，还被政府用来吸纳民间的自我组织和自发参与。③ 外围组织的这种政治吸纳功能在灾害治理（特别是灾害危机处置）领域同样非常重要，不论在改革开放前后都是国家在危机条件下非常倚重的社会控制手段。比如在1966年邢台地震之后，中央就是依靠灾区基层政权组织和外围组织启动了高强度的反动员，扑灭灾区出现的宗教动员，稳定灾区社会秩序，确保中央政府制定的生产自救任务能够顺利执行。④ 进入改革开放时代以后，在很长一段时间里，尤其是面对重大灾害的时候，由于整体社会结构变得越来越松散，民间结社水平低下，极少会带来明显的政治压力，政府利用外围组织进行政治吸纳的迫切性并不高。直到汶川地震，民间结社积累的能量突然间获得了释放的机会，转化为大规模的社会自发动员实践，政

---

① 作者在灾区访谈的时候还得到这样一个信息：灾区地方团委派出一些培养对象加入民间志愿者组织，直接学习民间组织的工作技巧和动员方法，转而运用到官办志愿者组织身上，甚至建立新的志愿者组织。

② 对汶川地震危机处置过程中政府与NGO合作的情况，作者2012年4月在成都对直接参与救灾行动的两家NGO领导者进行了专门访谈。对于这个问题的学术分析可以参见中国扶贫基金会主持编写的《5·12行动启示录：汶川大地震社会响应研究丛书》。整套丛书共有7个分册，2009年公开出版。直接涉及NGO的有三册，涵盖紧急救援、过渡安置和重建三个阶段的NGO行动，其中就包括具体的合作案例分析。其他专题研究还可以参见汪跃云《回顾与反思：从"遵道模式"到撤离遵道》，《中国发展简报》2009夏季刊No.42；朱健刚：《汶川地震救灾中的NGO合作方式》，《中国社会工作》2009年第25期；北京地球村环境研究中心、四川512民间救助服务中心：《512地震三周年民间组织论坛》，2011年5月。

③ 共产主义研究也将这类外围组织称为预防性组织，这些组织是政治动员结构的重要组成部分，除了具有意识形态功能，还具有实际的社会控制功能。预防性组织的概念参见 Chalmers A. Johnson ed., *Change in Communist Systems*, Stanford University Press, 1970, 19 – 20。

④ 《刘子厚省长关于地震灾情的讲话》，《河北省地震救灾指挥部档案（邢台）》，1966年3月27日，全宗号915，目录1，第4卷，第6件，第7张，第2页。

府才开始"重新"激活外围组织的政治吸纳功能。不过，政府在汶川抗震行动中也不是简单地照搬传统的直接替代模式，直接取缔已经不再是主导性的手段。① 新的替代模式更强调法制手段，通过建立正规的登记制度来提高民间组织的准入门槛。正规准入机制的建立能够让组织化水平和筹资能力普遍低下的自发结社很快就失去发展动力。② 其次，充分发挥政府在信息传播上的优势，通过公共传媒加大对官方组织的志愿者活动的报道，对政府自己发动的外围动员提供直接舆论支持。第三种替代手段更特别，也更能体现政府对新环境的调适能力。在汶川震后，政府（特别是主导志愿者组织的团委）会鼓励来自行政体系的志愿者组织同独立的民间力量接触、合作，甚至指派"积极分子"直接参加民间组织，学习民间组织行之有效的工作方法和组织技术，提高官办组织的灵活性和适应性，甚至模仿民间模式临时建立一些新的官办志愿者组织。在这个过程中，官办外围组织实际上对民间结社展开"竞争"，只不过这样的竞争并不对等，因为官办组织能够得到政府在组织、人力和物力上提供的直接支持，还可以获得官方传媒的高调宣传。③ 而且这种新的动员策略不仅出现在灾区，灾区以外的地方政府也采用，说明这不仅仅是灾区地方政府的独立行为。④

根据作者在四川灾区的实地观察以及对当地共青团干部的访谈，本书认为，经过调整的外围动员虽然比过去更具灵活性，但是动员质量仍然不高。政府及其外围组织并没有摆脱传统的动员范式，还是注重发动，缺乏跟进管理，专业化水平依然低下。至少就四川省的情况来看，这样的外围动员往往是报名征集场面热烈，官方甚至还设置一些技术性的报名条件（比如报名者要具备一定的急救技能），但是志愿者真到了灾区前线，政府没有足够的人手和经验将这些被自己调动起来的外来人力资源加以有效地组织和引导。这样动员大批民众进入灾区，不但造成资源浪费，不能给

---

① 根据作者2008年11月和2009年12月对国际NGO成员进行的两次访谈，我国政府对海外NGO的态度要严厉些。事实上，只有香港乐施会获得了我国官方正式许可，留在灾区公开开展灾后重建活动。
② 对汶川震后进入灾区的NGO组织和筹资情况的分析，可以参见韦克难等《NGO介入汶川地震灾后重建的概况调查——基于社会工作视角》，《中国非营利评论》2010年第2期。
③ 根据作者2008年11月在四川省成都市、德阳市和绵阳市的访谈。
④ 作者2008年11月在四川省德阳市对两位具有明显官方背景的"志愿者"进行了访谈，他们直接参与了这种政府策划的组织学习和组织扩张过程，都受到了官方公开的表彰。

救灾工作带来明显的帮助，还给灾区前线带来额外的社会管理压力。①

第四节 汶川的遗产与抗灾动员模式的变化

汶川抗震动员在很多方面延续了我国在四十多年抗震救灾实践中所积累下来的经验和制度遗产，但是也给我国的动员型抗灾体制带来了一些重要的新变化。这些变化主要体现在三大方面。首先是中央政府的动员主体角色增强。需要强调的是，抗灾动员在21世纪的这种重新集权化趋势与全能主义时期的集权化存在性质上的差别。前者是市场转型条件下中国共产党对于国家职能定位的一种调整，目的是减轻市场失灵和国家退出给公共服务质量带来的伤害，并不是追求全面的政治控制，更没有牺牲灾害治理的专业化。抗灾动员的"重新国家化"趋势实际上始于20世纪90年代末，但是进入第十一个"五年计划"以后才成为抗灾动员乃至整个灾害治理领域的稳定特征，并且在这个时期迎来了更系统、更密集的制度建设。汶川地震为转型中的动员型抗灾体制提供了全方位的实践检验机会，而且推动了动员模式的进一步改变。从汶川抗震动员的资源特征来看，来自中央的财政投入大幅度增加。在灾后的应急抢险阶段，中央救灾资金超过380亿元。在恢复重建阶段，根据国务院制定的规划，中央财政在3年内投入3000亿元，占重建总投入的30%。中央动员主体角色的增强不仅体现在中央财政资源投入总量的增加，更体现在中央资源投送范围的扩展。

中央主导性的增强还可以在更为微观的层面体现出来，就是汶川震后灾民救助项目的扩展和救助标准的提高。同过往的灾后救助相比，汶川震后中央政府提供的救助出现了许多第一次：第一次对有成员死亡的家庭发放抚恤金；② 第一次实行为期半年的全民性灾后过渡期救助；第一次对灾

---

① 作者2008年11月14日在德阳市对当地团委干部和志愿者的访谈。根据志愿者Y的回忆，很多在官办组织报名的志愿者虽然接受了一定的任务指派，并且有官方派出的专车运送。但是官方的指令并不明确，只有大致方向和地点。到了现场往往没有专人指派具体任务，很多志愿者都是自己找事情做，甚至很多人插不上手，只能旁观军队救灾。

② 死亡抚恤金为每户5000元。此前，死亡人口抚恤补助是地方政府行为，而且只有少数富裕的地方实行。参见《国新办就中国自然灾害和救灾工作等举行新闻发布会》，中国网，2007年1月11日，来源：http：//webcast.china.com.cn/webcast/created/1031/38_1_0101_desc.htm，访问时间：2011年4月4日。

民中最弱势的群体提供长期救助（有些救助项目延续到了地震一年之后）；等等。另外，传统的灾民临时补助和重建补助都比过去大幅度提高，前者从过去每人每月150元提高到300元，后者从每户1500元猛增到万元以上。这些新的应急救助项目都由中央财政直接支持，这不仅意味着中央政府要具备更强大的资源动员能力，还对中央政府对灾情以及整个救灾过程的掌控能力提出了更高的要求，要保证中央政府能够更有效地识别受灾人群，并且比较直接、精确地将资源投送给有需要的灾民。这对中国的涉灾基础能力提出了更高的要求，也意味着抗灾动员的"国家化"色彩更加浓重。从汶川地震之后政府在玉树地震和舟曲泥石流这类重大灾害的救灾实践来看，汶川地震形成的一系列灾后救助安排基本上都得到了延续，新的惯例趋于稳定。[①]

汶川地震为抗灾动员留下的第二个重要影响体现在对口支援这个特殊的危机动员机制上。更具体地说，汶川地震催生了更加正规的对口支援，并且推动了对口支援性质的转变。从前文能够看出，对口支援虽然从一开始就是中央政府主要的灾后重建筹资和贯彻手段，但是这种危机动员机制一直都带有强烈的非正式色彩，尤其体现在对口支援的组织形式和筹资渠道上。进入改革开放时代以后，虽然对口支援被中央政府有意识地用来支撑长期的开发式扶贫项目，在一定程度上提高了这种非正规国家内部资源动员机制的常态化水平，但是依然没有让这种动员机制获得更稳定的筹资渠道。从20世纪80年代启动的民族地区开发到90年代启动的三峡项目，对口支援依然是目标导向（consequence-oriented），下级政府从什么渠道筹集到什么样的资源来完成任务，上级政府并不会过多地过问，更不会做统一的安排。就救灾领域而言，对口支援虽然是中国各级政府常用的灾后重建筹资手段，但都不是灾后重建的主要资金来源。而汶川地震就让对口支援在救灾领域获得了一次重要的转型机会。通过这场巨灾的灾后重建实践，这种非正式动员机制提升为中央政府重要的救灾筹资工具，并且上升为一项国家制度。对口支援之所以能够被称为一项国家制度，主要就是因为它的常态化程度足够高，已形成新的较为稳定的惯例，能够在日后的救

[①] 杨维汉：《回良玉主持召开联席会议，进一步明确抗震救灾各项任务时间表》，新华网，2010年4月15日，来源：http://news.xinhuanet.com/2010-04/15/c_1235821.htm，访问时间：2011年2月4日。

灾和扶贫开发实践中被政府大体沿用。而衡量对口支援常态化水平的关键指标并不是中央在汶川震后出台的一系列成文法规本身，而是更为稳定的筹资渠道。首先，中央提出的"一省对一县"这样具体的组织安排，以及"百分之三"这样更具刚性的投入目标，让汶川震后重建获得了比以往更明确的动员实施主体，更稳定的资源来源。特别是类似于"一省对一县"这样点对点的组织安排，日后在类似于玉树地震和舟曲泥石流这样的重大灾害灾后重建实践中得到了延续。其次，从资源特征来看，汶川对口支援所动员的资源已经从传统的非专业人力和实物，决定性地转向了货币财政资源。即便是人力和实物，正规化水平也比过去有了明显提高。汶川震后，几乎所有接受支援任务的省市都派出了由消防武警组成的专业应急救援队伍，由特警和普通公安民警构成的社会控制力量，专业医疗队，再加上各个职能部门向灾区派出的挂职干部。这些专业力量长期驻守受援地，直接参与灾区日常公共管理和政府运作，直到重建任务完成。汶川震后出现的大量社会捐赠和志愿者也被整合进对口支援，由各省市民政部门和团委主导，建立了专门的管理机构，并且形成了新的常态化安排。

汶川地震对抗灾动员体制留下的第三项重要遗产是公众参与和社会动员机制的发展。汶川地震见证了我国自1949年以来在救灾领域最大规模的社会自我动员，数以万计的志愿者和几百家民间组织进入灾区为灾民提供各种各样的志愿服务，甚至参与灾后恢复重建。这场由重大危机激发的大规模社会自我动员让政府认识到了动员公众参与灾害管理的价值，汶川地震以后出台的一些涉及危机管理和灾害管理的规划、政策都开始明确写入鼓励公众参与、鼓励志愿者组织参与的条款。2013年芦山地震之后，政府第一次允许社会组织自行支配自己筹集到的社会捐赠资源，并且第一次在灾区指挥部设立专门的社会组织协调平台。

值得注意的是，汶川地震引发的社会动员还对地震这个具体的灾害部门的社会参与产生了触动。地震部门原本就有独特的动员公众参与传统，曾经建立过"群测群防"这种专门针对地震灾害管理的大众动员机制，鼓励公众直接参与技术和政治敏感性都很强的地震测报工作。进入21世纪以后，这种在改革开放时代几乎销声匿迹的动员传统得到一定程度的复兴，中国地震局开始重新在重点监测区发展业余宏观前兆观测点。汶川地震之后，技术精英内部要求恢复"群测群防"的呼声越来越大。最终，在汶川地震之后重新修订的《中华人民共和国防震减灾法》中写入了支持"群测群防"工作的条款,基层的宏观前兆观测点也开始获得更多的政府资助。① 当然,在国家优先目标专注于经济发展和社会稳定,而且社会成员的流动性大大增加的情况下,再现改革开放前那种公开的大规模动员是不可能的。"群测群防"即使能够重新获得某种程度的发展动力,也不会成为大规模社会动员参与抗震减灾的主要方向。进入 21 世纪以来,中国地震局更倾向于支持面向震后救援的公众参与,比如 2003 年启动的社区应急救援志愿者组织建设。汶川地震之后,中国地震局更加重视面向震后应急救援的志愿者组织建设,还尝试邀请民间 NGO 参加官方组织的震后救援演习。对于政府来说,面向震后应急志愿者组织比面向预报的"群测群防"组织政治风险更小,可控性更强,在可预见的将来,震后应急志愿者组织应该会成为抗震减灾领域政府动员公众直接参与的主要途径。

---

① 参见刘巍、王旭光《"5.12"首个防灾减灾日特稿:地震群测群防入轨》,《瞭望》2009 年 5 月 11 日,来源:http://news.xinhuanet.com/legal/2009-05/11/content_ 11350653. htm。

第 六 章

跨越四十年的抗震动员：比较与讨论

本书挑选了从 1966 年到 2008 年这四十多年间发生在中国大陆的四场重大地震灾害作为实证案例，尝试对不同阶段的动员模式的变化进行比较和归纳。本书证明，作为中国的一种重要制度特征，政治动员的变化轨迹并不是二元断裂的：成形于革命时期，并且曾经服务于革命（包括狭义的政治军事革命以及广义的社会革命）的政治动员并不会随着中国"告别革命"而必然走向终结。在乌托邦的意识形态体系和全能化的社会组织体系被主动放弃，市场经济全面取代计划经济以后，政治动员依然有可能在更追求专业化和规范化的公共治理领域获得延续动力，甚至是新的制度化动力。

本书关注的是政治动员模式的变化，也就是动员主体、动员的对象和动员机制以及它们相互关系的变化。政治动员主体自然就是政府。在灾害治理领域，作为动员主体的政府并非铁板一块，可在纵向维度区分为中央和地方多级政府。本书主要把分析重点集中在中央政府。动员的对象主要是指被中央政府用来实现自身目标而调动的各种资源，既包括有形的货币、物资、设备以及有组织的人力，也可包括无形的意识形态和符号。资源类型和配置方式的变化能够引起动员特征的改变。动员机制则是指动员主体调动资源实现自己政治或者技术性目标的制度化途径，这些途径既包括正式制度（比如行政组织或者成文法规），也包括非正式的惯例。本书通过观察政府在地震灾害治理领域前后四十年的危机动员实践发现，在我国不同的政治发展阶段，政治动员——作为政府常用的灾害危机处置手段——会呈现出不同的整体特征。在某些时期，会有不止一种动员模式同时存在。政治动员所呈现出来的多样性和多变性，与主流中国政治研究乃至更广义上的共产主义研究对于政治动员的理解存在明显差别。传统动员政治研究对动员的界定带有明显的静态性：中央政府的动员主体角色是绝对的，动员对象是完全被动的，动员机制也是固定的（组织纪律和上级命令）。有的涉及当代中国动员政治研究，要么把注意力过多地集中在主体性很强，甚至带有明显反体制色彩的主动动员，尤其是1976年以前那些围绕意识形态目标和权力斗争开展的政治运动，要么以改革开放时代的公共政策过程作为研究对象，过于关注动员技术层面的特征。而本书选择从灾害危机处置这个公共领域入手来分析中国的政治动员，不仅能够体现中国政治动员政治性和技术性并存的特点，还可以避免传统研究过于强调动员的超常规和反体制色彩的倾向。从动员政治的角度来看，地震是非常有代表性的灾害门类，甚至是非常有代表性的公共事务领域。在常见灾害当中，地震是不可预测性和破坏性最强的灾种，容易引起大规模社会恐慌的公共危机，更容易引起政府的超常规反应。回顾我国四十多年的抗震实践，即使不是特别严重的地震灾害（6级以下破坏性地震）都有可能引发局部性的高强度政治动员（比如受灾省的省内全面动员），而6级以上的强震则很有可能引发中央政府直接领导的跨地区动员，像唐山地震和汶川地震这样严重的城市震灾甚至会触发最高规格、最大规模的危机动员。另外，地震部门是动员倾向和制度化程度最高的一个灾害部门。专职地震工作是在全面备战的背景下诞生的，又与"文化大革命"重合，整个治理体系从基本任务定位、工作规范到制度设计都带有很强的激进色彩。中央从一开始就将技术和政治风险很高的短临震预报作为地震工作压倒一切的优先目标，整个专业治理体系也是围绕这个核心任务来搭建，将主动出击的准战争动员作为标准化的灾害治理手段。这样的制度起点对我国地震治理体系日后发展和转型带来了深远的影响，直到今日我国仍然保留着世界上最庞大的地震工作行政体系。这套体系在建立之初就是一套制度化的动员机制，虽然从20世纪80年代开始经历了将近三十年的调整已经高度专业化和正规化，但直到今天依然是中国地震危机动员至关重要的制度基础，影响着资源的投送方向以及政府对具体动员机制的选择。最后，从动员政治乃至更为宏观的政治发展角度来看，我国抗震减灾工作四十多年的发展历程完整涵盖了中国共产党从革命化时期到后革命化时代最重要的阶段，这个超常规倾向很强的事务领域也因此能够在很大程度上反映出中国动员政治整体性的变化趋势。

第一节　跨越四十年的地震灾害治理和抗震动员

本书选取的四个震例不仅在严重程度上最具代表性，而且还分布在不同时期；不仅能够体现出我国地震危机动员模式的变化，而且还可以反映出我国地震灾害治理，乃至更为整体性的自然灾害治理从制度到理念的变化趋势。

唐山地震发生在我国地震灾害治理体系发展的第一阶段。这个阶段以 1966 年邢台地震作为起点，一直延伸到 1976 年。这十年几乎完整跨越我国 1949 年以后第一个地震活跃期，也是我国专职地震工作的起步阶段，以及这个新生的灾害部门的"革命化"阶段。在全面备战和"文化大革命"背景下形成的地震灾害治理体系，本身就是一种动员机制。当时的决策层将技术和政治风险都很大的短临震预报作为整个地震工作的支点，将军事化的大规模人力动员（也就是所谓的"人民战争"模式）作为常态化的抗震减灾手段，连原本可以通过正规行政体系来实施的日常灾害管理任务也通过超常规的大众动员来进行，将常态治理危机化。更重要的是，对于专业地震部门来说动员已经不仅仅是一种技术性的危机处置手段，还是一种政治再生产机制，目的是让这个技术性很强的事务领域在意识形态上与整个革命化的政治体系保持统一。唐山地震作为这个时期最严重的一场震害，充分体现了抗震危机动员包含的经济和政治双重意义：中央直接组织这场共和国成立以来最大规模的灾害危机动员，既是为了救灾，也是通过现实的危机处置来延续既有的激进意识形态体系，维持政治秩序的稳定（至少在地震发生后头两个月是这样）。

澜沧—耿马地震发生在中国地震工作"告别革命"的关键转折期，时间跨度大约就是改革开放的头十年。从 1978 年开始，"文化大革命"时期形成的高度军事化的治理理念和制度安排被系统地清除，曾经独树一帜的"群测群防"随着"专群结合"原则一起被新的领导者放弃。改革开放时代的中央政府不再将公开的大众动员作为常态化治理手段，而只将其作为技术性的危机处置工具。实际上，在经历了唐山地震的惨痛教训之后，决策者随即筹划建立以正规应急预案为基础的应急管理体系，让地震危机动员变得更具可控性，更加正规。但是，一方面由于地震工作在进入以经济建设为中心的改革开放时代以后受到冷落，另一方面激烈的政治转向让地震部门自身也陷入动荡，许多新设想和制度设计迟迟无法得到落实。直到1988年发生澜沧—耿马地震，我国进入新一轮地震活跃期，中国地震工作才结束动荡。澜沧—耿马地震不仅开启了我国地震灾害治理新的发展阶段，也直接促成了我国地震灾害危机动员体制的转变：首先，高度中央集权式的应急指挥组织体系瓦解，地方政府在地震灾害治理领域的自主性增强，地方政府对抗灾危机动员的主导性随之增强。其次，正规应急预案建设迅速发展，成为抗震危机动员重要的制度基础，震前应急动员呈现出明显的正规化趋势。

丽江地震发生在我国地震灾害治理和地震危机动员演变的第三个阶段，大致涵盖整个20世纪90年代，以1998年河北张北地震作为尾声。进入90年代之后，中央加快推进全国性的正规应急预案建设，地震领域的危机动员也因此获得了优越于其他灾害部门的正规制度基础。不过，抗震动员的技术行政化和正规化趋势只是集中在震前和震后第一时间的应急反应阶段，并没能向周期更长、资源需求更大、牵涉的任务和行为体更加庞杂的震后恢复重建阶段延伸。在面对震后重建任务的时候，我国政府在很大程度上延续了改革开放以前的模式，高度依赖灾区地方政府就地动员灾民投工投劳来筹资和实施，缺乏专业行政体系和正规资源的有力支撑。不仅如此，进入20世纪90年代中后期，政府在震后恢复重建实践中对传统大众动员元素的依赖程度甚至还有所增强。政府地震危机动员"前后反差"不断扩大的趋势在丽江地震的抗震实践中充分暴露出来。1996年发生在滇西北的丽江地震虽然震级并不是最高的，但是造成的损失却是进入改革开放时代以来最为严重的。尽管如此，云南省政府在应急反应阶段组织的危机动员比过去更有序、更规范。特别是灾区地、县一级政府在震后没有重演1988年震后低层级地方政府出现的混乱和瘫痪。但是到了震后重建阶段，云南省对灾民就地动员的依赖程度甚至超过1988年的澜沧—耿马地震。同一场地震危机动员，政府在应急阶段和重建阶段的表现形成了相当强烈的反差，抗震动员一直以来都存在的两种模式共存，并且相互脱节的情况暴露得更加明显。

本书挑选的第四个震例就是2008年发生的汶川地震。表面上看，这场1949年以来我国最严重的地震灾害所触发的危机动员带有特别强的超常规色彩。但实际上，这场地震危机动员在很多方面直接延续了我国从20世纪90年代末以来在地震乃至整个自然灾害治理领域积累的新的制度建设成果，体现出一系列新的更具系统性的治理观念。首先，就地震部门而言，各级政府已经完全放弃了以短临震预报为基础的临震应急动员，地震危机动员已经全面后倾化。其次，就整个自然灾害治理而言，抗灾动员的正规化程度进一步提高。从90年代末期开始，中央政府陆续建立了一系列将各个灾种包括在内的正规应急反应机制，这让新世纪的地震危机动员直接获得了更加规范的资源基础和制度基础。[①] 其中，最有代表性的这类制度建设成果就是救灾应急物资储备体系、救灾应急资金拨付机制，以及2003年以后出现的以应急办和应急预案为核心的专职应急管理体系。再次，中央政府在抗震危机动员中的主体角色明显增强。前面提到的那些正规应急机制本身就是在中央层面建立的，由中央政府直接管控。同时，国务院在2000年建立了针对地震救灾的指挥部。这也是20世纪70年代后期中央地震工作领导小组停止运作以来，我国第一次在中央建立针对地震灾害治理的应急指挥机构。抗震动员在中央层面"重新"获得了更加专业化也更具权威的启动和协调机制。而中央在2003年以后建立的更具综合性的专职应急管理体系更是从整体上让中央对灾害危机治理的介入门槛降低，特别是经过细化的分级响应机制，让中央作为抗灾危机动员主体的角色定位更加清晰，更加稳固。最后，抗震动员的资源来源明显更加多元，也更加稳定。尤其是中央进一步加大了对社会捐赠的动员力度，以官办社会组织为基础的庞大的社会资源动员体系从21世纪初开始加速发展，并且同正规应急管理体系整合在了一起。我国在2003年遭遇21世纪第一个地震高潮，一年之内全国多处发生5级以上破坏性地震，从20世纪90年代末积累的灾害应急管理体系建设成果得到了第一次系统检验，取得了良好的减灾效果。在此后的几年时间里，随着"非典危机"催生的正规应急管理体系快速发展，以及民政部主导的救灾工作改革持续推进，抗震危机动员在世纪之初出现的这些变化趋势进一步得到强化。到了2008年汶川地震的抗震救灾行动，中央不仅将此前累积的灾害应急管理经验集中展现出来，还通过这场强度和规模都空前的危机动员让这些变化更具整体

---

① 当时"非典"危机刚刚发生，专职应急管理体系建设才刚刚开始，对地震灾害应急的影响还没体现出来。

性。汶川抗震动员同以往的地震危机动员相比，不但在专职化和正规化程度上更进一步，在中央主导性以及社会开放性上更是达到了一个前所未有的高度。汶川抗震动员是我国政府第一次系统地实践自己在 2006 年才刚刚确立的"国家主导"和"全面救助"的救灾新原则，由国家财政直接支撑的应急救助项目大规模增加，救助标准也提升到了很高的水平。国家直接救助范围的扩大和救助标准的提高，意味着需要国家（特别是中央政府）直接动员的正规资源大大增加。不过，中央主导性增强并不仅仅体现在国家内部资源的动员，还体现在国家对社会资源的动员。汶川抗震动员的一个显著特点就是国家动员与社会动员的并存，整场灾后危机动员既体现出很强的国家主导性，同时在社会开放程度上也达到了一个前所未有的水平。汶川抗震救灾见证了 1949 年以后我国在救灾领域最大规模的国内社会捐赠和公众直接参与，其中绝大部分社会财富和人力资源都被政府以其外围组织为基础建立的社会动员体系吸纳和管控。通过同社会自主动员的短暂性互动，政府很快又发展出新的针对社会自主动员的控制机制，意在确保国家在动员政治中的绝对主导地位。

　　那么，究竟是什么因素让抗灾动员在改革开放时代呈现出如此复杂的变化轨迹呢？为什么全能主义体制下发展起来的大众动员元素在改革开放时代还能够持久延续？为什么在市场化和社会多元化程度越来越高的 21 世纪，中央政府的动员主体角色反而显著增强？2008 年的汶川抗震动员为什么一方面会呈现出强烈的国家角色扩张和"国家化"趋势，另一方面却又出现规模空前的社会动员和公众参与？这两个方向的动员是否存在矛盾？两个方向的动员之间的互动又具有什么样的政治意义？要更有效地解释当代动员政治在改革开放时代的韧性和多变性，仅仅关注意识形态、精英构成或者宏观制度结构变迁是不够的，还需要引入更加动态的解释变量，或者要对一些既有的解释变量进行更具动态性的诠释。通过对我国跨越四十年的抗震救灾实践进行的纵向比较，本书认为，影响我国抗震动员模式变化的关键因素是中国统治精英对国家角色定位认知的改变，以及国家整体涉灾基础能力的增长速度和增长均衡程度。这两大因素不仅能够更好地解释我国抗灾动员模式从革命时代转入改革时代以后发生的深刻变化，还能够有效解释动员体制在社会经济持续转型的改革时代所呈现出来的非线性变化。

第二节 解释动员模式的变化

通过回顾我国跨越四十年的抗震减灾实践发现，国家角色定位和国家能力的变化对抗灾动员模式的改变能够产生显著影响。只有当国家意愿和国家能力出现同步变化趋势的条件下，抗灾动员模式的变化会更加显著。首先，影响国家意愿的变化本身会受到国家能力的影响：国家灾害治理能力越强，国家对于灾害处置的介入意愿越强，抗灾动员的主体层次更有可能向高层级政府提升，资源和动员机制的正规化程度越高。其次，发展水平也能够影响国家意愿。再次，发展水平还能够影响国家能力。对中国抗震动员模式，乃至其他影响动员模式的因素产生重要影响。

一 发展水平提升带来的复杂影响

通过回顾我国的抗震减灾实践，本书发现，发展水平能够对我国抗震动员模式乃至其他影响动员模式的因素产生重要影响。

发展水平包括经济总量、工业化水平和城市化水平这三个关键指标。发展水平的变化（提高）能够直接和间接地改变政府的地震危机动员模式。所谓直接改变体现在动员的资源特征和主体特征这两个方面，这也是动员内部特征的改变。改变地震灾害的整体成灾特点，也就是通过改变动员的外部条件来改变动员模式。发展水平还可以通过影响动员主体意愿和国家能力，间接地引起动员模式的变化。

发展水平的提高首先会改变抗灾动员的资源类型和来源。发展水平的提高意味着工商业在国民经济结构中所占的比例不断上升。相比起积累微薄、自然灾害易损性特别强的农业经济，工商业能够为政府提供更充沛、更稳定的财政收入，从而为国家主导的抗灾动员提供更加坚实的"硬"基础，并且推动国家抗灾动员的资源基础从人力转向财力，特别是更加正规的公共财政。改革开放以后，国民经济加速发展，第二和第三产业产值在国民经济中所占的比重持续提高，政府的财政收入也持续增加。1984年农村经济改革以后，政府对于救灾工作的资金投入明显增加。从本研究列举的震例来看，政府针对农村救灾和震后重建投入的财政资源比改革开放以前明显增加，货币救助也大幅度取代传统的实物救助，人力资源

（尤其是非专业的人力资源，比如普通民众）对于抗震救灾的重要性则明显降低。到了2008年汶川地震，政府对震后救援和重建调动与投入的资金总量以及覆盖内容都达到了前所未有的水平，非专业人力动员明显边缘化。仅仅中央政府就调动了将近3000亿元资金用于震后重建，无论是绝对金额还是救灾比（也就是救灾资金占直接经济损失的比例）都达到了1949年以来的最高水平。政府还第一次实行广泛的灾后过渡性救助，几乎所有出现人员死亡的灾区家庭都获得至少5000元的抚恤金，几乎所有重灾区受灾家庭都能够得到为期三个月的临时救助，灾区弱势群体还能够获得为期半年的基本生活保障，这些新的灾后救助安排都是由国家财政来支撑。

与资源类型的变化相联系，发展水平的提高还会改变抗灾动员的资源来源。传统的大众动员模式主要面向农村，主要就是依靠灾区就地动员灾民"投工投劳"。在1949年以来的很长一段时间里，这种灾区就地人力动员对我国的灾后重建显得至关重要。进入改革开放时代以后，随着抗灾动员越来越依赖财政资源，动员的主要资源来源也逐渐从农村转向城市，从灾区内部转向灾区以外。进入21世纪以后，国家重新重视动员人力资源投入抗灾行动，但是新的抗灾人力动员的重点场所也由农村转向城市，以城市人口和社会财富作为主要的动员对象。抗灾动员资源来源的多元化、外部化和城市化趋势在汶川地震中得到了充分体现。汶川震后重建的资源有三分之一来自中央财政，跨省对口支援提供的资金超过700亿元，中央政府直接动员的社会捐赠金额也超过700亿元。其中，参与对口支援的都是沿海东部省份的大中城市，（国内）社会捐赠也主要来自城市。此外，还有一百多万来自灾区之外的城市志愿者进入灾区直接参与救灾和重建。

其次，发展水平的提高还会改变抗灾动员的主体特征。发展水平的提高同时意味着城市化（或者城镇化）水平的提高，也意味着抗灾任务变得更加复杂，对技术和管理的要求更高，非专业的灾区就地人力动员越来越难以满足新的抗灾任务需要，国家正规行政力量的直接介入变得越来越有必要。即使中国灾害治理的重点一直都集中在农村，但是随着发展水平的提高，即便是农村抗灾的规格和复杂程度也出现了整体性的提高。就像本书列举的发生在1988年和1996年的两场地震，虽然灾区都处于偏远贫困的西部农村，但是伴随着城镇化进程，当地出现了更多的大型公共建筑和工厂，民居建筑条件也得到了改善，地震造成的经济损失十分惊人，大大超过改革以前常见的农村震害损失。相应的，政府（更准确地说是云南省政府）针对这两场地震组织的抗震动员从结构到过程都变得更加复杂。在这方面，1996年丽江地震尤其具有代表性。虽然这场地震发生在偏远贫困的滇西北农村，但是由于灾区的城镇化水平提高，造成了20世纪90年代最严重的震害，重建规模浩大，技术要求也比传统的农村灾后重建要高。虽然丽江震后重建仍然是由云南省政府主导的，但是正规程度和复杂程度明显超过以往的农村震后重建。其中，重灾区主要的公共设施重建都由省级行政部门牵头，根据不同部门的专职背景分配重建任务，以"条条为主"的纵向动员作为主要的筹资渠道和贯彻手段。这样细致的动员分工安排过去只有在唐山城市重建任务中才出现过。

不过，发展水平的提高虽然能够在整体上推动我国地震危机动员朝着更加正规化的方向发展，但是却不足以细致地解释危机动员模式在改革开放时代呈现出的丰富变化。比如，在发展水平持续提高的背景下，我国抗震动员的正规化进程却没有同步提升。到了20世纪90年代中后期，政府组织的地震危机动员对非专业人力资源以及其他制度外资源的依赖程度甚至不降反升。而直到21世纪头五年快要过去的时候，我国的地震危机动员才呈现出明显的中央主导化、正规化以及资源多元化的整体转变。也就是说，国家整体发展轨迹同国家抗震动员模式的变化轨迹并没有出现明显的重合，两个因素之间没有直接的相关性。之所以会出现这样的现象，首先是因为经济结构升级和整体财富增加只是改变动员的**潜在**资源条件，这并不意味着政府一定能够有效掌握和直接调动不断增长的资源，更不意味着新增长的资源一定能够有效地转化为实实在在的抗灾能力。虽然1949年以后我国的发展水平在整体上获得了持续提高，经济总量和国家总体收入持续增长，可供政府动员的抗灾资源变得越来越丰富。特别是在应对重大灾情的时候，可供政府临时集中调动的财政资源总体而言变得更加充沛。但是至少从地震领域来看，发展水平的持续提高并没有导致政府对人力动员的依赖性出现明显下降。中国的抗震减灾工作起步于全能主义时期的最后十年，这个时期的地震灾害治理从日常管理到危机处置都高度依赖大规模非专业人力动员来实施。从1966年到1976年，我国频繁发生7级以上强震，但是除了邢台地震和唐山地震，中央政府几乎没有针对某一场强震直接启动过高强度、大规模的外部动员。对于大多数地震，当时的中央政府只是在应急抢险阶段才会直接动员正规资源——包括财政资金和正规军——来实施紧急救援。至于震后重建，从筹资到实施都高度依赖受灾省的省内动员，中央政府直接组织的外部动员规模有限，中央为重建直接调动的财政资源也很有限。抗震救灾高度依赖非专业人力动员的局面在很长时间里也没有发生明显改变，以就地动员灾民为主要特色的大众动员元素一直到21世纪初仍然是中央政府非常倚重的震后重建手段。2003年以后，依靠灾区就地动员灾民"投工投劳"的大众动员模式才在我国抗震救灾实践（特别是针对强震的救灾行动）中加速边缘化。

另外，对于中国这样的发展中国家而言，社会经济发展水平的提高反而会导致灾情条件持续恶化，进而放大灾害治理的超常规倾向。特别是城市化的发展导致人口和财富加速聚集，整个社会的受灾风险也随之加大，灾害损失也会因此变得越来越严重。[①] 发展水平与灾情恶化之间的关系在地震领域体现得尤为明显。由于中国城乡仍然普遍缺乏建筑抗震设计和有效的监管，城市化（尤其是农村城镇化）水平的提高会放大地震灾害的威胁，地震造成的损失也会因此变得越来越严重。这同时意味着抗震救灾行动的超常规倾向会随之增强。通过表6-1可以看出，改革开放以前，通常7级以上地震才可能造成严重损失。进入改革开放时代以后，6级以上地震就可能造成过亿元的经济损失和10万间以上的建筑损毁。这也意味着灾情更加容易突破政府常规行政和财政承受能力，更容易触发超常规色彩强烈的危机动员，而且这些动员本身对制度外资源的依赖程度不降反升。

表6-1　　　　　中国20世纪60—90年代损失过亿元的强震

时间（年）	地点	震级	倒房（万间）	经济损失（亿元）
1966	河北邢台	7.2*	262	10
1970	云南通海	7.7	33.8	3
1975	辽宁海城	7.3	46.3	8.1

---

① 发展水平与灾害损失恶化的相关性分析，参见陈颙等《"十一·五"期间中国重大地震灾害预测、预警和防止对策》，《灾害学》2005年3月；丁广文等《我国减灾投入与灾害损失关系研究》，《安徽农业科学》2008年第8期。

第六章 跨越四十年的抗震动员：比较与讨论　139

续表

时间（年）	地点	震级	倒房（万间）	经济损失（亿元）
1976	云南龙陵	7.4	4.9	1.4
1976	河北唐山	7.8	629.3	300
1979	江苏溧阳	6.0	9.6	2.47
1983	山东菏泽	5.9	6	3
1988	云南澜沧	7.6*	75	27.5
1995	云南武定	6.5	2.6	8
1996	云南丽江	7.0	35.8	46
1996	新疆伽师	6.9	1.8	3.87
1996	山西包头	6.4	——	26.8
1998	河北张北	6.2	13.6	7.9

* 邢台和澜沧—耿马地震都包含双主震，在此选取最高震级。

注：1976年唐山和1996年包头两场地震属于城市地震，两座城市都是人口超过百万的中型工业城市。

回顾我国跨越四十年的抗震救灾实践，政府之所以在1978年以前能将大规模人力动员——而且以灾民作为主要动员对象——作为危机条件下至关重要的防灾和救灾手段，同我国社会经济整体发展水平不高有很大关系。在国家整体收入水平不高的情况下，一旦遭遇损失严重的巨灾，政府要在短时间内筹措救灾和重建所需要的大量资金和实物资源会遇到相当大的困难，充分发挥我国在人力资源上的优势就成为很自然的选择。另外，我国在1978年以前城市化进程缓慢，绝大多数人口集中在农村，[①] 而绝大多数灾害（包括破坏性地震）恰恰发生在农村。以当时农村低下的生活水平和落后的管理技术条件来看，临时动员受灾农民"投工投劳"，再辅以国家提供的短周期外部救助，已经基本能够满足灾后恢复重建的需求。进入改革开放时代以后，经济持续快速增长，国家整体财力不断增加，政府的抗灾动员对象也开始由人力和实物为主转向货币为主。此外，城市化进程在改革开放时代全面提速，这使得地震灾情条件变得比过去更加复杂，不仅灾害处置的资金需求更大，处置内容的复杂程度和技术含量也越来越

---

① 1949—1978年，中国城市人口只增长了7%左右。相关研究可以参见苏少之《1949—1978年中国城市化研究》，《当代中国经济史》1999年第1期。

高。灾情条件的变化使得专业行政力量对危机动员的介入程度开始提高，抗灾动员的主体层次上移。比如，进入20世纪90年代以后，即便是发生在西部农村地区的地震灾害也有可能造成严重的硬件破坏和巨额经济损失，政府会更经常面对资金需求巨大、技术和管理要求较高的大规模城镇重建，中央行政部门直接参与抗震救灾动员过程逐步成为常态，灾后重建对灾区政府就地组织的非专业人力动员的依赖程度下降。到了2008年汶川地震，中央政府紧急启动的大规模抗震动员突出展现了我国在物质实力上的巨大进步，数月时间紧急调集超过600亿元的应急救灾资金，三年内动员近万亿元震后重建资金，从绝对的投入金额和相对的投入强度而言都创下中国自己的救灾纪录，放在国际层面进行横向比较也同样达到了非常高的水平。同时，汶川地震让中国城镇遭受了前所未有的严重破坏，技术行政力量对抗震动员的主导程度也因此被推到了一个新的高度。

二 国家角色定位的变化

政治动员是政治主体有意识的政治行动，来自动员主体的变化，特别是动员主体自我认知的变化能够对动员模式的变化产生非常关键的影响。从地震这个具体的灾害治理领域来看，政治精英对国家角色认知的变化能够对这个国家的抗灾动员模式产生非常重要的影响。因为国家角色整体定位的改变不仅能够改变动员最高层次主体——也就是中央政府——的介入程度，从而影响动员的整体资源和动员机制的特征，还可以更加精确地解释动员模式变化的时机。

中国共产党执政以后在整个自然灾害领域体现出了超越以往任何时期、任何政权（包括民国政府）的主动干预意愿。这个新生的政权迅速管控了各种公共资源，极大地减少甚至排除了市场调节和社会自我调节的可能性，理论上应该成为灾害治理公共服务最重要的供给者。不过，积极的国家角色定位和全面的国家管控并不必然转化为积极、全面的国家干预。事实上，在1949年之后三十多年的时间里，国家通过延伸到基层的政治组织体系以及全能化的单位组织来介入灾害治理，通过组织化的手段引导甚至强制受灾社会群体按照国家的意愿来参与灾害抗御行动。尤其值得注意的是，改革开放前灾民面对灾害进行的资源自筹或者"生产自救"并不意味着这些社会成员被国家抛弃，恰恰相反，这样的行为是国家有意识地行使自己的政治权力，通过制度建设引导和塑造出来的。中国共产党执政后效仿苏联，选择了优先发展重工业的赶超型发展战略。实施赶超型发展战略就是为了在缺乏资本的农业国快速实现工业化，这种发展战略的一个重要特点就是由农业部门向工业部门"输血"（比如高额农业税和"价格剪刀差"）。而尽可能减少对农村公共服务的投资则是一种变相的农业向工业"输血"的方式。在这样的背景下，作为农村公共服务重要内容的灾害治理自然也很难获得国家的有力支持。再加上当时的决策者极度排斥市场经济，在国家缺乏足够直接干预意愿的情况下，人力动员（而且是以灾区民众为主要动员对象）就成为我国灾害治理的重要筹资手段和实施手段。国家推动的集体化改造和公社化运动为灾区就地动员奠定了最重要的制度基础，也使国家干预最小化的意图得以实现，使政府获得了重要的资源替代机制。大众动员模式原本是面向农村社会和农业灾害的，但还是被政府直接套用到地震这个新生的灾害部门。如前文所述，在中国已经开始大踏步走向工业化和城市化的时代背景下，地震让这个农业大国第一次真切地面对城市灾害威胁。尽管威胁的内容发生了变化，政府整体的灾害治理理念并没有发生根本改变。和传统农业灾害部门一样，即便抗震减灾事关国家的工业经济安全，甚至关乎核时代的国家战略安全，但是政府对地震灾害的治理仍然延续了"最小化"介入；大众动员依然被作为常态化的抗震减灾手段，抗震动员的正规化程度依然非常有限，由中央政府直接组织的抗灾动员仍然带有很强的临时性和选择性。

1978年以后，国家在整个灾害治理领域的自我角色定位发生了深刻转变，标志性转折始于20世纪80年代初启动的经济改革，特别是农村经济改革。以去集体化为核心内容的农村经济改革，一个重要的目的就是要减少国家对农村生产生活的直接干预，减少国家（农村）公共服务供给职责。自然灾害治理作为重要的农村公共服务内容，也明显地体现出国家后撤的趋势。国家后撤对各个灾种在日常和危机条件下的治理方式以及具体的制度安排都带来了直接冲击，包括大众动员型抗灾体制。

对于地震部门而言，改革开放时代国家主动后撤对震后重建带来的冲击最显著。由于从一开始就缺少专职治理体系的支撑，我国的震后恢复重建同其他农业灾害部门一样，一直以来也高度依赖非专业的灾区人力动员，依赖灾民自助。但是农村集体经济组织的瓦解，不仅让基层大众动员失去了关键的制度基础，还使得灾后重建失去了至关重要的筹资渠道。在社会资源仍然有限的情况下，政府在灾后救助领域要保持足够公共服务供给水平，就要增加国家直接投入，建立国家财政直接支持的常态化救助体系。虽然以民政部为核心的专职化救灾体系在改革开放时代获得了快速发展，但是国家并没有主动承担最为关键的救灾筹资职责。集体经济瓦解以后，政府随即开始推广以（农民）家庭出资为主的救灾保险和"双储会"制度，把主要的救灾筹资责任转移给社会成员。20世纪90年代是灾害治理领域国家后撤幅度最大的时期，前面提到的那些民间自筹机制虽然发端于80年代，但是进入90年代得到了中央的明确支持，获得了快速发展。而恰恰是在同一时期，中央政府的救灾投入增长速度则相当缓慢，跟不上灾情恶化速度。随着国家经济的发展和城镇化水平的持续提高，地震造成的损失越来越严重，重建任务也变得越来越复杂，震后筹资压力也越来越大。从90年代中后期我国发生的几场6级以上强震来看，造成的损失都大大超过灾区所在地方政府的财政承受能力（即便地方政府会夸大灾害损失），也绝对不是微薄、分散的民间自筹以及尚处在发育阶段的市场资源能够支撑的。然而这个时期的中央政府并没有显示出增加救灾投入力度的意愿，"自力更生"和"生产自救"仍然是官方救灾工作的基本指针。即便是面对突发大灾，中央政府临时动员的正规资源也非常有限。像1996年丽江地震那么严重的灾情，中央财政投入甚至不及1988年澜沧—耿马地震。国家整体介入决心和介入力度的下降，导致筹资压力越来越大的震后重建更加依赖灾区就地组织的超常规动员，包括对灾民体力和物力的动员，传统大众动员元素原有的制度基础虽然受到农村去集体化改革的冲击，但依然有存在的必要性和可能性。

  灾害治理市场化和国家大幅度后撤的趋势一直持续到20世纪90年代末。在90年代后期连续遭遇多场重大自然灾害以后，决策者开始反思灾害治理领域过度市场化带来的弊端。90年代末到21世纪初，中央政府着手建立由自己直接管控的专用救灾物资和资金动员机制，中央对抗灾动员尤其是对灾后动员的主导性开始增强。这样的反思和调整进入2003年以后变得更加清晰、系统，并且落实到更加具体的制度建设上。中央连续出台国家应急预案，实际上意味着国家以法律的形式明确自身在灾害治理领域的职责。2004年，中央政府将长期以来带有很强临时性的灾后恢复重建纳入国家正式职能范畴。2006年，中央明确用"政府主导"取代新中国成立以来一直坚持的"生产自救"作为国家救灾工作的指导原则，并且提出"全面救助"的目标，这意味着中央政府愿意更加主动地承担更广泛的救灾职责，抗灾危机动员因此也能够获得更多的国家正规资源，专业行政力量的影响力增加，危机动员的技术行政化趋势增强。值得注意的是，进入 21 世纪以来国家角色在灾害危机治理中的"重新"扩张，是在市场经济高度发达，社会自主性越来越明显的背景下发生的。这个时期我国的国家社会关系早已不是单纯的零和关系。决策者对国家职能更加积极的定位非但不会否定和排斥市场和民间力量的重要性，反而更加积极地去寻找和发掘新的社会资源，并且建立新的制度化途径来加以动员和吸纳。一个典型的例子就是政府在 2005 年前后开始主动"培育"慈善事业，通过改造原有的政府外围组织或者发展新的组织工具来动员不断出现的新生社会资源，为筹资压力越来越大的救灾工作提供更丰富的资源。政府在灾害危机反应工作中引入志愿者参与，也是属于类似的行为。也就是说，中央主导性的增强以及新的国家扩张实际上保持甚至促进了灾害危机动员在资源来源和动员手段上的多元化。

国家角色定位在新世纪的变化及其对我国抗灾危机动员体制带来的影响是整体性的，这些变化能够在各个具体的灾害部门的危机处置实践中体现出来，包括地震部门。从 2003 年开始，政府在应对破坏性地震的时候，中央直接管控的应急救灾资金和救灾物资动员机制发挥的作用越来越明显，国家正规资源都能够在 48 小时之内下达到国境内任何一个灾区。此外，由中央财政直接提供的地震倒房重建补贴标准也在快速提高；由民政部建立的灾后重建项目管理也越来越规范，能够直接延伸到灾区县一级，这也有助于提高中央正规资源的投送效率。2008 年汶川的抗震救灾行动更是让政府得以第一次充分实践"政府主导"和"全面救助"这样的新目标。中央通过各种专题会议以及制定专门的法规对整个危机动员过程施加了重要影响，由中央直接动员的正规资源从规模到质量也达到了新的高度。比如前文列举的新增灾后救助项目，都是由中央财政直接支持。这不仅意味着中央政府需要直接调动更庞大的财政资源，而且中央政府动员的资源投送范围更广泛，对救灾和重建过程的影响更加深入，国家通过危机动员对灾区社会的介入水平得到了整体性的提高。另外，汶川抗震动员还见证了 1949 年以来第一次也是最大规模的一次社会动员。政府依托于自己发达的外围组织，动员了创纪录的社会资源投入震后应急抢险和恢复重建。更重要的是，政府通过这套组织体系，确保了对社会资源保持有效管控。超过九成的灾后社会捐赠都被政府的外围组织体系吸纳。实际上，即便是引人注目的大规模社会自主动员也是在国家有意识开放政治机会空间之后出现的，并没有放弃对社会自主动员的引导和管控。

三　涉灾基础能力的复杂性

本书探讨的国家基础能力同灾害治理有比较直接的关联。而抗灾基础能力本身又是一个包容性和动态性都相当强的概念。所谓包容性，是指基础能力能够将有形和无形的国家能力都涵盖进去。对于中国的灾害治理，特别是灾害危机处置而言，比较重要的基础能力包括财政能力和行政能力。抗灾基础能力这两个方面各自的变化以及它们之间相互关系的变化能够对国家灾害危机动员的局部或者整体特征带来明显影响。更具体的讲，只有当涉灾财政能力和行政能力出现较为同步的增长，政府抗灾危机动员的正规化程度才会得到整体性提高。

政府之所以从一开始就将超常规色彩强烈的大众动员作为常态化抗震手段，除了组织习惯和意识形态偏好在起作用，背后还包含领导者的现实考虑：通过人力动员来弥补政府自身在地震领域基础能力的整体不足。地震灾害对于这个年轻的共和国政府来说是全新的挑战，而且这种挑战的严重性还被全面备战带来的安全压力和心理压力放大。1966年的邢台地震让决策者意识到，强震会直接威胁大城市和工业中心，损害国家战争潜力。但是以国家当时的技术条件和财政能力，根本不可能在短时间内建立全国性的工程抗震体系，以及能够有效满足城市救灾需求的专业治理体系。在这样的条件下，政府选择将地震预报和预防作为突破口，充分发挥自己在组织能力和人力资源上的优势来弥补自身在基础能力上的不足，以尽可能低的代价实现良好的减灾效果。

进入改革开放时代以后，政府在涉震技术能力和专职行政能力上获得了明显的进步，逐渐建立起更先进的地震监测体系和地震信息管理体系。但是专职地震部门的能力并不意味着国家抗震基础能力能够获得整体提升，也并不一定会对抗震动员模式带来整体性的改变。首先，地震是一个综合性很强的灾害领域，涉及众多专业部门，即使是基础能力提升也不能只限于地震局。其实在地震灾害治理，特别是危机处置领域，地震局的角色在很长时间里都非常边缘化，对危机动员的决策和实施过程影响都非常小。民政部、发改委以及财政部这样的部委才是危机动员最重要的决策者和实施者。因此，只有这些部门的涉灾基础能力都得到相应提升，才有可能对国家抗震模式产生整体性的影响。但是，我国的地震灾害治理体系存在明显的分散性，各个涉震部门在能力建设上缺乏横向协调。尽管国务院从 20 世纪 90 年代开始推进涉及整个灾害治理领域的综合减灾能力建设，各个灾害管理部门各行其是的局面并没有发生根本改变，政府涉震基础能力的提升仍然缺乏整体性。比如，进入 90 年代以后，地震局和民政部分别主导震前和震后应急处置，两个部门其实都需要在灾情信息处理、应急预案建设、灾情评估，以及灾区前线效绩评估这些方面加强自己的能力。但实际上，地震局在这些方面的发展速度明显高于职责更多、摊子铺得更大的民政部。两大涉震部门在能力建设上的落差使得抗震工作原本就存在前后反差变得更加明显：不确定性和超常规色彩更强的临震应急动员反而变得越来越正规，技术行政化倾向越来越明显。而对于周期相对更长、任务步骤更为明确的震后重建，政府组织的动员则带有强烈的临时性和政治化色彩，对正规行政体系的依赖程度偏低，非正规的大众动员元素依然持久延续。另外，从更加宏观的角度来看，抗灾基础能力的不同如果不能得到比较均衡的发展，也会影响政府抗震动员模式的整体特征。例如，进入改革开放时代以后，国家整体涉灾（而不仅仅是涉震）财政能力和行政能力发展明显滞后于技术能力的提高。特别是进入 90 年代以后，国家财政能力持续滑落，落后于技术和行政能力的发展。比如，在改革开放时代就已经陷入资金紧张的专职地震部门在这个时期财政压力更大，直接影响了地震监测技术的升级，人才流失加剧。[①] 而由民政部主导的灾后救助体系的发展也因为中央对整个灾害治理领域的财政投入不足而受阻，不仅更加专业化的救灾体系无法有效地向地方政府延伸，连应急性很强的国家救灾投入也都受到冲击，中央救灾投入在国家财政支出中所占的比重持续下降。国家涉灾财政能力在 20 世纪 90 年代的持续削弱直接影响政府灾害危机动员特征，而 1996 年丽江地震的抗震动员就是非常典型的例子。丽江地震时期正好是国家财政能力的一个低谷，政府针对这场大地震的震后重建调动的正规资源无论从绝对意义还是从相对意义来看都不及 1988 年的澜沧—耿马地震。这在很大程度上导致我国政府在应对重大地震灾害的时

[①] 专职地震体系在 20 世纪 90 年代遭遇的困境可以从这个时期出版的《中国地震年鉴》找到比较明显的线索。

候，更加依赖制度外资源，特别是灾区基层政府对灾民的就地动员，以及中央和受灾地方政府对社会捐赠和金融资源的临时动员。整场丽江地震危机动员的非正规色彩依然非常浓重，传统大众动员模式的元素也因此得到了延续的动力。

我国政府整体涉灾财政能力一直到21世纪初才呈现出比较明显而且稳定的增长势头，灾害治理的整体投入增加，各个主要涉震部门的技术手段和行政能力也取得了明显的进步。从第十个"五年计划"时期开始，国务院重建针对地震灾害的综合协调机构，建立中央直接管理的全国地震灾情监测体系和灾情评估系统，还成立了国务院直接指挥的专业地震救援队，中央政府自身针对突发灾情的快速反应能力获得了直接提升。同一时期，民政部主导的专业救灾体系建设也获得了快速发展，并加快向地方层面的延伸。2002年，民政部开始搭建能够直达县一级的灾情速报和实时监测体系、灾情信息管理体系、专门的应急管理条例、灾后重建管理规程，以及地方救灾工作效绩评估制度，等等。到"十五"计划末期，通过新发展起来的灾害治理体系，政府能够初步将灾害应急管理延伸到县一级。一旦遭遇突发严重灾情，政府可以通过这套更为正规的制度体系将正规国家资源以及更加标准化的公共服务直接投送到有需要的社会群体身上。进入21世纪以后，政府灾害治理能力的整体性提高对地震领域的危机动员特征产生了非常明显的影响，不仅动员的技术行政化和正规化倾向明显增强，带有明显非正规色彩强烈的大众动员元素加速边缘化，还让地震危机动员长期以来一直存在的备灾、救灾和重建之间"前后断裂"问题得到缓解。正是由于政府整体抗灾基础能力不足，财政能力、技术能力和行政能力发展不均衡，使得震后恢复重建处置组织的动员在正规化程度上一直跟不上超常规色彩更强烈的应急动员，大众动员元素一直能够在震后重建这个任务领域长久延续，是政府（特别是灾区地方政府）非常重要的重建筹资和实施手段。

同国家角色定位相比，国家能力不能非常有效地解释动员模式的变化时机，特别是不能有效解释动员主体层次什么时候以及为什么会发生上下转移。另外，国家能力能够有效地解释国家内部资源动员特征和动员机制的变化，但是却不能有效解释我国政府对民间力量和市场资源的动员特征变化。

第三节　抗震动员模式变化的复杂性

本书分析的抗灾动员模式包括三个主要指标，即动员结构、动员资源和动员策略。动员模式的变化意味着三个因素各自的变化以及它们相互关系的变化。本书在第一章根据这三个指标的变化和不同组合，提出了我国抗灾危机动员的三种理想型模式，结合对我国地震灾害治理实践的分析，可以将这三种理想型模式进行更为具体的归纳：第一类动员模式可以被称为大众动员模式，强调灾区基层政府的动员主体角色，强调灾区就地动员，而且是对灾民本身的动员。这样的动员高度依赖基层政权组织和外围组织，但是对正规财政资源和专业行政力量的依赖程度不高；动员策略带有明显的"人民战争"色彩，注重对灾区人力、物力和心理因素的调动。第二类动员模式可以被称为专业动员，更突出专职技术行政力量的主导作用，对正规资源的依赖程度更高，动员机制带有明显的强制性，动员的实际操作主体层次主要在省级政府和中央政府。第三类动员模式可以被称为协同型动员，这种危机动员模式具有比较高的正规化程度，但是又具有比较强的开放性，国家并不完全封闭政治机会空间，不垄断筹资渠道，甚至向社会自主参与和民间自发动员有限度开放。但是这种动员模式的社会动员主要在灾区之外进行，不再以灾民作为主要的动员对象。

政府针对公共危机组织的政治动员从内在制度特征和运作过程来看具有很强的整体性，但是通过观察跨越四十年的抗震救灾实践我们可以发现，政府组织的每一场地震危机动员实际上都包含三个紧密联系，但又有所差别的部分，即面向震前的临震备灾（包括短临震预报，以及预报发出一周之内的巡逻、物资储备、人口转移、停工停产等）、震后应急（震后 72 小时到一周之内的抢险、医疗救护、人口转移、临时安置等）[①] 和震后恢复重建三个阶段。这三个阶段的动员虽然在时间和程序上紧密衔接，但是受到地震灾害成灾特点以及中国地震灾害治理体系设计特点的影

---

① 在灾害治理领域，甚至还会在应急抢险和灾后重建之间进一步细分出过渡安置这个任务环节。本书为了便于分析，对灾后危机处置的任务划分有所简化，将过渡安置划归到灾后恢复重建这个任务阶段。

响，每个任务阶段的动员从主要的动员主体层次、动员对象到具体的动员机制都存在一定的差异。其中，震前和震后应急在程序上衔接得尤其紧密，几乎没有明显的停顿，但是从应急阶段转入震后恢复重建阶段一般都会重新决策，通常会由国务院召开一场专题会议，这场会议通常也被视为重建动员的启动标志。在三个任务阶段中，临震应急在技术和政治决策方面的不确定性最强烈，军事化色彩更浓重，参与动员决策和执行过程的关键行为体数量最少（主要就是中南海和地方政府，总参和地方军区指挥机关，地震局和民政部门）。震后第一时间的应急反应属于事后性的政治行为，这个阶段的动员总体而言对国家正规资源的依赖程度最高，而且动员范围比较狭小，动员对象也一直比较稳定。其中，人力资源一直都高度依赖正规军以及类似于民兵和预备役部队这样的准军事力量，而震后应急反应所需的资金、专用物资和设备（比如帐篷、工程机械、大型交通工具）通常也是由中央和省两级政府的专职部门直接调拨，对灾区县、乡一级政府和灾民就地动员的依赖程度一向比较低。至于国家针对震后恢复重建组织的动员，虽然也属于危机动员的范畴，但是周期相对更长（政府对于灾后重建的时间限定通常不超过3年），任务更复杂，资源需求更大，牵涉行为体和利益也更加多元。另外，灾民会直接参与到震后恢复重建工作当中去，政府针对震后重建组织的动员一定会以广大灾民为动员对象。这也意味着，震后重建的动员机制会与震前和震后应急反应阶段有所不同，基层动员和外围动员的重要性更高，专业化程度相对较低。正是因为地震灾害危机处置在任务特点、动员对象和动员机制上存在如此差别，这三个阶段的抗灾动员在受到同一种因素影响的时候，呈现出来的变化轨迹也不完全重合。在接下来的部分，首先分别对这三个任务阶段的动员模式变化特点进行归纳，然后再将三个阶段的动员变化特征结合起来进行比较分析，检验前文列举的解释变量。

一 震前备灾动员模式的变化

震前备灾动员是我国地震危机动员最特别的部分，也是最能够体现我国地震灾害治理独特性的部分。震前备灾动员的整体特征在改革开放前后呈现出非常强烈的反差，备灾动员的整体变化轨迹也呈现出明显的二元断裂。

在改革开放以前，中央确立了主动出击的抗震减灾策略，临震备灾动员同短临震预报一起，成为我国专职抗震工作的支点，政府因此也将大部分精力和正规资源都集中在临震动员上。与此同时，震前备灾动员又强烈地体现出决策层对游击战模式的偏好。决策层公开号召在地震测报和预防领域"大打人民战争"，大力发展"群测群防"，鼓励普通公众直接参与到这个在政治和技术上都存在很大风险和敏感性的灾害治理过程当中来。实际上，我国在 20 世纪 70 年代初搭建的专职抗震体系本身就是一个政治动员机制，专业地震局和非专业的地方地震办公室都要直接承担在短临震预报发出后动员民众参与宏观前兆观测，传递震情信息，以及防震避震的任务。根据 70 年代形成的惯例，临震动员的周期通常在一个星期之内，甚至在主震发生前 24 小时之内。在 1978 年以前，我国已经针对地震灾害发展出相当发达且相当常态化的预防性动员机制。这套危机动员机制以中央地震工作领导小组为枢纽，以各级专职地震部门、"群测群防"组织、正规军和民兵为主要动员对象，按照"人民战争"模式来动员（高风险地区）全体社会成员（包括干部和普通民众）参与防震备灾行动。这样的动员模式可以归纳为大众动员模式，充分体现了改革开放以前我国的自然灾害治理特色，乃至更为整体性的政权特征。

1978 年以后，这种动员模式连同整个追求主动防御的地震管理技术路线一起受到了强烈冲击，"人民战争"和"群测群防"在短短数年之内就被"内紧外松"的专业危机管理取代。一直到 80 年代末，虽然政府仍然公开宣称坚持"预防为主"的抗震减灾原则，强调"群测群防"的重要性，但是主动动员在实践中已经失去了政治支持。一个重要证据就是，地震设防最严密的"首都圈"（主要是指京、津地区）在 1976 年以后再也没有启动过以短临震预报为基础的备灾动员，公开的"群测群防"更是销声匿迹。[①] 只有云南这种边远的地震多发省，传统的主动动员元素延续时间更长，但是从规模到范围都大为缩减，正规化程度明显增强。更重要的是，即便地震多发地区的地方政府有足够的意愿和决心启动备灾动员，这样的预防性动员也严格局限在政治组织内部，极少再向普通公众延伸，尤其不鼓励普通民众直接参与短临震测报。

---

① 李博：《政府发布短临震预报的判断准则及其应急对策》，中国灾害防御协会、北京减灾协会编：《中国减灾与新世纪发展战略》，气象出版社 1999 年版，第 163 页。我国政府曾经在 1990 年亚运会前夕专门启动过防震备灾动员，但是这场动员的范围非常小，只局限在国务院和北京市政府最高领导层、北京军区和专业地震部门。

地震备灾动员整体正规化转型的另外一个重要证据就是决策者对正规应急预案建设的重视。曾经作为大众动员机制的地方地震机构成为了纯粹的技术单位，不再肩负社会动员职责。进入20世纪90年代以后，地震应急预案体系建设加速发展，抗震备灾动员进一步正规化。与此同时，随着决策者坚定地选择将治理重心向震后处置转移，备灾动员在整个地震灾害治理领域也进一步边缘化。连原本被用来支撑备灾动员的应急预案也被转而支持面向震后的应急抢险。1996年丽江地震之后，即便像云南这样的边远地震多发省都没有公开组织过临震备灾动员，连20世纪80年代后期那种局限于政府内部的危机动员也销声匿迹。虽然中国地震局进入21世纪以后开始又重新支持重点监测区发展业余测报网络，但是从90年代末至今，各级政府针对地震灾害（尤其是6级以上强震）组织的危机动员全都属于事后反应。2008年汶川地震之后，国内地震领域的一些技术专家公开呼吁恢复"群测群防"，相关条款也写入了2009年新修订的《中华人民共和国防震减灾法》，但是政府并没有开展专门的制度建设来支持面向震前预防，面向公众，并且追求主动动员的抗震减灾机制。

二 震后应急动员模式的变化

震后应急就是地震发生后第一时间的抢险救灾和最基本的临时安置。根据我国从1966年邢台地震以来形成的惯例，这个任务阶段通常会持续一周。这个任务阶段的动员模式是三大危机处置环节当中变化轨迹最平缓的。纵观1966年到2008年前后四十多年的抗震救灾实践，在震后应急反应阶段，不论处在什么样的政治发展阶段和什么样的政治氛围下，政府一直都将正规军作为最重要的危机动员对象。[①] 在"备战"和"备荒"高度整合的20世纪60年代和70年代，震后危机处置带有强烈的军事色彩，军队成为政府震后应急动员最重要的动员对象。但是在进入改革开放时代以后，即便抗震与备战脱钩，震后应急的超常规和军事化色彩并没有明显减弱。一直到今天，军队依然是政府震后应急动员最为倚重的力量，是震后抢险救灾最重要的人力、物力甚至无形资源（比如精神激励和组织资源）的来源。这主要是因为地震灾害本身的低可预测性危机色彩依然非常浓重，并没有因为经济发展和技术进步发生明显改观。在专业地震救援

---

① 民兵和城市医疗队是中央政府除了军队以外最重要的应急动员对象。

队伍难以大规模扩张的情况下，军队自然还是政府应对突发灾情的首选。值得注意的是，震后应急动员对军队的倚重也意味着动员主体层次和动员机制的相对稳定。因为一旦涉及正规军的调动，一定是由中央直接领导，应急动员本身虽然具有浓重的政治色彩，但是动员机制仍然具有相当高的正规化程度，更加依托于正规行政组织结构，遵循正式规程。

当然，震后应急动员模式的稳定性和连贯性也是相对的。进入改革开放时代以后，尤其是 20 世纪 90 年代以后，震后应急动员也呈现出明显的正规化和专业化趋势。特别是应急预案的发展，让原本高度军事化、超常规色彩浓重的震后应急动员变得更加规范，可控性更强。从 90 年代末期开始，中央政府着手发展由自己直接管控的灾后应急资源动员体系，其中最有代表性的制度成果就是 1998 年建立的中央应急救灾物资储备体系以及 2001 年启动的救灾资金应急拨付机制。这些应急动员机制的建立不仅意味着政府组织的震后应急动员从资源基础到动员机制都变得更加正规，中央的动员主体角色更加稳定（由民政部这样的专业行政部门主导），还意味着应急动员全面取代震前备灾动员，成为我国地震灾害危机处置的重点，政府的精力和正规资源分配决定性地从"前倾"转向"后倾"。2003 年以后，这样的趋势进一步强化。"非典"危机促使政府大力发展综合性的专职应急管理体系，这也让地震部门直接获益，震后应急动员获得了更加系统、更加正规的制度支持以及更加雄厚的正规资源基础。

值得注意的是，中国地震局在进入 21 世纪以后率先向公众开放长期以来被政府和军队垄断的震后应急救援领域，建立面向城市的志愿者动员体系。震后应急动员的这种社会化倾向在 2003 年以后获得了来自宏观层面的发展动力。2003 年以后，政府开始在整个自然灾害救助领域支持公众参与。从 2005 年开始，政府将官办志愿者组织作为灾后应急人力资源的正规动员渠道，纳入国家灾害救助应急预案。2008 年汶川地震之后出现的大规模社会自发动员则进一步为政府推动的灾后应急动员社会化提供了制度化动力，也让一种有别于传统国家垄断的应急动员模式变得更加成形。新的应急动员比过去更加正规，但是资源的多元化和组织边界的开放程度更高。

三 重建动员模式的变化

政府组织震后动员主要就是为了实现短时间内完成灾区恢复重建。如前文所述，虽然震后恢复重建也属于地震灾害危机处置的重要内容，而且同震后第一时间的抢险救灾紧密衔接，但是其任务特点还是与应急动员存在明显不同。由于我国长期以来都没能在灾害易损性更强的农村地区建立有效的建筑抗震体系，也缺乏诸如保险这样的市场化风险转移机制，一旦遭遇严重的破坏性地震，很容易造成非常严重的硬件破坏和经济损失，震后恢复重建所需的成本也很高，很容易超出各级政府常规财政和行政承受能力。因此，超常规的动员一直以来都是政府非常倚重的震后重建筹资手段和执行手段。但是与应急反应阶段的动员不同，国家（特别是中央）针对震后恢复重建组织的动员往往更倾向于发挥灾区地方政府的主动性，特别是强调省以下各级政府的动员主体角色；动员对象也更侧重于非专业的人力资源，高度依赖对灾民本身的动员，对国家正规财政资源和专业行政力量的依赖程度一直都比较低。即便进入改革时代以后，在大规模就地人力动员的组织基础（主要是农村集体经济组织）瓦解很长时间以后，灾区就地人力动员模式的基本元素仍然是政府高度倚重的震后恢复重建手段。一直到2005年以后，就地人力动员才在我国的震后重建实践中加速边缘化。

当然，政府之所以能长期以来以灾区就地人力动员为主要的灾后重建筹资模式，主要是因为绝大多数自然灾害的灾后重建还是针对农村。而在改革开放以前，由于经济发展水平和生活水平不高，农村灾后重建在软硬件上要求都不高，政府直接调动的正规资源从质量到数量都属于低水平。但是这种强调灾区就地开展人力动员的重建模式并不适合城市，因为城市硬件的重建难度比农村要大得多，基本上无法靠灾民自己来完成。由于地震是第一种真正意义上的城市灾害，政府在刚刚开始开展地震灾害管理的时期，不仅缺乏建筑抗震管理体系，也缺乏有针对性的震后重建体系。唐山地震之后唐山市和天津市的重建是计划经济时期少有的大规模震后城市重建实践，当时我国专业地震灾害管理体系还处于初创期，并没有针对城市地震建立足够稳定并且具有针对性的震后重建体制。实际上，即便是唐山震后重建，特别是针对居民住房重建，政府也依然依靠大规模的就地人力动员，实际上是农村就地动员和自救模式在城市的翻版。但是这种低水平的人力动员只能勉强支撑简陋的临时防震棚建设，并不能支撑永久性民居的重建。

进入改革开放时代以后，特别是农村集体经济瓦解以后，政府抗灾动员的制度基础发生了重要变化，依托于集体经济组织和单位制的灾区就地人力动员受到直接冲击，大众动员模式在灾后恢复重建领域，特别是在农村灾后重建中不可避免地走向衰落。但是，衰落并不等于消失。在去集体化以后很长一段时间里（至少到21世纪初），灾区基层政府就地动员灾民"投工投劳"依然是震后恢复重建非常依赖的手段，尽管效果明显不如改革以前。1996年丽江地震造成的损失比澜沧—耿马地震更为严重，重建难度也因为受灾地域的不同以及灾区城镇化水平的提高而明显增加，但是这场地震的震后重建对灾区就地人力动员的依赖程度甚至还大于八年前。

进入21世纪以后，政府针对震后恢复重建组织的动员才更加明显地朝着正规化和外部化的方向转变，中央的主导性越来越强，对正规资源的依赖程度越来越高。首先，从制度层面来看，灾后动员的正规化程度明显提升。中央在2004年颁布了一系列涉及救灾工作的正式规程，灾后重建第一次以成文法规的形式纳入国家正式职能。此外，对公众参与的动员机制也在这个时期被纳入正式法规，无论是对社会财富还是对公众直接参与的动员都变得更加规范。除了制度方面的变化，中央还对救灾理念进行了重要修改，2006年第一次明确将"政府主导"作为救灾工作的正式指导方针，取代了坚持多年的"生产自救"原则，这表示中央政府会更加主动地承担灾害救助义务。随着国家角色定位的改变，国家的职能范围也随之扩大，"全面救助"成为政府的正式救灾工作目标，更多的灾后恢复重建阶段的治理内容被纳入国家正规职能范畴，救灾开始超越简单的房屋重建和一次性的实物救济，更多的社会救助内容也被包括进来。干预意愿的增强和干预内容的扩展让我国面向灾后恢复重建的动员从主体特征到资源基础都呈现出史无前例的"国家化"趋势，中央政府作为灾后动员主体的角色提升到了前所未有的高度，灾后恢复和重建的资金来源越来越多地来自各级财政。虽然农村灾区的民房重建依然高度依赖灾民自身的人力投入，但是这样的就地人力动员更多是基于灾民资源和原生的社会关系网络，政府的直接干预减少。我国灾后动员模式的这些变化是整体性的变化，在2005年以来的抗震救灾实践逐渐得到体现，但直到2008年汶川地震才获得了一次集中展示和跃升式发展。

2008年汶川地震之后，中央政府为灾区重建直接动员的正规财政资源创下历史纪录，而且中央政府主导的外部救灾动员开始超越传统的一次性应急救助，同更长效的社会保障改革结合在一起，为灾民提供更长期、更全面的社会救助。相应的，灾区基层就地动员在这场地震的灾后重建中的地位明显边缘化，只有乡镇民房重建，灾区社区和村级政府的就地组织和就地动员能力才较多地被展现出来。值得注意的是，汶川震后动员国家主导性的增强非但没有削弱改革开放以来动员资源多元化的趋势，还让政府对多种社会资源的动员能力获得了进一步的提升。汶川救灾和重建见证了我国迄今最大规模的社会捐赠动员和志愿者动员，政府筹集到的捐赠资金甚至超过了自上而下动员的对口支援所筹措到的资金，来自银行信贷以及其他金融融资渠道的资金更是占到了重建资金的 65% 以上（截至 2011 年 3 月统计）。政府能够调动如此大规模的非政府资源投入灾后重建，既表明中国的整体经济实力显著增强，为更高水平的国家动员奠定了良好的潜在资源基础，但更为重要的是，如此大规模的社会资源动员几乎都是通过政府的行政体系、政府外围组织和国有金融体系来实现的，实际上依然属于国家政治动员的范畴。尤其值得注意的是，以官办社会组织为基础的社会资源动员体系。这套 20 世纪 90 年代后期才发展起来的新的危机动员机制原本是政府对自身财力不足做出的调适，具有很强的临时性和应急性。到了 21 世纪初，这套动员机制的制度化水平明显提高，能够为政府的灾后处置提供更加稳定的额外资源，并且开始兼顾对财富和人力的动员。汶川震后，政府通过这套动员机制不仅为了救灾和重建吸纳了超过 700 亿元的资金，还直接或者间接调动了数以万计的城市志愿者进入灾区第一线参与救灾和重建，为汶川震后恢复重建提供了重要的额外支持，包括社会凝聚力。

第四节 分析与发现

我国地震灾害危机治理结构存在的前后断裂非但不会削弱本书提出的解释变量的解释力，反而有助于更加精确地识别哪些因素对抗震动员特征变化带来的影响更为直接。总的来看，国家角色定位和国家涉灾基础能力的变化轨迹同我国政府抗震危机动员——包括震前备灾、震后应急和震后重建三部分——特征的变化轨迹更加接近。相对而言，国家基础能力对抗震动员模式变化的影响就要显得更加复杂，这主要是因为国家能力本身包含多个方面。其中，财政能力和行政能力对震后重建阶段的危机动员产生的影响更为显著。通过对我国抗震救灾实践的纵向比较发现，政府针对震后重建组织的动员在进入21世纪之后出现了相当明显而且快速的转变，中央政府直接动员的正规资源不仅在量上明显增加，而且覆盖范围迅速扩大，资源投送也变得更加直接，国家通过自上而下临时启动的动员对灾后社会生活的介入水平明显提高。这同政府的涉灾财政能力和行政能力在世纪之交的持续改善是紧密联系在一起的。值得注意的是，虽然涉灾财政能力同行政能力之间存在一定的关联，但是就我国的抗震减灾实践来看，这样的关联并不是绝对的。如果我们把注意力集中在改革开放时代，的确可以发现政府涉灾财政能力越强，越有可能支撑更庞大的技术官僚队伍，特别是将专业行政体系向低层级政府（尤其是县一级政府）延伸。以此为基础启动的地震危机动员，正规化程度也会变得更高。20世纪90年代末以后的抗震救灾实践，特别是2003年地震高潮期，以及从2005年一直延伸到2008年汶川地震的新一轮地震活跃期，[①]的确能够反映出这种相关性是明显存在的。但是如果观察1978年以前的抗震实践可以发现，财政能力和行政能力之间的相关性并不明显。从20世纪60年代后期到70年代前半叶，中央政府可以依靠全面备战促成的政治组织全面军事化，以及"文化大革命"以来强化的"党的一元化领导"和类似于革命委员会这样高度精简的行政组织结构，获得极强的自上而下的贯彻能力。这样的政治组织结构尤其适合启动超常规色彩强烈的危机动员。这也意味着，当时的中央政府即便是针对地震这种技术要求比较高的公共危机组织大规模的防灾或者救灾动员，对复杂的科层体系和正规财政能力的依赖程度也并不是很高。

  国家角色定位的变化意味着中央政府——作为最高层次，同时也是最重要的危机动员主体——介入意愿发生变化。这个方面的变化对地震危机处置不同任务阶段的动员带来的影响并不完全一样。相对而言，国家角色定位的变化对震后恢复重建产生的影响更显著，但是对震前预防和震后应急动员带来的影响则没有那么强烈。纵观我国跨越四十年的抗震实践，中央直接介入意愿越薄弱，针对恢复重建组织的动员就更加强调"自力更

  [①] 地震高潮期是出现在一个地震活跃期当中的某个较为短暂的时期，高潮期的重要特征是6到7级以上强震密集发生。

生"，更加依赖对灾民以及其他制度外资源的就地动员（比如改革开放以前的副业生产，改革开放时代的强制或者自愿捐赠，单位集资，等等）。同时，当中央整体介入意愿不强的时候，抗震动员对灾区就地人力动员的依赖程度就会增加，基层政权组织和外围组织对于动员的重要性提高，动员本身的政治化色彩也会因此变得更加强烈。但是，中央介入意愿对震前备灾动员和震后第一时间应急动员的影响就比较复杂。总体而言，中央政府对于震后应急抢险阶段一直都非常重视，改革开放前后的介入意愿并没有特别明显的起伏。进入 21 世纪以后，尤其是综合性的危机管理体系建立之后，中央政府对震后应急的介入条件变得更加稳定，介入门槛也进一步降低，应急动员对正规资源的依赖程度进一步提升。

相比起其他两个任务领域，震前预防是中央政府角色变化最显著的任务阶段，这个任务领域的危机动员模式在改革开放前后的反差也最明显。改革开放以前，中央政府明确支持在备灾领域公开开展大众动员，积极倡导"群测群防"。1978 年以后，国家的地震灾害预防思路却发生了急剧转变，中央政府对主动动员模式的支持开始动摇，曾经作为我国地震工作重要支柱的"群测群防"开始被"内紧外松"的专业动员取代，中央政府再没有直接指挥过防震备灾动员。从"十五"计划开始，政府加大了对地震监测台网的投入力度，加速地震监测技术升级，但是并没有重新在防震领域动员社会参与，甚至连相对封闭的行政体系内部动员也逐渐销声匿迹。进入 21 世纪以后，在官方记录里再也见不到中央政府甚至地方政府公开或者半公开地根据短临震预报启动备灾动员。

国家意愿以及中央动员主体角色之所以会呈现出这样的变化和反差，恰恰归因于地震危机处置各个任务领域具有不同的特征。震前预防、震后应急和震后恢复重建在任务特征上存在明显不同。国家意愿对震前预防和震后第一时间应急反应的影响并不显著。面向震前预防的备灾动员是不确定性最强，技术和政治风险最大的任务，决策层对于主动备灾动员的可行性从一开始就没能形成足够强的共识。中央政府之所以会在 1978 年以前对备灾动员投入巨大的精力，离不开全面备战造成的紧张气氛，甚至是政治领袖的个人影响力（特别是周恩来）。可是一旦这些外部压力消失以后，政治和技术精英开展短临震预报和备灾动员的决心迅速减弱，主动动员型抗震模式也很快就失去了来自中央的支持，并且从 20 世纪 90 年代末开始完全淡出我国地震灾害治理。与不确定性很强的震前预防不同，震后应急完全是事后反应，也是地震灾害治理当中任务目标和动员对象最明确的环节。一旦发生破坏性地震，不管有没有有效预报和防备，中央政府都一定会做出有针对性的反应，震后应急一定会以军队作为最重要的动员对象。军队的直接参与也意味着中央最高领导层肯定会直接介入，应急动员的启动一定离不开中央政治局、中央军委和总参谋部的直接参与。正因为如此，无论处在哪个政治发展阶段，灾情条件或者宏观结构性因素如何变化，中央政府对于震后应急处置的主导性都会很强，也会保持相当高的稳定性。只有在面对周期更长、任务更分散的震后重建任务的时候，国家意愿的变化才会对抗灾政治动员的特征带来比较显著的影响。至少就本书集中关注的地震领域来看，国家意愿与国家能力之间并没有明显的联系，国家意愿是一个可以对抗灾动员体制独立发挥影响力的因素。国家能力的强弱，与中央政府是否愿意更主动、更广泛、更直接地干预灾区社会生活并没有因果关系。

至于发展阶段、精英构成以及社会总体结构这些传统动员政治或者中国政治研究更加重视的因素，它们在改革开放前后的变化轨迹同我国政府地震危机动员两个阶段的动员模式变化轨迹的落差都显得比较大。相对而言，发展水平的变化轨迹同震后动员特征变化轨迹的契合程度更高（参见表6-2），解释力比精英构成和宏观社会结构还稍微高一些。但发展水平对地震危机动员特征的影响比较间接。虽然表面上看，发展水平越高，政府财力应该越雄厚，国家动员潜能也应该会变得更强，正规财政资源更有可能替代非专业的人力资源成为主要的动员对象。相应的，一旦涉及大宗的正规资源的跨地域调动和分配，即便这样的资源调动带有明显的应急性，现代科层体系对于动员过程的重要性仍然会提高，抗灾危机动员的技术行政化程度也会随之提高。然而从我国的抗震减灾实践来看，尽管经济发展水平在进入改革开放时代以后获得了持续快速地提高，但是政府震后动员的正规化水平却没有出现同样稳步的提升。比如在20世纪90年代，我国的GDP多年保持两位数增幅，可是政府在这个时期的震后重建工作中，对灾区就地人力动员的依赖程度反而比80年代还要高。对于中国的广大农村地区来说，发展带动城镇化水平的快速提高也意味着地震灾害风险会随之加大，地震灾害造成的（单灾）损失也会变得越来越大，这反过来会放大而不是淡化地震危机动员的超常规倾向。

通过比较还可以发现，我国地震灾害治理各个任务阶段的动员模式变化也各不相同（参见表6-2和图6-1）。变化最剧烈的是面向震前的临震备灾动员。在改革开放以前，政府将抗震危机动员，甚至是整个抗震减灾工作的重心都放在这个阶段，临震备灾动员也因此集中了绝大部分正规资源（包括资金、专业技术力量和正规军）和注意力，最有针对性的正规制度建设也是围绕这个任务阶段展开的。早在70年代中期，就已经形成了以中央地震工作领导小组、地方党委和地方军区为核心的防震动员机制，作为备灾动员启动决策关键信息依据的震情会商制度在1974年底也已经确立。虽然这样的安排在正规化程度上与日后成文的应急预案，以及依托于现代化地震监测技术和通信技术的震情信息应急管理和应急决策机制还有差距，但是已经形成了比较稳定，并且具有一定可操作性的惯例。除了1976年唐山地震这场"意外"，在1975年到1976年这个地震高潮期，中央政府凭借这套初步成形的主动动员机制多次启动了针对7级以上强震的大规模临震备灾动员，并且实现了比较有效的减灾效果。[①] 可是进入1978年以后，随着宏观政局以及地震部门自身的转型，追求主动出击，并且不惜进行大规模停工停产的备灾动员迅速边缘化，虽然在改革开放初期中央政府还针对备灾动员建立了我国最早的正规抗灾应急预案，让抗震备灾动员在正规化程度上比过去明显提高，但是在改革开放时代，政府将抗震危机处置的重心转移，正规资源在备灾阶段的集中程度明显下降。

　　政府针对震后恢复重建组织的动员长期以来正规化程度都比较低，从集体经济时代就形成了高度依赖灾区就地动员人力和其他制度外资源的传统，正规财政资源和专业力量扮演的角色在很长时间里是抗震危机动员当中最弱的。即便在农村集体经济瓦解很长时间以后，就地动员灾民"投工投劳"的大众动员模式依然是我国政府（特别是地方政府）非常倚重的震后重建手段。因此，我国震后重建动员特征的变化轨迹在很长时间里都显得很平缓，甚至在地震乃至整个自然灾害治理专业化水平提高速度加快的20世纪90年代也没有受到明显触动，依然以非专业的人力资源和制度外资源为主要动员对象，对正规行政体系的依赖程度也没有明显提升。[②] 进入21世纪以后，更具体地说是2005年以后，政府针对震后重建

[①] 分别是1975年2月的海城地震，1976年7月的龙陵地震和1976年8月的松潘—平武地震。

[②] 这是对震后动员的整体分析，没有将中央和地方政府在涉灾专业技术能力上存在的差距考虑进去。

组织的危机动员才呈现出显著的正规化趋势，而且变化速度相当快，越来越多的正规资源开始向震后恢复重建阶段汇集，更多的重建内容被纳入政府的正式工作规程，获得国家财政的直接支持，类似于民政部、财政部、建设部这样的涉灾行政力量对这个任务阶段的动员也开始发挥越来越大并且越来越稳定的影响力，从执行过程到启动都是如此。

相对而言，政府在震后第一时间的应急反应对正规资源的依赖程度最为稳定，改革开放前后的变化幅度和反差也最小。无论是将抗震同备战紧密结合在一起的20世纪70年代，或者是"以经济建设为中心"的80年代和90年代，还是更强调公共服务供给的21世纪头十年，我国的震后应急动员都高度依赖正规军。总参一直是震后应急动员最重要的参与者，对震后应急动员的决策、启动和执行全过程都起到决定性的作用。解放军的作战部队虽然不是专业救灾力量，[①]但一直都是政府最为倚重的应急动员力量，为震后应急动员提供最重要的人力、装备、组织乃至规范性资源。此外，民兵和预备役部队，以及城市医疗队都是政府一直以来非常重要的震后应急动员对象。尤其值得注意的是，民兵在1976年以前曾经是灾区低层级政府非常倚重并且质量相当高的危机动员资源。进入改革开放时代以后，基层民兵组织迅速衰落，由地方军分区直接管控的预备役部队（以复员军人为主要构成）成为改革开放时代灾区就地动员的主要对象，动员层次不像以前那么低。[②]

值得一提的是，震后应急反应也是我国整个抗震灾害危机处置领域动员机制常态化水平（但不是正规化和专业化水平）最高，并且变化最平稳的一个任务阶段。改革开放以前，在"备战、备荒"的大背景下，中央政府的震后应急处置高度军事化，解放军在应急动员的决策、启动和整个执行过程中都扮演着关键角色，应急医疗队和其他主要救援力量（比如专业的矿山救援队）也实行准军事化管理。当时中央政府虽然没有发展出成文的应急预案，但是仍然依托于国务院自身的应急机制和军队形成了比较稳定的震后应急动员机制。这套高层级的危机动员机制以总参、国务院（特别是办公厅值班室）和中央地震工作办公室（常设在中国地震

[①] 中国人民解放军直到2005年才将救灾训练纳入正式训练大纲，但是相关的演练同亚太地区其他国家相比还是很少见。

[②] 作者2008年到汶川地震的几个重灾乡镇走访，当地居民都反映民兵组织至少在乡镇一级已经名存实亡。基层组织的涣散，外出务工人口的增加，都造成了民兵组织的衰落。

局）为核心，军队是最主要的动员对象。当然，在改革开放以前，甚至一直到20世纪90年代后期，政府组织的震后应急动员同震前备灾动员都是紧密衔接在一起的。因此，只要能够发出比较有效的短临震预报，启动备灾动员，就能够伴随比较有效的震后应急动员。本书列举的海城地震、澜沧—耿马地震和丽江地震，在震后应急动员方面都比较成功，都能够得到震前主动动员的有效支持。进入改革开放时代以后才出现的正规应急预

表6-2　　　　　　　　　动员模式与地震震例

		1966—1977年	1978—1988年	1989—1999年	2000年至今
任务阶段	灾前准备	行政主导模式≥大众动员模式	行政主导模式	行政主导模式	行政主导模式
	震后紧急救援	行政主导模式≥大众动员模式	行政主导模式	行政主导模式	行政主导模式>协同模式
	震后救助	大众动员模式	大众动员模式	大众动员模式>行政主导模式	行政主导模式>协同模式>大众动员模式
	典型震例	唐山地震	澜沧—耿马地震	丽江地震	汶川地震

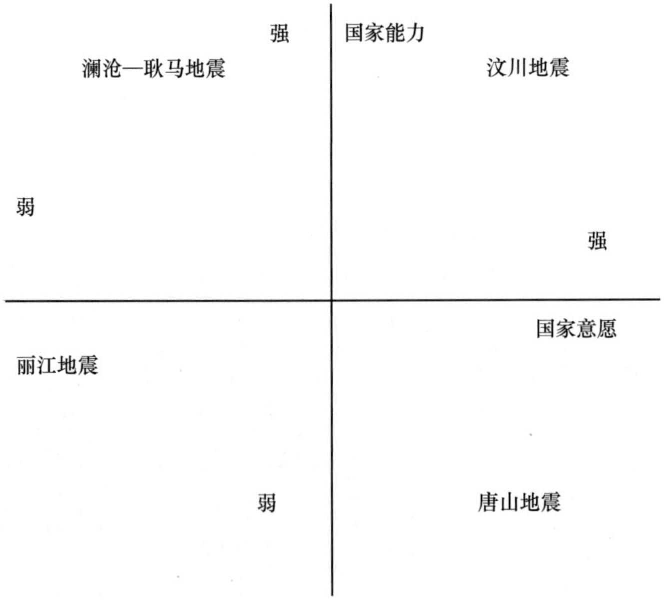

图6-1　中国抗震动员模式变化示意图

案虽然一开始还是面向震前备灾，但是很快便向技术和政治风险更小、更具可操作性的震后应急倾斜，震后应急动员也从 80 年代后期开始成为地震危机处置甚至整个地震灾害治理领域正规化水平最高，并且最受政府重视的领域。80 年代末以来，震后应急全面取代震前应急，成为正规资源集中程度最高的地震灾害危机处置领域，政府将更多的财政资金和专业技术力量投入到这个领域。进入 21 世纪以后，地震部门率先配备了专业救援队，再加上宏观层面综合应急管理体系发展提供的外部推动力，震后应急动员的正规化程度获得了明显提升，在地震灾害危机处置中的重要性进一步提升，正规资源的集中程度也进一步增加。

第七章

结　语

政治动员是当代中国非常重要的政治制度。这种制度虽然起源于革命时期，但进入改革开放时代以后，仍然是中国政治非常活跃的部分。既有的政治学研究，对于如此重要的政治制度却一直缺乏系统的研究，尤其缺乏将当代中国政治动员包括在内的纵向比较研究。本书的首要动机就是要解释为什么一种诞生于革命年代，并且曾经直接服务于激进的政治社会变革的制度能够在社会经济持续转型，市场化和社会多元化持续发展的背景下长久存在，并且依然保持活力。传统动员政治研究提出的分析工具普遍是根据冷战时期苏东国家的政治实践抽象出来的，其解释力无法有效延伸到后冷战时代的中国。而且，受到传统共产主义研究的影响，既有的中国动员政治研究普遍把注意力集中在政治精英出于意识形态目的，有意识发动的主动动员上，以此为起点建立的分析框架往往存在明显的静态性，无助于解释政治动员在经济、政治和社会持续转型的改革开放时代的丰富变化。本书选择从地震灾害危机处置入手来分析中国动员政治的变迁，尤其关注动员体制进入改革开放时代以后的变迁。从世界范围来看，地震灾害治理都是危机性和动员倾向非常强的公共事务。中国作为一个地震多发国，在1949年以后积累了超过四十年的现代地震灾害治理经验。我国政府从1966年以来针对地震灾害组织的危机动员不仅具有很强的连贯性，还能够鲜明地反映出中国国家政治制度的一些重要的内在特征。观察地震领域危机动员的变化，能够在一定程度上为我们观察更为宏观层面的中国动员政治变化提供一个有价值的切入点。

第一节　动员体制的连贯性与非线性变迁

通过观察我国政府的抗震救灾实践，能够更清晰地把握我国动员体制持久延续的政治基础。政治动员是我国政府在灾害治理乃至更加广义上的公共危机治理领域常用的工具,这种看似超常规色彩强烈的特殊制度实际上同这个国家的基本政治制度紧密地联系在一起。它能够长久延续,反映出中国政治体制一些基本特征保持了相当强的稳定性和连贯性,比如党政一体化的权力运作机制,严密的层级化政治组织体系,由国家管控并能有效动员社会力量的外围组织网络,以及政府对公共传媒和信息传播的有效管控等。尽管中国进入改革开放时代以后,社会、经济的多元化程度不断提高,社会资源迅速增长,国家制度、政策乃至治理理念也发生了深刻转变,但由于以上这些制度内核保持了相对稳定,使得作为"革命遗产"的动员体制获得持久延续的结构性基础。但动员能够在后革命时代,特别是在更加注重经济发展和专业化管理的改革开放时代得以延续,并且依然在各个领域反复运用,更重要的原因还在于这种体制已经嵌入到我国的行政体系和日常政治过程当中,成为了我国政治体制和政治文化的一个内在组成部分。

  与动员体制的连贯性相关联的是,这种"革命遗产"在持续转型的改革开放时代呈现出非线性的变化轨迹。通过地震灾害管理这个危机色彩强烈、极易触发超常规动员的公共事务领域来看,针对灾害管理的动员存在多种模式,而且在同一个时期会出现不同动员模式并存的状况。另外,一些看起来已经失去原有外部支撑条件的动员模式不仅持久延续,还能够获得新的制度化动力。1978年以前,在中国地震灾害治理领域占据绝对主导地位的危机处置手段就是大规模人力动员,而且是以灾区民众为主要动员对象。从震前预防备灾到震后救灾重建,大规模的非专业人力动员大大降低了政府对专业行政体系和正规财政资源的依赖程度。进入改革开放时代以后,灾害治理专业化水平的提高,计划经济的衰落,社会流动性不断增强,似乎让大众动员模式失去了存在的基础。可是从20世纪80年代直至90年代中期的抗震救灾实践来看,1976年之前发展起来的"群测群防"和"人民战争"模式的一些元素依然延续。在地震高风险区提前动员一定限度的"停工停产",依然会被地方政府所采用。而到了需要大量资源投入、周期较长的震后重建阶段,改革开放时期依然高度依赖灾区的就地动员。进入20世纪90年代以后,由于中央大力推进灾害治理市场化改革,整个灾害治理领域的国家存在迅速缩减,对灾民就地动员的依赖程度甚至不降反升。本书选择的1988年澜沧—耿马地震和1996年丽江地震就能够代表改革开放头二十年中国灾害动员和灾害治理的特点，能够体现出改革开放前与1978年以后形成的不同制度设计、治理理念既冲突又共存的情况。进入21世纪以后，特别是2003年以后，技术官僚体系主导程度更高，更加倚重国家财政资源的动员模式才在中国的地震灾害管理领域得到了完全巩固，强调基层"人海战术"的抗灾模式才开始加速边缘化。而对于资源需求更大、涉及利益更复杂的震后恢复重建，一直到"十五"后期国家才开始主动地承担更多的救助责任，对灾区资源就地动员的依赖性才开始显著下降，震后重建组织的动员表现出的"国家化"和正规化水平明显超越此前的任何一个时代。这意味着，中国的政治动员体制非但没有因为改革开放导致的社会经济的多元化而出现直线衰落，反而在新的条件下获得了发展动力，动员型国家在新的条件下反而实现了一定程度的扩张。

第二节 中国动员型灾害治理模式的独特性与横向比较的可能性

本书从历史制度主义的路径来分析中国政治动员的变迁，归纳这种制度的内在特征，属于纵向比较研究。为了能够准确地抽象出中国动员体制的特点，本书通过一个比较粗浅的国际比较来更清晰地归纳中国抗灾动员的制度特征，更清晰地呈现中国政治动员制度的独特性。

实际上在2003年"非典"危机之后，国内外学者就已经开始关注中国动员型危机处置模式的特征和效能。[1] 2008年汶川地震进一步引起学术界对中国动员体制和动员型危机处置模式的兴趣，[2] 中国的决策者和学者也开始更加自信地去系统阐述动员体制的具体特征，在强调这种体制的优

---

[1] 社会科学界比较有代表性的分析参见 Tony Saich, "Is SARS China's Chernobyl or Ado About Nothing?", in *SARS in China: Prelude to Pandemic?* ed. Arthur Kleinman and James L. Watson (Stamford University Press, 2004), 71 – 104; Wang and Zheng 2004, 45 – 76; Thornton 2009。

[2] 可以参见 Laurence Svirchev et al. "The May 12, 2008 Wenchuan Earthquake: A Primer on China's Emergency Responses and Recovery Planning", *Prehospital and Disaster Medicine*, Vol. 26, Supplement S1, 2011。

势性的同时，有意识地提高动员体制的常态化水平。①

不论是对于什么政权特征的国家，突发灾害或者其他公共危机都很容易触发超常规的政府行动，促使政府启动危机动员，调动国内经济资源和公众参与来防止危机升级，减小损失。而中国的危机动员或者抗灾动员，最显著的独特性体现在灾前防御和灾后重建这两个阶段。就灾前防御来讲，"中国特色"主要体现在追求主动出击的主动动员模式，以及鼓励公众直接参与"群测群防"。需要强调的是，注重预防，主动动员，不仅仅是中国地震部门独有，其他常见灾害部门也采用。甚至连"群测群防"这种具体的动员形式也并非地震部门专有，在地质灾害（比如滑坡、泥石流等灾害）领域也一直在采用。这种强调公众直接参与的预防性危机动员在其他国家极为罕见，尤其是在冷战结束以后，只有古巴在应对自然灾害的时候有比较接近中国的动员安排。古巴同中国（特别是1978年以前的中国）在政治传统和政体上有更多的相似之处，包括游击战的传统，党政一体化，国家对社会高水平的组织渗透，社会成员全面组织化和政治化。在抗灾领域，尤其是在应对常见的飓风灾害的时候，古巴也实行类似于中国"群测群防"的主动动员模式，根据专业气象机构发出的短期气象预警，凭借国家垄断的公共传媒以及渗透到基层社区的政治军事组织，主动启动备灾动员，提前进行大规模人口疏散。同1978年以前的中国类似，古巴的这种动员型抗灾体制优势主要体现在预防阶段，在灾后重建方面显得很薄弱，缺乏组织专业化的治理体系和强有力的国家财政支持，高度依赖政府调动灾民自救和国际援助。②

至于灾后重建，对口支援也是独具中国特色的制度安排。对口支援可以理解为上级政府（特别是中央政府）向下级转移筹资压力的政治手段，上级政府可以借此将动员主体职责分散、下沉，利用政治权威来释放下属的资源动员潜能，拓展资源获取渠道。虽然这种动员机制的宏观基础同众多一党专制的政体相似，都依托于中央集权，依托于高度层级化的政治组

---

① 参见田飞龙《自然灾害、政治动员与国家角色》，《中国减灾》2008年第5期；吴开松《危机动员在当代中国的时代特征》，《黑龙江社会科学》2008年第3期；叶敏《从政治运动到运动式治理——改革前后的动员政治及其理论解读》，《华中科技大学学报》（社会科学版）2013年第2期。

② 对古巴抗灾动员体制特征的归纳，可以参见 Holly Sims and Kevin Vogelmann, "Popular Mobilization and Disaster Management in Cuba", *Public Administration and Development*, Vol. 22, 2002.

织结构和高水平的政治服从，但是对口支援的政治动力并不完全来自于集权体制下的上级强制命令，它还包含某种程度的自愿执行机制。上级政府会通过提供正面的政治激励和经济激励来促成下级行为体的"主动表现"，以及下级行为体之间的横向竞争。其中，最重要的政治激励就是（为干部）提供升迁机会，经济激励则主要包括项目审批倾斜，也就是所谓的"给政策""给指标"。这些正面激励有助于促成被动员的下级政府或者部门的领导者更积极地去调动自己辖区内的资源。进入改革开放时代以后，中央政府更加注重经济激励，明确提出让被动员方和接受支援的地方政府之间实现"经济互惠"，留给支援方和受援方更多的讨价还价空间（而不是支援方跟中央政府的谈判空间），鼓励支援方从受援地那里获取更廉价的资源和劳动力，甚至开辟新的消费市场。

在灾后应急反应阶段，我国的动员体制的独特性反而没那么明显。同大多数成熟的现代国家相似，我国政府在这个紧迫性和不确定性都很高的危机处置阶段，高度依赖军队，军队既参与动员的启动决策，甚至在救灾前线代表中央领导层作为应急动员的实际领导，本身也是重要的被动员对象。就军队动员机制的正规化程度，军队同政府（特别是地方政府）相互协调的制度化水平，我国还比不上许多发达国家，甚至不如一些实行联邦制，地方政府对联邦政府和军队直接介入非常抵触的国家。其实，即便是同样属于一元化政体的日本，自卫队的行动也受到法律的严格约束。灾害发生以后，只有灾区地方政府向中央政府发出请求，自卫队才能够直接进入灾区开展行动。

实际上，我国的动员型灾害治理模式真正的独特之处还是在于"党指挥枪"的动员结构，这也是中央政府一直以来都强调的一种"组织优势"。[①]"党指挥枪"是一个具有标志性的政治制度安排，也是我国灾害动员和灾害治理的重要基础。在我国的政治体制下，军队绝对服从于党的领导，只要党的中央权力机构运转正常，能够及时对地方上发生的灾情做出反应，这样的组织优势就能够转化为高效的危机动员。在党军关系上，我国甚至与以苏联为代表的共产党政权有所不同。在苏联体制下，国防部是军队的实际领导者，是军队动员的关键主体。而在我国，中国共产党领导

---

① 《田纪云副总理在中国国际减灾十年委员会成立会议上的讲话》，《民政工作文件选编》，1989年，第173页。

的中央军委才是军队动员主体，而中央军委下设的总参谋部则是动员的实际执行者。军队在危机处置过程中同行政体系包括同地方政府之间的协调则是由党中央出面，一直以来都没有形成正式的制度安排，依循的是不成文的"属地管理"的惯例。所谓"属地管理"，就是进入灾区的军队名义上要接受当地政府的任务指派。从实践来看，这样的安排对军队的实际约束非常有限，搞好"军地关系"和"军民关系"往往只是军队在危机条件下承担的一种道德义务。实际上，由于解放军的调动权完全集中在中央军委，别说地方政府，就连作为抗震（抗灾）动员总指挥的国务院都不能对其进行有效指派，震后应急抢险过程中经常会出现"好钢用不到刀刃上"的问题。这样的问题在规模和复杂程度都空前的 2008 年汶川抗震动员中就体现得相当明显。① 当然，军政协调和军地协调存在问题并没有对我国的危机动员体制和实践构成严重干扰，我国政府没有迫切解决这个问题的压力，"党指挥枪"仍然会作为我国灾后应急动员的重要制度保障延续下去。

---

① 作者 2008 年 11 月在四川省成都市、都江堰市和德阳市对当地干部的访谈都涉及军地协调问题。

附录 1

访 谈

访谈是本书一个重要的数据来源。作者在天津市、河北省石家庄市和唐山市对6位亲历者进行了访谈，其中1例是正式访谈，其他5例都是非正式的随机访谈，包括面谈和电话采访。访谈对象都出生于20世纪50年代，唐山地震发生的时候他们都已经参加工作。其中有一位唐山市的受访对象直接参加了唐山地震和汶川地震的救灾工作，他的直观体验为这项比较研究提供了不少很有价值的素材。不过总的来说，相对于档案材料，访谈在研究中所占的分量比较小，只是起到辅助性的作用。

关于汶川地震的一个重要数据来源于作者2008年11月和2009年4月在四川省德阳市、都江堰市、绵阳市、绵竹市、汉旺市、北川县、汶川县等重灾区进行的两次访谈。其中，第一次访谈从2008年11月11日到12月9日，第二次访谈从2009年4月25—29日。作者在灾区对21名政府干部、志愿者和灾民进行了面对面或者电话访谈。受访干部全部都亲历了震灾，并且参加了抗震救灾工作。为了避免受访对象产生心理障碍，作者在采访过程中除了对事先联系好的访谈对象表明真实身份，对于其他受访对象都有意隐瞒自己真实的学校名称和专业背景。

另外，作者还利用互联网来获取和整理数据。大量的第一时间国内外新闻报道和政府公布的材料都在网上公布，而且更新速度很快。值得一提的是，大量网民开设的博客也提供了许多震后初期的第一手目击见闻，被用来对一些已有的访谈和新闻素材提供交叉验证，能进一步提高第一手材料的准确性。

附录 2
档　案

　　为了支撑对唐山地震以及其他1978年以前的震例分析，作者重点查阅的是河北省档案馆和天津市档案馆的相关馆藏。其中，天津市档案馆对1976年地震没有进行系统整理，没有专门的卷宗。而且分散的档案材料也采取了比较严格的保密措施，非常难以调阅。允许调阅的材料也不允许复印，只能手抄。

　　河北省档案馆整理收藏了河北省政府针对邢台和唐山两场地震建立的救灾指挥部整理的档案材料。最重要的部分包括指挥部定期（震后半年之内逐月，半年和一年）救灾工作总结、部门总结、部门简报、地方政府简报、会议纪要，以及中央和省政府重要领导人讲话纪要。值得一提的是，邢台地震是中国共产党执政后处置的第一场地震灾害，材料比较少，系统化程度低，材料后期加工痕迹较小（包含大量手抄内容），跟进速度快（包括很多地震头两天的汇报材料），而且多数材料在当时属于"绝密"。特别有价值的是邢台地委汇总的下属公社的救灾简报，记录了大量受灾3天之内的各个公社和生产队的现场状况，从语言风格能够判断出许多内容是对基层干部口头表述的直接记录。这批材料当中还包括周恩来、李先念和河北省委主要领导人的会议讲话，直接引用成分较多，而且不同文档中对同一次讲话具体内容的记录在细节上存在一定出入。唐山地震时期的档案则明显数量更为庞大，分类更细致，更复杂，部门材料明显增多。值得一提的是，唐山市档案馆没有系统的馆藏，据市馆工作人员介绍，他们的馆藏几乎全都被省馆收走。作者在省馆查阅到的唐山材料全部都经过河北省委专门整理，很多是下发给省内干部学习和通报的材料，后期加工修饰的痕迹明显，跟进速度也比较慢。

　　以下为查阅的河北省档案馆关于邢台地震和唐山地震的卷宗情况：

　　《河北省地震救灾指挥部文件（邢台）》，全宗号915，目录1，第1—

5、26、89 卷，1966 年。馆藏地：河北省石家庄市河北省档案馆。性质：非完全开放。

《河北省抗震救灾指挥部文件（唐山）》，全宗号916，目录1，第1—38、48、122 卷，1976—1978 年。馆藏地：河北省石家庄市河北省档案馆。性质：非完全开放。

附 录 3

年鉴、公报、地方志和专业志

一 中央部委和系统

（一）综合统计

国家统计局：《中国统计年鉴》，1981—1984 年，香港：经济导报社 1982—1984 年版；1985—2008 年，中国统计出版社 1985—2008 年版。

国家统计局：《国民经济和社会发展统计公报》，1998—2006 年，中国统计出版社 1999—2006 年版。

（二）财政

财政部：《中国财政年鉴》，1992—2008 年，中国财政经济出版社 1992—2008 年版。

（三）民政

民政部：《中国民政统计年鉴》，1990—1991 年，中国社会出版社 1990—1991 年版；1992—2008 年，中国统计出版社 1992—2008 年版。

民政部：《中国民政事业发展概述》，1986—1988 年，中华人民共和国民政部网站。

民政部：《中国民政事业发展统计报告》，1989—2000 年，中华人民共和国民政部网站。

民政部：《中国民政事业发展统计公报》，2000—2008 年，中华人民共和国民政部网站。

民政部社会福利和慈善事业促进司、中民慈善捐助信息中心：《中国慈善捐助报告》，2008—2009 年，中国社会出版社 2008—2009 年版。

（四）地震

国家地震局（中国地震局）：《中国地震年鉴》，1949—1981 年，地震出版社 1990 年版。

国家地震局（中国地震局）：《中国地震年鉴》，1985—2006 年，地震出版社 1986—2007 年版。

（五）水利

《中国三峡建设年鉴》编纂委员会编：《中国三峡建设年鉴》，1994—2008 年，中国三峡建设年鉴社 2004—2008 年版。

《荆江大堤志》编纂委员会编：《荆江大堤志》，河海大学出版社 1989 年版。

（六）农业

中华人民共和国农业部编：《新中国农业 60 年统计资料》，中国农业出版社 2009 年版。

二 地方政府

（一）河北省

河北省地方志编纂委员会编：《河北省志·地震志》，河北人民出版社 1991 年版。

河北省唐山市地方志编纂委员会编：《唐山市志》，方志出版社 1999 年版。

邢台市地方志编纂委员会编：《邢台市志》，中国对外翻译出版社 2001 年版。

隆尧县地方志编纂委员会编：《隆尧县志》，生活·读书·新知三联书店 1998 年版。

巨鹿县县志编纂委员会编：《巨鹿县志》，文化艺术出版社 1994 年版。

宁晋县地方志编纂委员会编：《宁晋县志》，中华书局 1999 年版。

（二）山东省

山东省地方史志编纂委员会编：《山东省志·地震志》，山东人民出版社1991年版。

（三）山西省

山西省地方志编纂委员会编：《山西通志·地震志》，中华书局1991年版。

（四）四川省

四川省人民政府救灾办公室编：《四川减灾年鉴》，2001—2007年版。

平武县县志编纂委员会编：《平武县志》，四川科学技术出版社1997年版。

（五）云南省

云南省地方志编纂委员会编：《云南省志·地震志》，云南人民出版社1999年版。

耿马傣族佤族自治县地方志编纂委员会编：《耿马傣族佤族自治县志》，云南民族出版社1995年版。

云南省澜沧拉祜族自治县志编纂委员会编：《澜沧拉祜族自治县县志》，云南人民出版社1996年版。

龙陵县委党史地方志工作办公室编：《龙陵县志》，中华书局2000年版。

通海县史志工作委员会编：《通海县志》，云南人民出版社1992年版。

附 录 4

过往报纸和期刊

《新华月报》：1966 年，1976 年。
《人民日报》：1966 年，1976 年。
《红旗》：1976 年第 1 期。
《河北日报》：1966 年，1975 年，1976 年。
《辽宁日报》：1975 年。

附 录 5

开放数据库

中国发展门户网站，http://cn.chinagate.cn/index.htm。
中华人民共和国国家统计局，http://www.stats.gov.cn/。
中华人民共和国民政部，http://www.mca.gov.cn/article/zwgk/tjsj/。
Center for Research on the Epidemiology of Disasters (CRED), EM-DAT: The International Disaster Database, http://www.emdat.be/database.
U. S. Geological Survey (USGS), http://earthquake.usgs.gov.

附 录 6

中国地震灾情数据

一 20 世纪以来全世界伤亡最大的十场地震

年份	地点	死亡人数（万）
1976	中国唐山	24.2
2010	海地	22.3
1927	中国甘肃	20
1920	中国甘肃	20
2004	印度尼西亚	16.6
1923	日本东京	14.3
1948	苏联土库曼	11
2008	中国汶川	8.7
1908	意大利墨西拿	7.5
2005	巴基斯坦克什米尔	7.3

数据来源：整理自 EM - DAT 数据库，https://www.emdat.be/emdat_db/。

二 1978 年以前中国 7 级以上破坏性地震和损失情况

年份地点	震级（里氏）	死亡（人）	经济损失（亿）
1966 年邢台地震	6.8，7.2	8182	10
1970 年通海地震	7.7	15621	27
1973 年炉霍地震	7.6	2175	—
1974 年大关地震	7.1	1423	—
1975 年海城地震	7.3	2041	8
1976 年龙陵地震	7.3，7.4	98	1.6
1976 年唐山地震	7.8	242000	300*
1976 年松潘—平武地震	7.2，7.2	41	—

续表

年份地点	震级（里氏）	死亡（人）	经济损失（亿）
1988年澜沧—耿马地震	7.6，7.2	738	24
1989年大同地震	5.7，6.1	19	3.65
1990年共和地震	6.9	119	2.7
1995年孟连地震	5.5，6.2，7.3	11	2
1995年武定地震	6.5	52	7.4
1996年丽江地震	7.0	309	40
1996年包头地震	6.4	26	15
1998年张北地震	6.2	49	7.9
2003年巴楚—迦师地震	6.8	268	14
2005年九江地震	5.7	14	20
2006年盐津地震	5.1	24	4.4
2007年普洱地震	6.4	3	25
2008年汶川地震	8.0	87150	8451
2010年玉树地震	7.1	2968	—

* 唐山地震的经济损失并不是直接经济损失数据，而是将生产能力的损失计算在内。而且中国官方公布的数据不包括临近的天津市遭受的损失。根据官方公布数据，唐山地震的直接经济损失为54亿元人民币左右。

三　1978年以后中国5级以上破坏性地震和损失情况

年份地点	震级（里氏）	死亡（人）	经济损失（亿）
1988年澜沧—耿马地震	7.6，7.2	738	24
1989年大同地震	5.7，6.1	19	3.65
1990年共和地震	6.9	119	2.7
1995年孟连地震	5.5，6.2，7.3	11	2
1995年武定地震	6.5	52	7.4
1996年丽江地震	7.0	309	40
1996年包头地震	6.4	26	15
1998年张北地震	6.2	49	7.9
2003年巴楚—迦师地震	6.8	268	14
2005年九江地震	5.7	14	20
2006年盐津地震	5.1	24	4.4
2007年普洱地震	6.4	3	25

续表

年份地点	震级（里氏）	死亡（人）	经济损失（亿）
2008年汶川地震	8.0	87150	8451
2010年玉树地震	7.1	2968	—

数据来源：EM-DAT，《中国灾情报告1949—1995》。

四 云南省20世纪70年代到90年代的主要地震

年份地点	震级（里氏）	死亡（人）	倒房（万间）	损失（亿）
1970年通海	7.7	15621	33.8	2.9
1974年大关	7.1	1423	2.8	0.9
1976年龙陵	7.3	98	42	2.77
1985年禄劝	6.1	22	2	0.51
1988年澜沧—耿马	7.6、7.2	748	75	20.5
1995年孟连	7.3	11		3
1995年武定	6.5	58	2.68	8
1996年丽江	7.0	309	35.8	40

数据来源：《云南自然灾害与减灾研究》，《云南减灾年鉴》。

五 唐山地震震后初期的决策过程

3点42分	地震发生
4点左右	解放军驻唐部队用备用直流电台和上级电台沟通联系
5点15分	唐山邮电局郊区机务站同北京取得联系（唐山市区灾情尚不清楚）
5点55分	唐山机场通讯连向北京发出"唐山地震震情严重"电报
6点	国务院召开地震救灾紧急会议，成立中央抗震救灾指挥部，未确定震中所在
6点30分	国家地震局派出的考察人员从河北蓟县向国家地震局报告："唐山市基本上已成废墟，90%以上的人被压。"这是已知最早传到北京的唐山震情
8点左右	唐山市长途电话业务干部向国务院办公厅电话通报唐山市灾情
8点06分	李玉林等人从唐山驾车到达中南海，向中央通报灾情
10点	国务院决定由河北省委和北京军区领导组成抗震救灾核心领导小组
10点	唐山市武装部政委同国务院通电话，汇报市区灾情
11点	河北军区和省委的先头人员率先飞降唐山机场
12点左右	抗震救灾核心领导小组成员飞抵唐山机场，就地建立河北省抗震救灾前线总指挥部

资料来源：《唐山地震志》和《唐山抗震救灾决策纪实》。

六　20世纪80年代以后中国抗震减灾体系发展大事记

年份	自然灾害治理的整体性变化	地震部门变化
1988年	国务院机构改革	中国数字化地震台网启用； 国家地震局"三定方案"实施，成为"政府职能部门"
1989年	中国加入"国际减灾十年"计划	民政部和地震局协调小组成立
1990年		第一次全国地方地震工作会议
1991年		《国内破坏性地震应急反应预案》
1994年	中国政府提出"坚持经济建设同减灾一起抓"；《中国21世纪议程》	国务院36号文件正式提出中国防震减灾十年目标；第一次全国防震减灾工作会议，明确提出地震工作"四大任务"
1995年	救灾分级管理体制建立	《破坏性地震应急条例》
1996年	《国民经济和社会发展"九五"计划和2010年远景目标纲要》	《国家破坏性地震应急反应预案》； 《国家地震局防震减灾"九五"计划和2010年远景目标纲要》
1998年	国务院机构改革；《中国减灾规划（1998—2010年）》；应急储备制度建立	国家地震局改为中国地震局；《中国防震减灾法》
2000年	"国际减灾十年"结束； 中国国际减灾委员会成立	全国防震减灾会议
2001年		中国地震局应急救援司成立； 中国国家地震紧急救援队成立
2002年	救灾应急财政制度建立； 全国灾情管理系统启用	中国数字地震观测网络启用
2003年	《突发公共卫生事件应急条例》； 国家灾情中心启用	
2004年		全国防震减灾会议，提出未来15年防震减灾规划
2005年	《国家突发公共事件总体应急预案》； 国务院应急办、中国减灾委、专家委员会、中国减灾中心成立	国家地震台网中心建立
2006年	《自然灾害应急预案》	《国家地震应急预案》
2007年	《国家综合减灾"十一五"规划》	《国家防震减灾规划（2006—2020年）》

说明：表格中表示的年份都是相关法规开始执行的年份，而不是颁布年份。

参考文献

安启元：《我国地震工作二十年》，《中国地震》1986年12月。

安启元：《我国新时期地震工作的方向和任务》，《中国地震》1985年3月。

包丽敏：《谁来执掌760亿元地震捐赠》，《中国青年报》2009年8月12日。

曹应旺：《周总理在邢台地震的日子里》，《中国民政》1996年第3期。

柴保平、王国治：《地区性地震工作及其群测群防对策》，《国际地震动态》1985年4月。

柴保平、王国治：《中国地震工作的一大特色：发挥地方地震部门和群测点的作用》，《山西地震》1987年第1期。

陈东林：《20世纪80年代后的三线建设大调整》，《党史博览》2004年第5期。

陈建民：《中国地震灾害与防震减灾》，《财经界》2007年第11期。

陈颙等：《十一五期间中国重大地震灾害预测预警和防治对策》，《灾害学》2005年3月。

陈章立：《我国地震科技进步的回顾与展望（一）》，《中国地震》2001年9月。

陈章立：《我国地震科技进步的回顾与展望（二）》，《中国地震》2001年12月。

陈章立：《我国地震科技进步的回顾与展望（三）》，《中国地震》2002年3月。

陈正武：《预算法预备费应对自然灾害有关法律问题思考》，《经济体制改革》2009年第5期。

崔乃夫主编：《当代中国的民政》（上、下册），当代中国出版社1994

年版。

邓万春：《社会动员：能力与方向》，《中国农业大学学报》（社会科学版）2007年第1期。

丁伟、王建新等：《从汶川到玉树：一个国家在磨砺中前行》，《人民日报》2010年5月14日。

丁文广等：《我国减灾投入与灾害损失关系研究》，《安徽农业科学》2008年第8期。

董筱丹、温铁军：《宏观经济波动与农村"治理危机"：关于改革以来农村"三农"与"三治"问题相关性的实证分析》，《管理世界》2008年第9期。

董筱丹、温铁军：《农村财税体制与公共服务问题》，《甘肃理论学刊》2008年第3期。

杜一主编：《灾害与灾害经济学》，中国城市经济社会出版社1988年版。

段建荣：《抗日根据地救灾制度述评》，《沧桑》2009年第1期。

《对口支援的历史沿革》，《河北民族》2009年4月9日。

多吉才让：《中国最低生活保障制度研究与实践》，人民出版社2001年版。

范宝俊：《中国国际减灾十年委员会工作报告和今后工作建议》，《中国减灾》1998年11月。

方兴：《青海玉树地震遇难者每人补偿8000元抚恤金》，中国新闻网，2010年4月15日。

冯骥才等：《唐山大地震亲历记》，团结出版社2006年版。

复旦大学历史地理研究中心主编：《自然灾害与中国社会历史结构》，复旦大学出版社2001年版。

高功敬、高鉴国：《中国慈善捐赠机制的发展趋势分析》，《社会研究》2009年第12期。

高华：《大跃进运动与国家权力的扩张：以江苏省为例》，《二十一世纪》1998年8月。

高华：《历史真实与鞍钢宪法的"政治正确性"》，《二十一世纪》2000年4月号。

高建国：《地震应急期的分期》，《灾害学》2004年3月。

高建国、胡俊锋等：《2005年中国减灾新课题》，《国际地震动态》2006

年 2 月。

高建国、贾燕等：《国家救灾物资储备体系的历史和现状》，《国际地震动态》2005 年第 4 期。

高建国、肖兰喜：《2003 年中国地震救灾评价》，《国际地震动态》2004 年第 2 期。

高文学：《在全国地震系统财务工作会议上的讲话》，《山西地震》1988 年第 2 期。

顾瑞珍：《瑞昌地震已造成 12 人死亡，民政部启动救灾应急响应》，新华网，2005 年 11 月 26 日。

桂江丰、牛芳：《四川地震重灾区人口形势分析》，《当代中国人口》2008 年第 3 期。

国务院发展研究中心课题组：《我国应急管理行政体制存在的问题和完善思路》，《中国发展观察》2008 年 3 月。

韩渭宾：《松潘—平武地震预报经验的有效性与推进地震预报的艰巨性》，《四川地震》2006 年第 12 期。

河北省地震局：《唐山抗震救灾决策纪实》，地震出版社 2000 年版。

洪时中：《1976 年松潘—平武地震前后成都市防震抗震指挥部的简要回顾与思考》，《四川地震》2006 年 12 月。

侯建胜：《地震灾害应急管理》，《应急管理汇刊》2007 年 4 月。

胡鞍钢等：《中国自然灾害与经济发展》，湖北科学技术出版社 1997 年版。

胡鞍钢、魏星：《财政发展与建设社会主义新农村：挑战与策略》，《财经问题研究》2007 年第 5 期。

胡鞍钢：《汶川地震灾害评估及灾区重建分析报告》，《建材发展导向》2008 年第 3 期。

胡鞍钢：《灾害与发展：中国自然灾害影响与减灾战略》，《环境保护》1998 年第 10 期。

胡土清：《救灾救济分级负责体制的建立与运行》，《社会工作研究》1995 年第 5 期。

皇甫岗：《1996 年 2 月 3 日云南丽江 7.0 级地震》，《地震研究》1997 年 1 月。

黄光炎：《现行救灾政策利弊分析》，《中国民政》2006 年第 5 期。

江在雄：《1970—1976 年四川群测群防工作》，《四川地震》2007 年 3 月。
姜立新等：《我国地震应急指挥技术体系初探》，《自然灾害学报》2003 年 5 月。
金磊等主编：《中国 21 世纪安全减灾战略》，河南大学出版社 1998 年版。
孔垂柱：《突出重点狠抓落实圆满完成鲁甸地震灾区恢复重建任务》，《云南省办公厅文件》2004 年第 20 期。
黎原：《黎原回忆录》，中国人民解放军出版社 2009 年版。
李北方：《唐山走过 30 年》，《南风窗》2006 年第 14 期。
李本公：《建立符合国情的救灾分级管理体制》，《中国民政》1997 年第 9 期。
李本公、姜力主编：《救灾救济》，中国社会出版社 1996 年版。
李广俊：《对完善地震事件应急救援工作的几点设想》，《四川地震》2008 年 12 月。
李洪河：《建国初期突发事件的应对机制：以 1949 年察北专区鼠疫防控为例》，《当代中国史研究》2008 年 5 月。
李立国：《我国灾害管理体制逐步健全》，《中国减灾》2006 年第 1 期。
李丽清：《丽江 7.0 级地震后的思考与启示》，《四川地震》1999 年第 3 期。
李晓明：《被"卡"住的地震短临预报》，《科学时报》2008 年 12 月 2 日。
李学举主编：《跨世纪的中国民政事业（1994—2002）·总卷》，中国社会出版社 2002 年版。
李学举主编：《民政 30 年（1978 年—2008 年）》，中国社会出版社 2008 年版。
梁芳、聂高众、高建国：《地震的社会经济影响》，《灾害学》2006 年 6 月。
《粮食统购统销时期的救灾工作：〈四川省志·粮食志〉选登》，《粮食问题研究》1996 年第 1 期。
《辽宁省海城 7.3 级地震预测、预报与预防的概括》，《地质科学》1976 年 4 月。
廖述江：《"备战、备荒、为人民"口号的由来和历史演变》，《党史文苑》2006 年第 7 期。

林晓芳：《救灾款使用乱象根源》，《中国审计》2004 年第 16 期。
刘大愚：《试论 1954 年水灾与建国初期农村集体保障制度的关系：以 1954 年湖南水灾为例》，《船山学刊》2004 年第 5 期。
刘巍：《地震预报的未来》，《瞭望新闻周刊》2010 年 3 月 22 日。
刘巍、王旭光：《"5.12" 首个防灾减灾日特稿：地震群测群防入轨》，《瞭望》2009 年 5 月 11 日。
刘一皋：《社会运动形式的历史反视》，《战略与管理》1999 年第 4 期。
娄胜华：《社会主义改造和集中动员型体制的形成》，《南京社会科学》2000 年第 11 期。
罗兴佐：《国家、水利与农民合作》，湖北人民出版社 2003 年版。
罗兴佐：《税费改革后的农田水利困境：湖北省荆门市五村调查》，《调研世界》2005 年第 11 期。
罗灼礼、杨懋源：《临震预报与公共管理的思考：从 1976 年松潘地震谈起》，《国际地震动态》1998 年第 3 期。
马宗晋：《减灾事业的发展与综合减灾》，《自然灾害学报》2007 年 2 月。
马宗晋：《唐山大震灾永不褪色的反思》，《城市减灾》2006 年第 4 期。
马宗晋、赵阿兴：《中国近 40 年自然灾害总况与减灾对策建议》，《灾害学》1991 年第 1 期。
马宗晋：《中国的地震减灾系统工程》，《灾害学》2005 年 6 月。
马宗晋：《中国自然灾害和减灾对策（之二）》，《防灾科技学院学报》2006 年 12 月第 4 期。
马宗晋：《中国自然灾害和减灾对策（之三）：我国的地震灾害及其应对》，《防灾科技学院学报》2007 年 3 月。
马宗晋：《中国自然灾害和减灾对策（之四）：开拓"综合减灾"新理念》，《防灾科技学院学报》2007 年 9 月。
齐书秦：《一个快速反应效果显著的震例：1991 年 3 月 26 日山西大同—阳高 5.8 级地震应急见闻》，《山西地震》1994 年 11 月。
钱钢：《唐山大地震》，中华书局有限公司 2008 年版。
秦维明、朱山涛：《水旱灾害分级管理机制初探：以河南、江苏两省防汛抗旱为例》，《水利发展研究》2009 年第 2 期。
清华大学、西南交通大学、北京交通大学土木结构组：《汶川地震建筑震害分析》，《建筑结构学报》2008 年第 4 期。

渠敬东、周飞舟、应星:《从总体支配到技术治理:基于中国 30 年改革经验的社会学分析》,《中国社会科学》2009 年第 6 期。

闪淳昌、周玲:《从 SARS 到大雪灾:中国应急管理体系建设的发展脉络及经验反思》,《甘肃社会科学》2008 年第 5 期。

史培军等:《构建预防救助综合体系应对巨灾风险》,《财会研究》2008 年第 10 期。

史培军、杜鹃等:《中国城市主要自然灾害风险评估》,《地球科学进展》2006 年第 2 期。

史培军:《再论灾害研究的理论与实践》,《自然灾害学报》1996 年 11 月。

孙立平:《改革前后中国国家、民间统治精英及民众间互动关系的演变》,《中国社会科学季刊》1993 年第 6 期。

孙立平、晋军等:《动员与参与:第三部门募捐机制个案研究》,浙江人民出版社 1999 年版。

孙立平、王汉生等:《改革以来中国社会结构的变迁》,《中国社会科学》1994 年第 2 期。

孙铭心等:《从危机处理到危机管理》,《城市减灾》2008 年第 1 期。

孙绍聘:《中国救灾制度研究》,商务印书馆 2004 年版。

《唐山地震始末》编写组编:《瞬间与十年:唐山地震始末》,地震出版社 1986 年版。

唐禹民:《亲历唐山大地震 1976.7.28—1976.8.12》,中国摄影出版社 2007 年版。

天津市档案馆编:《天津地区重大自然灾害实录》,天津人民出版社 2004 年版。

《天津市对口支援陕西略阳县灾后重建调查》,《陕西日报》2009 年 12 月 24 日。

田飞龙:《自然灾害、政治动员与国家角色》,《中国减灾》2008 年第 5 期。

田书和:《中国接受救灾外援历程》,《文史月刊》2008 年第 8 期。

王昂生:《筹建"国家减灾中心"是我国减灾的一个重要问题》,《中国减灾》1993 年 11 月。

王昂生:《中国安全减灾及应急体系》,《中国减灾》2004 年 10 月。

王昂生主编:《中国减灾与可持续发展》,科学出版社 2007 年版。

王国治、柴保平等:《全国群防群测地震会议暨全国地震科普作品评比结果概况汇编》,《国际地震动态》1986 年第 3 期。

王国治、柴保平:《中国群测群防地震工作的整顿与建设》,《国际地震动态》1989 年第 2 期。

王洛林主编:《特大洪水过后中国经济发展的反思:长江中游三省考察报告》,社会科学文献出版社 2000 年版。

王荣炳主编:《战狂澜:91 之夏南京百万军民抗洪纪实》,南京出版社 1991 年版。

王绍光:《从经济政策到社会政策:中国公共政策格局的历史性转变》,《中国公共政策评论》2007 年第 1 卷。

王绍光:《分权的底限》,中国计划出版社 1997 年版。

王绍光:《国家汲取能力的建设:中华人民共和国成立初期的经验》,《中国社会科学》2002 年第 1 期。

王绍光、胡鞍钢:《中国国家能力报告》,辽宁人民出版社 1993 年版。

王绍光:《挑战市场的神话:国家在经济转型中的作用》,牛津大学出版社 1997 年版。

王绍光:《学习机制、适应能力与中国模式》,《开放时代》2009 年第 7 期。

王绍光:《政策导向、汲取能力与卫生公平》,《中国社会科学》2005 年第 6 期。

王绍光:《中国公共议程设置的模式》,《中国社会科学》2006 年第 5 期。

王绍玉、马春勤:《无形的震灾:唐山地震心理行为反应纪实》,中国科学技术出版 1993 年版。

王瑛、史培军、王静爱:《中国农村地震灾害特点及减灾对策》,《自然灾害学报》2005 年 2 月。

王跃生:《集体经济时代农民生存条件分析:立足于河北南部农村的考察》,《中国农村观察》2002 年第 5 期。

王振耀:《1998 年水灾中国政府的应急反应和灾害救助》,《中国减灾》1999 年第 8 期。

王振耀:《2005 年救灾工作将实现五大创新》,《中国减灾》2004 年第 12 期。

王振耀、田小红:《中国自然灾害应急救助管理的基本体系》,《经济社会体制比较》2006年第5期。

卫一清、丁国瑜主编:《当代中国的地震事业》,当代中国出版社1993年版。

未蒙:《汲取历史教训搞好抗震工作》,《瞭望》1986年第31期。

温铁军:《农村合作基金会的兴衰史》,《中国老区建设》2009年第9期。

吴开松:《危机动员在当代中国的时代特征》,《黑龙江社会科学》2008年第3期。

吴跃进:《如何提高救灾工作的快速反应能力》,《中国民政》2004年第2期。

夏广鸣:《跨越八十年代,面向九十年代的对口支援与技术经济协作》,《民族研究》1992年第1期。

徐德诗等:《中国地震应急救援工作综述》,《国际地震动态》2004年6月。

徐勇:《现代国家的建构与农业财政制度》,《华南师范大学学报》2006年第2期。

徐勇:《"行政下乡":动员、任务与命令——现代国家向乡土社会渗透的行政机制》,《华中师范大学学报》2007年第5期。

薛赤兵、王一凡:《对救灾分级管理体制改革的思考》,《中国民政》1997年第9期。

严国方、肖唐镖:《运动式的乡村建设:理解与反思——以"部门包村"工作为案例》,《中国农村观察》2004年第5期。

杨继绳:《统购统销的历史回顾》,《炎黄春秋》2005年第12期。

杨捷:《建立减灾队伍,建设示范社区:管窥四川德阳城南街道防灾减灾的经验》,《中国减灾》2010年第3期。

杨军:《顶层不足的防灾、救灾体制》,《南方窗》2006年第19期。

杨琳:《透视救灾体制六大变化》,《瞭望》2004年第47期。

杨懋源:《中国地震应急工作(一~四)》,《国际地震动态》2004年6—9月。

姚清林、高建国:《制约地震应急救灾效果的关键因素与改进途径》,《灾害学》2005年9月。

姚雪绒:《2008年5月12日四川汶川8.0级地震震灾及救援情况》,《国际地震动态》2008年5月。

叶敏：《从政治运动到运动式治理——改革前后的动员政治及其理论解读》，《华中科技大学学报》（社会科学版）2013年第2期。

叶檀：《救灾财政未必天然合宪》，《南方周末》2008年5月29日。

于建嵘：《人民公社动员体制的利益机制与实现手段》，《中国农业大学学报》（社会科学版）2007年9月。

于建嵘：《岳村政治：转型期中国乡村政治结构的变迁》，商务印书馆2001年版。

袁元、王争：《运筹高效率救灾重建》，《瞭望》2009年5月12日。

詹奕嘉：《中国接受救灾外援的历程》，《中国减灾》2007年第4期。

张广友：《唐山大地震采访实录》，《炎黄春秋》2006年第7期。

张军峰编：《唐山大地震：亲历者口述实录》，中央文献出版社2007年版。

张平、韩建美：《20世纪90年代以来国内政治动员问题研究述评》，《燕山大学学报》（哲学社会科学版）2007年9月。

张庆洲：《唐山警世录：七·二八大地震漏报始末》，星克尔出版有限公司2006年版。

张顺济：《上海里弄：基层政治动员与国家社会一体化走向（1950—1955）》，《中国社会科学》2004年第2期。

张笑：《汶川特大地震抗震救灾财政金融动员及其引发的思考》，《国防》2008年第11期。

张闫龙：《财政分权与省以下政府间关系的演变》，《社会科学研究》2006年第3期。

章剑锋：《震区NGO，摇摆在进退之间》，《南风窗》2009年第10期。

赵耕田：《谈谈我对对口支援三峡库区移民工作的认识》，《中国三峡建设》1996年第5期。

《中国必须打破分部门分灾种救灾机制》，《南方都市报》2008年3月5日第10—11版。

中国共产党张家口市委党史研究室编：《张家口抗震救灾实录》，河北美术出版社1998年版。

中国科学技术协会学会工作部编：《中国减轻自然灾害研究：全国减轻自然灾害研讨会论文集》，气象出版社1992年版。

中国灾害防御学会、北京减灾协会编：《中国减灾与新世纪发展战略》，气象出版社 1999 年版。

钟开斌：《对口支援灾区：起源与形成》，《经济社会体制比较》2011 年第 6 期。

钟开斌：《国家应急管理体系建设战略转变：以制度建设为中心》，《经济体制改革》2006 年第 5 期。

周飞舟：《从汲取型政权到"悬浮型"政权：税费改革对国家与农民关系之影响》，《社会学研究》2006 年第 3 期。

周飞舟：《锦标赛体制》，《社会科学研究》2009 年第 3 期。

周飞舟：《"三年自然灾害"时期我国省级政府对灾荒的反应和救助研究》，《社会学研究》2003 年第 2 期。

周光全等：《1992—2005 年云南地震灾害损失与主要经济指标研究》，《地震研究》2006 年 4 月。

周家鼎：《回忆周恩来总理两次视察邢台地震灾区》，《党的文献》1997 年第 5 期。

周雪光：《基层政府间的"共谋现象"：一个政府行为的制度逻辑》，《社会学研究》2008 年第 6 期。

朱军：《我国救灾资金管理现状透视》，《中国减灾》2005 年第 4 期。

邹其嘉、苏驼、葛治洲：《唐山地震的社会经济影响》，学术书刊出版社 1990 年版。

邹其嘉、王子平等主编：《唐山地震灾区社会恢复与社会问题研究》，地震出版社 1997 年版。

［法］魏丕信：《18 世纪的中国官僚制度和荒政》，徐建青译，江苏人民出版社 2003 年版。

［美］黄宗智：《长江三角洲小农家庭与乡村发展》，牛津大学出版社 1994 年版。

［美］黄宗智：《华北的小农经济与社会变迁》，中华书局 2000 年版。

［美］黎安友：《蜕变中的中国：政经变迁与民主化契机》，柯洛漪译，麦田出版社 2000 年版。

［美］麦克法考尔、沈迈克：《毛泽东最后的革命》，关心译，星克尔出版（香港）有限公司 2009 年版。

［美］彭尼·凯恩：《中国的大饥荒 1959—1961：对人口和社会的影响》，

毕健康等译，中国社会科学出版社 1993 年版。

［美］詹姆斯·C. 斯科特：《国家的视角：那些试图改善人类状况的项目是失败的》，胡晓毅译，社会科学文献出版社 2004 年版。

［美］詹姆斯·R. 汤森、布兰特利·沃马克：《中国政治》，顾速、董方译，江苏人民出版社 2003 年版。

Arendt, Hannah, *The Origins of Totalitarianism*, New York: Harcourt Brace Jovanovich, 1973.

Apter, David Ernest, *The Politics of Modernization*, University of Chicago Press, 1965.

Barnett, A. Doak, *Cadres, Bureaucracy and Political Power in Communist China*, Columbia University Press, 1967.

Beck, Ulrich, trans, *Risk Society: Toward a New Modernity*, Sage Publications, 1992.

Bennett, Gordon A., *Yundong: Mass Campaigns in Chinese Communist Leadership*, Berkeley: Center for Chinese Studies, University of California, 1976.

Bennett, Gordon A., "Mass Campaign and Earthquake: Hai'cheng 1975", *The China Quarterly*, No. 77 (March 1979).

Bernstein, Thomas P., "Stalinism, Famine, and Chinese Peasants: Grain Procurements during the Great Leap Forward", *Theory and Society*, Vol. 13, No. 3, Special Issue on China (May 1984).

Bezlova, Antoaneta, "Quake Helps Mend China's Image", *Asia Times*, May 20, 2008.

Birkmann, J., P. Bucker, J. Jaeger, M. Pelling, N. Setiadi, M. Garschagen, N. Fernando, and J. Kropp "Extreme Events and Disasters: a Window of Opportunity for Change? Analysis of Organizational, Institutional and Political Changes, Formal and Informal Responses after Mega-Disasters", *Natural Hazzards* (2010) 55.

Birkland, Thomas A., *After Disaster: Agenda Setting, Public Policy, and Focusing Events*, Washington, D C, Georgetown University Press, 1997.

Birkland, Thomas A., "Introduction: Risk, Disaster, and Policy in the 21st Century", *American Behavioral Scientist*, Vol. 48, No. 3 (November

2004).

Birkland, Thomas A., "Disasters, Lessons Learned, and Fantasy Documents", *Journal of Contingencies and Crisis Management*, Vol. 17, No. 3 (September 2009).

Boin, Arjen, Paul 't Hart, "Public Leadership in Times of Crisis: Mission Impossible?", *Public Administration Review*, Vol. 63, No. 5 (September 2003).

Boin, Arjen, Paul't Hart, Eric Stern, and Bengt Sundelius, *The Politics of Crisis Management and Public Leadership under Pressure*, Cambridge University Press, 2005.

Brødsgaard, Kjeld Erik, and Zheng Yongnian, ed., *Bringing the Party Back In: How China is Governed*, Singapore: Eastern Universities Press, 2004.

Brødsgaard, Kjeld Erik, and Zheng Yongnian, *The Chinese Communist Party in Reform*, Routledge, 2006.

Bryant, Edward, *Natural Hazards*, Cambridge University Press, 2005.

Burns, John P., "The People's Republic of China at 50: National Political Reform", *The China Quarterly*, No. 159 (September 1999).

Cameron, David R., "Toward a Theory of Political Mobilization", *The Journal of Politics*, Vol. 36, No. 1 (February 1974).

Cell, Charles P., *Revolution at Work: Mobilization Campaigns in China*, New York: Academic Press, 1977.

Chan, Alfred L., "The Campaign for Agricultural Development in the Great Leap Forward: the Study of Policy-Making and Implementation in Liaoning", *The China Quarterly*, No. 129 (March 1992).

Chen Yung-fa, *Making Revolution: The Communist Movement in Eastern and Central China, 1937 – 1945*, Berkeley: University of California Press, 1986.

Col, Jeane-Marie, "Managing Disasters: The Role of Local Governments", *Public Administration Review*, Vol. 67, No. 1 (December 2007).

Davis, Deborah S., ed., *Urban Space in Contemporary China: The Potential for Autonomy and Community in Post-Mao China*, Washington, D. C.: Woodrow Wilson Center Press; Cambridge; New York: Cambridge University Press, 1995.

Deutsch, Karl W., "Social Mobilization and Political Development", *The American Political Science Review*, Vol. 55, No. 3 (September 1961).

Dickson, Bruce J., *Democratization in China and Taiwan: The Adaptability of Leninist Parties*, Oxford University Press, 1997.

Dittmer, Lowell, *China's Continuous Revolution: The Post-Liberation Epoch, 1949 - 1981*, University of California Press, 1987.

Dorris, Carl E., "Peasant Mobilization in North China and the Origins of Yenan Communism", *The China Quarterly*, No. 68 (December 1976).

Etzioni, Amitai, ed., *A Sociological Reader on Complex Organizations*, New York: Free Press of Glencoe, 1969.

Edin, Maria, "Remaking the Communist Party-State: The Cadre Responsibility System at the Local Level in China", *China: An International Journal*, Vol. 1, No. 1 (March 2003).

Evans, Peter B., Dietrich Rueschemeyer, and Theda Skocpol, *Bringing the State Back In*, Cambridge University Press, 1985.

Evans, Peter B., "The Eclipse of the State? Reflections on Stateness in an Era of Globalization", *World Politics*, Vol. 50, No. 1, 1997.

Farazmand, Ali, ed., *Handbook of Crisis and Emergency Management* (New York: 2001).

Farazmand, Ali, "Learning from the Katrina Crisis: A Global and International Perspective with Implications for Future Crisis Management", *Public Administration Review*, Vol. 67, Issue Supplement (September 2007).

Gittings, John, "The 'Learn from the Army' Campaign", *The China Quarterly*, No. 18 (April-June 1964).

Green, Jerrold D., "Countermobilization as a Revolutionary Form", *Comparative Politics*, Vol. 16, No. 2 (January 1984).

Greenhalgh, Susan and Edwin A. Winckler, *Governing China's Population: From Leninist to Neoliberal Biopolitics*, Stanford University Press, 2004.

Harding, Harry, *Organizing China: The Problem of Bureaucracy, 1949 - 1976*, Stanford University Press, 1981.

Harding, Harry, *China's Second Revolution: Reform after Mao*, Brookings Institution Press, 1987.

Hart, Paul, Uriel Rosenthal, and Alexander Kouzmin, "Crisis Decision Making: Centralization Thesis Revisited", *Administration and Society*, Vol. 25, No. 1 (May 1993).

Hood, Christopher, Henry Rothstein, Robert Baldwin, Judith Rees, Michael Spackman, "Where Risk Society Meets Regulatory State", *Risk Management*, Vol. 1, No. 1, 1999.

Hood, Christopher, Henry Rothstein, Robert Baldwin, *The Government of Risk: Understanding Risk Regulation Regimes*, Oxford University Press, 2001.

Huang, Yanzhong, and Dali L. Yang, "Bureaucratic Capacity and State-Society Relations in China", *Journal of Chinese Political Science*, Vol. 7, No. 1 - 2 (March 2002).

Huntington, Samuel P., "Political Development and Political Decay", *World Politics*, Vol. 17, No. 3 (April 1965).

Huntington, Samuel P., *Political Order in Changing Societies*, Yale University Press, 1968.

Huntington, Samuel P., *The Third Wave: Democratization in the Late Twentieth Century*, University of Oklahoma Press, 1991.

Jacobs, Andrew, "A Rescue Uncensored", *The New York Times*, May 14, 2008.

Janos, Andrew C., "Social Science, Communism, and the Dynamics of Political Change", *World Politics*, Vol. 44, No. 1 (October 1991).

Johnson, Chalmers A., *Peasant Nationalism and Communist Power: The Emergence of Revolutionary China, 1937 - 1945*, Stanford University Press, 1962.

Johnson, Chalmers A., *Revolutionary Change*, University of London, 1968.

Johnson, Chalmers A., ed., *Change in Communist Systems*, Stanford University Press, 1970.

Jowitt, Kenneth, "Inclusion and Mobilization in European Leninist Regimes", *World Politics*, Vol. 28, No. 1 (October 1975).

Jowitt, Kenneth, "Soviet Neotraditionalism: The Political Corruption in a Leninist Regime", *Soviet Studies*, Vol. 35, No. 3 (July 1983).

Jowitt, Kenneth, *New World Disorder: Extinction of Leninism*, University of California Press, 1993.

Kleinman, Arthur and James L. Watson, ed., *SARS in China: Prelude to Pandemic?* Stanford University Press, 2006.

Kreimer, Alcira, Margaret Arnold, and Anne Carlin, ed., *Building Safer Cities: The Future of Disaster Risk*, World Bank, 2003.

Lam, Willy, "Chinese Leaders Shift Focus", *Asia Times*, June 7, 2008.

Li, Cheng, and Lynn White, "The Thirteenth Central Committee of the Chinese Communist Party: From Mobilizers to Managers", *Asian Survey*, Vol. 28, No. 4, 1988.

Lieberthal, Kenneth G. and Michel Oksenberg, *Policy Making in China: Leaders, Structures, and Processes*, Princeton University Press, 1990.

Lieberthal, Kenneth G. and David M. Lampton, *Bureaucracy, Politics, and Decision Making in Post-Mao China*, Berkeley: University of California Press, 1992.

Linz, Juan José, *Totalitarian and Authoritarian Regimes*, Lynne Rienner Publisher, 2000.

Lowenthal, Richard, "Russia and China: Controlled Conflict", *Foreign Affairs*, No. 507 (April 1971), 35–44.

Lü Xiaobo and Elizabeth J. Perry, ed., *Danwei: The Changing Chinese Workplace in Historical and Comparative Perspective*, East Gate, 1997.

Lü Xiaobo, "Booty Socialism, Bureau-preneurs, and the State in Transition: Organizational Corruption in China", *Comparative Politics*, Vol. 32, No. 3 (April 2000).

Manion, Melanie, "Politics and Policy in Post-Mao Cadre Retirement", *The China Quarterly*, No. 129 (March 1992).

Manion, Melanie, *Retirement of Revolutionaries in China: Public Policies, Social Norms, and Private Interests*, Princeton University Press, 1993.

Manion, Melanie, *Corruption by Design: Building Clean Government in Mainland China and Hong Kong*, Harvard University Press, 2004.

Mann, Michael, *The Sources of Social Power (Volume Ⅰ): A History of Power from the Beginning to A. D. 1760*, Cambridge University Press, 1986.

Mann, Michael, *The Sources of Social Power (Volume II): The Rise of Classes and Nation-States, 1760 – 1914*, Cambridge University Press, 1993.

McConnell, Allan and Lynn Drennan, "Mission Impossible? Planning and Preparing for Crisis", *Journal of Contingencies and Crisis Management*, Vol. 14, No. 2 (June 2006).

Migdal, Joel S. , *Strong Societies and Weak States: State-Society Relations and State Capabilities in the Third World*, Princeton University Press, 1988.

Migdal, Joel S. , *State in Society: Studying How States and Societies Transform and Constitute One Another*, Cambridge University Press, 2001.

Migdal, Joel S. Atul Kohli, and Vivienne Shue eds. , *State Power and Social forces: Domination and Transformation in the Third World*, New York: Cambridge University Press, 1994.

Moore, Barrington Jr. , *Social Origins of Dictatorship and Democracy: Lord and Peasants in the Making of the Modern World*, Boston: Beacon Press, 1966.

Nathan, Andrew J. , "Policy Oscillations in the People's Republic of China: A Critique", *The China Quarterly*, No. 68 (December 1976).

Nathan, Andrew J. , *China's Transition*, Columbia University Press, 1997.

Nathan, Andrew J. , "Authoritarian Resilience", *Journal of Democracy*, Vol. 14, No. 1 (January 2003).

Moynihan, Donald P. , "Learning under Uncertainty", *Public Administration Review*, Vol. 68, No. 2 (March/April 2008).

Naughton, Barry J. , "The Third Front: Defence Industrialization in the Chinese Interior", *The China Quarterly*, No. 115 (September 1988).

Naughton Barry J. and Dali L. Yang, *Holding China Together: Diversity and National Integration in the Post-Deng Era*, Cambridge University Press, 2004.

Nee, Victor and David Stark, eds. , *Remaking the Economic Institutions of Socialism: China and Eastern Europe*, Stanford University Press, 1989.

Nettl, J. Peter, *Political Mobilization: A Sociological Analysis of Methods and Concepts*, London: Faber and Faber, 1967.

Oksenberg, Michel, "China's Political System: Challenges of the Twenty-First Century", *The China Journal*, No. 45 (January 2001).

Palm, Risa I., *Natural Hazards: An Integrative Framework for Research and Planning*, Johns Hopkins University Press, 1990.

Pearson, Christine M. and Ian I. Mitroff, "From Crisis Prone to Crisis Prepared: a Framework for Crisis Management", *The Executive*, Vol. 7, No. 1, 1993.

Pei, Minxin, *From Reform to Revolution: The Demise of Communism in China and the Soviet Union*, Harvard University Press, 1994.

Peng, Lin, "Crisis Crowdsourcing and Civic Participation in Disaster Response: Evidence from Earthquake Relief", *China Information*, Vol. 31, No. 3, 2017.

Peng, Lin, and Fengshi Wu, "Building Up Alliances and Breaking Down State Monopoly: The Rise of Non-governmental Disaster Relief in China", *The China Quarterly*, Vol. 234, 2018.

Pelling, Mark, and Kathleen Dill, "Natural Disasters as Catalysts of Political Action", ISP/NSC Briefling Paper 06/01, Chatham House, pp. 4–6.

Pérez-Stable, Marifeli, "Caught in a Contradiction: Cuban Socialism between Mobilization and Normalization", *Comparative Politics*, Vol. 32, No. 1 (October 1999).

Perry, Elizabeth J., "State and Society in Contemporary China", *World Politics*, Vol. 41, No. 4 (July 1989).

Perry, Elizabeth J., "Studying Chinese Politics: Farewell to Revolution?", *The China Journal*, No. 57 (January 2007).

Perry, Elizabeth J., *Patrolling the Revolution: Worker Militias, Citizenship, and the Modern Chinese State*, Lanham: Rowman & Littlefield Publishers, 2006.

Priestland, David, *Stalinism and the Politics of Mobilization: Ideas, Power, and Terror in Inter-war Russia*, Oxford University Press, 2007.

Quarantelli, E. L. ed., *What is a Disaster? Perspectives on the Question*, Routledge, 1998.

Restall, Hugo, "Shifting the Moral High Ground: The Politics of China's

Earthquake", *Global Asia*, Vol. 3, No. 2, 2008.

Rittberger, Berthold, "The Early Years of Public Institutions: Unpacking 'Institutionalization'", Paper Prepared for the conference on "Why Public Organizations become Institutions?" Department of Public Administration, University of Leiden, 10 – 12 June 2004.

Rodríguez, Havídán, Enrico L. Quarantelli, and Russell R. Dynes, ed., *Handbook of Disaster Research*, New York: Springer, 2006.

Rosenthal, Uriel and Alexander Kouzmin, "Crises and Crisis Management: Toward Comprehensive Government Decision Making", *Journal of Public Administration Research and Theory*, Vol. 7, No. 2, 1997.

Saith, Ashwani, "China and India: The Institutional Roots of Differential Performance", *Development and Change*, Vol. 39, No. 5 (September 2008).

Selden, Mark E., *China in Revolution: The Yenan Way Revisited*, M. E. Sharpe, 1995.

Selznick, Philip, *Organizational Weapon: A Study of Bolshevik Strategy and Tactics*, RAND, 1952.

Schenk-Sandbergen, L. Ch, "Some Aspects of Political Mobilization in China", *Modern Asian Studies*, Vol. 7, No. 4, 1973.

Schoenhals, Michael, "Political Movements, Change and Stability: The Chinese Communist Party in Power", *The China Quarterly*, No. 159, Special Issue: The People's Republic of China after 50 Years, (September 1999).

Schram, Stuart R., "To Utopia and Back: A Cycle of History of the Chinese Communist Party", *The China Quarterly*, No. 87 (September 1981).

Schram, Stuart R., "Limits of Cataclysmic Change: Reflections on the Place of the 'Great Proletarian Cultural Revolution' in the Political Development of the People's Republic of China", *The China Quarterly*, No. 108 (December 1986).

Schurmann, Franz, *Organization and Ideology in Communist China*, Berkeley: University of California Press, 1968.

Shambaugh, David L. and Richard H. Yang, *China's Military in Transition*, 1997.

Shambaugh, David L. ed., *The Modern Chinese State*, New York: Cambridge University Press, 2000.

Shambaugh, David L., *Modernizing China's Military: Progress, Problems, and Prospects*, Berkeley: University of California Press, 2002.

Shambaugh, David L., *China's Communist Party: Atrophy and Adaptation*, Berkeley: University of California Press, 2008.

Shirk, Susan L., *The Political Logic of Economic Reform in China*, University of California Press, 1993.

Schram, Stuart R., "Limits of Cataclysmic Change: Reflection on the Place of 'The Great Proletarian Cultural Revolution' in the Political Development of the People's Republic of China", *The China Quarterly*, No. 108 (December 1986).

Shue, Vivienne, *The Reach of the State: Sketches of the Chinese Body Politics*, Stanford University Press, 1988.

Sims, Holly and Kevin Vogelmann, "Popular Mobilization and Disaster Management in Cuba", *Public Administration and Development*, Vol. 22, 2002.

Smith, Keith, *Environmental Hazards: Assessing Risk and Reducing Disaster*, Routledge, 1996.

Sorace, Christian, "China's Vision for Developing Sichuan's Post-Earthquake Countryside: Turning Unruly Peasants into Grateful Urban Citizens", *The China Quarterly*, Vol. 218, 2014.

Sowder, Barbara J., ed., *Disaster and Mental Health Selected Contemporary Perspectives*, Washington, D. C.: U. S. Government Printing Office, 1985.

Stern, Eric, "Crisis and Learning: A Conceptual Balance Sheet", *Journal of Contingencies and Crisis Management*, Vol. 5, No. 2 (June 1997).

Strauss, Julia, "Mortality, Coercion, and State Building by Campaign in Early PRC: Regime Consolidation and After, 1949 – 1956", *The China Quarterly*, No. 188 (December 2006).

Svirchev, Laurence, Y. Li, L. Yan, C. He, and M. B. Lin, "The May 12, 2008 Wenchuan Earthquake: A Primer on China's Emergency Responses and Recovery Planning", *Prehispital and Disaster Medicine*, Vol. 26, Supplement S1 (May 2011).

Teiwes, Frederick C., "The Paradoxical Post Mao Transition: From Obeying the Leader to 'Normal Politics'", *The China Journal*, No. 34 (July 1995).

Teiwes, Frederick C., "Normal Politics with Chinese Characteristics", *The China Journal*, No. 45 (January 2001).

Thornton, Patricia M., "Crisis and Governance: SARS and the Resilience of the Chinese Body Politics", *The China Journal*, No. 61 (January 2009).

Thornton, Patricia M., "Framing Dissent in Contemporary China: Irony, Ambiguity and Metonymy", *The China Quarterly*, No. 171 (September 2002).

Tilly, Charles, "Does Modernization Breed Revolution?", *Comparative Politics*, Vol. 5, No. 3 (April 1973).

Tilly, Charles, *From Mobilization to Revolution*, Reading, Mass.: Addison-Wesley Pub. Co., 1978.

Tilly, Charles, *Coercion, Capital, and the European States, AD 990 – 1900*, Cambridge, Mass.: B. Blackwell, 1990.

Tilly, Charles, *Popular Contention in Great Britain 1758 – 1934*, Harvard University Press, 1995.

Townsend, James R. and Brantly Womack, *Politics in China* (Boston: Little Brown, 1986).

Trebilcock, Michael J. Jeremy Fraiberg, *Risk Regulation: Technocratic and Democratic Tools for Regulatory Reforms*, University of Toronto. Centre for the Study of State & Market, 1997.

Tucker, Robert C., "Towards a Comparative Politics of Movement Regimes", *The American Political Science Review*, Vol. 55, No. 2 (June 1961).

Tucker, Robert C., "On the Comparative Study of Communism", *World Politics*, Vol. 19, No. 2 (January 1967).

Unger, Jonathan, and Anita Chan, "China, Corporatism, and the East Asian Model", *The Australian Journal of China Affairs*, No. 33 (January 1995).

Vogel, David, "The Politics of Risk Regulation in Europe and the United States", October 2002, Prepared for *The Yearbook of European Environmental Law*, Vol. 3 (2003). Source: http://faculty.haas.berkeley.edu/vogel/uk%20oct.pdf.

Walder, Andrew G., *Communist Neo-traditionalism: Work and Authority in Chinese Industry*, Berkeley: University of California Press, 1986.

Walder, Andrew G., "The Decline of Communist Power: Elements of a Theory of Institutional Change", *Theory and Society*, Vol. 23, No. 2 (April 1994).

Wang, Shaoguang and An'gang Hu, *The Chinese Economy in Crisis: State Capacity and Tax Reform*, East Gate, 2001.

Wang, Shaoguang, "Regulating Death at Coalmines: Changing Mode of Governance in China", *Journal of Contemporary China*, Vol. 15, No. 46 (February 2006).

White, Lynn T., *Policies of Chaos: the Organizational Causes of Violence in China's Cultural Revolution*, Princeton University Press, 1989.

White, Tyrene, "Postrevolutionary Mobilization in China: The One-Child Policy Reconsidered", *World Politics*, Vol. 43, No. 1 (October 1990).

White, Tyrene, *China's Longest Campaign: Birth Planning in the People's Republic, 1949 – 2005*, Cornell University Press, 2006.

Winckler, Edwin A., "Policy Oscillations in the People's Republic of China: A Reply", *The China Quarterly*, No. 68 (December 1976).

Winckler, Edwin A. ed., *Transition from Communism in China: Institutional and Comparative Analyses*, Lynne Rienner Publishers, 1999.

Wittfogel, Karl August, *Oriental Despotism: A Comparative Study of Total Power*, Yale University Press, 1957.

Wong, John and Zheng Yongnian, ed., *The SARS Epidemic: Challenges to China's Crisis Management*, Singapore; River Edge, N. J.: World Scientific, 2004.

Yang, Dali L., "State Capacity on the Rebound", *Journal of Democracy*, Vol. 14, No. 1 (January 2003).

Yang, Dali L., *Remaking the Chinese Leviathan: Market Transition and the*

Politics of Governance in China, Stanford University Press, 2004.

Zheng, Shiping, *Party vs. State in Post – 1949 China: The Institutional Delimma*, Cambridge University Press, 1997.

Zheng, Yongnian, *Globalization and State Transformation in China*, Cambridge University Press, 2004.

Zschau, Jochen and Andreas N. Küppers, ed. , *Early Warning Systems for Natural Disaster Reduction*, Springer, 2003.